Press of leader printing company

Index, history of Cuyahoga County, Ohio

Press of leader printing company

Index, history of Cuyahoga County, Ohio

ISBN/EAN: 9783743332676

Manufactured in Europe, USA, Canada, Australia, Japa

Cover: Foto ©ninafisch / pixelio.de

Manufactured and distributed by brebook publishing software (www.brebook.com)

Press of leader printing company

Index, history of Cuyahoga County, Ohio

INDEX.

HISTORY
—OF—
CUYAHOGA COUNTY,
OHIO.

—1879.—

PRESS OF LEADER PRINTING COMPANY, CLEVELAND, OHIO.

Index of Names

ABBEY
 Gordon, 470
 Henry G., 322
 Milton F., 164
 Peter, 259
 Reuben B., 143
 , Seth A., 164, 323, 324, 325, 326, 213
ABBOTT
 _____, 414
 Charles, 177
 Daniel W., 465
 David, 46, 214
 James M., 134
 John, 261
 Josiah, 529, 530, 531
 Jotham P., 153
 Orrin, 412, 514
 William, 177
ABEL
 Henry, 494, 495
 Luke, 162
 Thomas, 118
ABELL
 Asahel, 237, 287, 322
 E. S., 270
 H., 495
 Mark, 165
ABINGTON
 _____, 172
ABLE
 Lewis, 137
 Mark, 506
ABRAHAM
 John B., 132
ABRAMS
 George, 511
 Seth, 125
ABT
 Erasmus B., 154, 155
ACKER
 J. M., 290
ACKERMAN
 Henry, 93
 John, 157
ACKERSON
 Geo. W., 125
ACKLEY
 Asa, 418
 Epaphroditus, 418
 H. A., 205, 246
 Horace H. (Dr.), 203
 James H., 155
 John A., 237, 238, 310, 322, 499
 John M., 214
 Josephus, 114
 Moses, 135
 O. P., 152
 Uriah, 186, 434
ADAIR
 Alfred, 132
ADAMS
 _____, 403, 407, 431
 Alfred, 258
 Alice (Mrs.) facing 410
 Alonzo B., 177
 Asa A., 157
 Asa C., 157
 Augustus, 412, 415
 Augustus A. (Jr.), 152

ADAMS continued
 Benjamin, facing 422
 Beulah G., 500
 Charles Francis, 194
 Charles M., 149
 Charles S. (Rev.), 526
 Charles W., 165
 Darius, 450
 David, 499
 E., 285
 E. (Rev.), 448
 E. H., 284
 E. W., 249
 Edward C., 162
 Edwin, 186
 Electa, 489
 Eli (Rev.), 499
 Eugene, 160
 Ezekiel, 446, 449, 456
 Ezra S., 198
 F. E., 434
 Fred, 123
 Frederick H., 177
 G. H., 285, 287, 288, 289
 George, 154
 Geo. H., 198
 H. A. C., 449
 H. F., 487
 Harry F., 144
 Horace F., 486, 490
 Ira, 263
 Itumar, 499
 J., 489, 455
 J. M., 247, 321, 323
 James, 152
 James J., 127
 John, 29, 412, 413, 415, 446, 454, 456, 459, 477, 485, 489, 490
 John E., 529
 John F., 178
 John Q., 177
 John Quincy, 29, 69
 Joseph, 211, 212
 Laura, facing 422
 L. B., 490
 Lewis, 412, 477
 Lucius, 486, 489, 490
 M. P. (Mrs.), 283
 Maria, 489
 Matthias, 185
 Orpha, 449
 Ransom J., 486
 S. W., 259
 S. W. (Mrs.), 283
 Samuel, 212
 Samuel E., 321
 Sarah, 388
 Sumner, 438
 Sylvester, 144
 Thomas, 499, 501
 William, 91, 446, 456
 W. K., 209
 Wm. G., 462
 Wm. K., 324
ADAMSKY
 Asa, 104
ADAMSON
 _____ (Rev.), 426
ADDISON
 Hannah, 532

ADDISON
 H. M., 191
 William, 529, 532
ADLER
 David, 281
 Joseph, 104
ADLOFF
 J., 294
AFFLECH
 W. A., 286
AFFOLDER
 Gottlieb, 139
AGAR
 Henry, 100
AGUE
 King, 230
AIKEN
 John, 458
 George W., 158
 S. C. (Rev.), 255, 256, 257, 269, 279
AIKENS
 A. E., 514
 A. P., 470
 Almon, 144
 Anson, 460
 Charles, 170
 Cyril, 322, 418
 Esther, 456
 George, 321, 418
 Irad, 418
 John, 459, 470
 John E., 456
 Robert, 456
 Thomas, 418
AIKINS
 John E., 534
AINGER
 Brainard, 166
 D. B., 99
 W. W., 434
AKER
 Henry, 163
AKERS
 J. T., 515
 W. J., 280
 Wm., 261
AKIN
 Henry, 513
 Samuel C., 189
AKINS
 Alexander P., 116
 Alonzo B., 149
 Henry H., 149
ALBERS
 G., 273
 Gerhard H., 137
 John, 120
ALBERT
 Harris, 289
ALBERTSON
 Albert, 120
ALBERTY
 Kirklin, 152
ALBRIGHT
 N. S. (Rev.), 420
ALBRO
 Lydia, 377
ALCHON
 John B., 173
ALCOTT

-1-

ALCOTT continued
  L., 301
  Leverett, 257
  Wm. G., 286
ALDERMAN
  William H., 94
ALDRICH
  (Mrs.), 440
  Aaron, 438, 439, 440
  Aziel, 532
  H. W., 439
  J. L., 460
  John, 449
  Julia Ann, 440
  Leavitt, 85
  Thomas C., 123
  William, 441
  Wm. W., 440
ALEXANDER
  (Mrs.), 440
  A., 462, 463
  Adolphus, 211
  Chauncey, 153
  Henry, 85
  James, 188
  John, 261
  Lester, 153
  Lucius F., 135
  Phineas, 440
  Thomas, 506
  W. W., 152
  William, 114, 117
ALLEY
  Lucius, 90
ALGE
  Stephen, 102, 137
ALGER
  _____, 464
  Amelia, 503
  Henry, 501, 502, 504, 505, 508
  Herman, 502
  Horace B., 502
  Nathan, 502, 503
  Nathan (Jr.), 502
  Philana D., 503
  Philena, 506
  Thaddeus P., 502
ALGIER
  Frank, 531
  John A., 169
  John, 137
ALIVEL
  _____, 264
  ALLAN
  Catharine, 338
  Jane, 337
ALLARD
  _____ (Rev.), 420
  Edward (Rev.), 272
ALLARDT
  Theodore, 147
ALLATON
  John, 456
ALLBRIGHT
  Otto, 149
ALLEMAN
  Albert, 144
ALLEN
  _____, 329, 414
  _____ (Dr.), 58

ALLEN continued
  A. S., 289, 478, 480
  Albert, 206
  Alexander B., 134
  Amos, 406
  C. M., 413
  C. P., 290
  Daniel, 179
  David, 323
  Edward S., 124, 125
  Enoch, 404, 407, 409, 410
  Frank A., 154
  Frederick, 147
  Gaston G., 152, 285, 288
  H. S., 271
  Horace, 152
  Howard S., 494
  J. B. (Rev.), 506
  J. F., 152
  James M., 151
  James W., 184
  Joel, 168
  John B., 138
  John W., 189, 211, 214, 240, 245, 299, 319, 320, 321, 322, 323, 326, 327, 328
  Joseph S., 322, 490
  LaFayette, 185
  Milton D., 121
  Nemiah, 211, 214
  Nemiah (Hon.), 71
  Polly, 408
  Richard, 117
  Samuel, 187
  Samuel L., 127, 151
  Sherman J., 177
  Sylvester, 133
  T. J., 414
  Thomas, 135, 285
  Thomas (Rev.), facing 410
  Thomas (Mrs.), facing 410
  Thomas L., 178
  Thomas R., 187
  Ursula, 328
  W. F. (Jr.), 297
  William, 168
  Wm., 419
  Wm. F., 323
  Wm. R., facing 410
ALLERTON
  Enoch, 150
  Jacob, 123
ALLEY
  Frederick, 170
ALLING
  _____, 414
ALLYN
  Albert, 321, 422
  Calvin, 422
ALPIN
  James, 114
ALSON
  Caleb, 425
ALSTADT
  George K., 121
ALT
  Daniel, 461
ALTHEN
  Daniel J., 127
ALTHOFF
  Henry, 137

ALVORD
  Caleb, 492, 494, 530
  Daniel M., 152
AMBROSE
  Charles, 117
  Frederick, 135
AMBROSIUS
  Fred, 104
AMBS
  John, 157
AMES
  Charles E., 119, 176
  Freeland H., 154
  John, 170, 491
  Joseph, 450
  Samuel H., 143
  Stephen, 250
  William, 120, 182
AMHERST
  (Gen.), 24
AMMERSBACK
  Jacob, 508
AMOR
  Joseph, 450
AMOS
  I. H., 248, 249
AMOTT
  James, 159
ANDERSON
  C. L., 291
  Charles S., 115
  George W., 168
  J., 272
  J. D., 290
  John, 169
  Louis, 157
  Peter, 179
  W. L., 409
  W. R., 463
ANDERTON
  Charles H., 85
  Joseph, 152
ANDREW
  Angelo, 156
  Thomas, 166
ANDREWS
  _____, 328, 458
  A., 288
  Amasa B., 478
  Benj., 323, 326
  Benjamin, 189
  Charles, 455
  Charles W., 149
  Daniel B., 153
  F. A., 483
  Frank, 483
  Frank M., 154
  Geo. W., 505
  George L., 155
  George W., 143
  J., 323
  J. S., 280, 289
  John, 134, 184
  John (Dr.), 327
  John (Rev.), 410
  Phebe, 532
  Rhoda M., 363
  S. J. (Mrs.), 279, 299
  Samuel, 282, 304, 308
  Sherlock J., 211, 212, 214, 245, 298, 319, 321, 323, 326

-2-

Index of Names continued

ANDREWS continued
  Sidney, 424
  Theodore A., 127
  Thomas, 183
  Warren, 456
  Watson, 533
  William, 43, 153, 506, 532
ANDRUS
  F. A., 483
  George W., 152
  Samuel, 482
ANGEL
  Geo., 273, 325
ANGELL
  Edw., 325, 326
ANGENBAUGH
  John, 237
ANHALT
  Frederick, 125
ANITILLOP
  Nicholas, 173
ANKELE
  Charles, 104
ANNACHER
  ———, 507
ANNE
  Queen, 22
ANNIS
  Alfred, 149
ANSLEY
  George W., 152
ANST
  Rody, 158
ANTHONY
  Ambrose, 290, 323, 324, 325, 419
  J. W., 290
  James S., 505
  John C., 133
  Phillip, 93
APP
  Michael, 287, 288
APTHORP
  W., 470
  Wm., 470
ARCHER
  George, 100
AREY
  Oliver, 246, 315
ARMBRUSTER
  Constantine, 93, 105
ARMOUR
  James H., 99
  John, 434
  Samuel M., 133
  W. J., 434
  W. T., 434
ARMS
  C. C. (Dr.), 205
ARMSTRONG
  A. C., 247, 249
  Allen, 505
  Charles C., 122
  Geo. E., 206, 296
  George W., 126
  J. F. (Dr.), 204, 293
  J. F., 285
  James, 121
  James F., 151
  John, 293
  John R., 153

ARMSTRONG continued
  Joseph, 184
  N. B. (Dr.), 407
  Richard, 135
  S. S., 460
  Sanford, 147
  Thomas, 323
  Thomas J., 184
  W. W., 193, 211
  William A., 206
  William W., 329
ARN
  John, 166
  Nicholas, 146
ARNETT
  Cyrus, 153
  Daniel, 185
ARNOLD
  (Mrs.), 495
  Chas., 321
  E., 494
  Elestus, 494, 495
  G. G., 493
  Geo., 322
  George, 102, 136
  Henry, 114
  Osbert, 470
  Ralph, 493
  Spencer O., 149
ARNOTT
  James, 112
  John R., 103
ARTER
  W. F., 296
ARTHUR
  P. M., 190
ASH
  Arthur, 152
ASHBORN
  James W., 111
ASHCRAFT
  Selby, 182
ASHELGER
  George, 132
ASHFORD
  Herbert W., 144
ASHLEY
  B. F. (Rev.), 261
  C. D. (Dr.), 509
  Charles, 527
  J. S., 479
  W. H., 527
ASHMAN
  G. C. (Dr.), 205
ASHWELL
  James, 255
  Sarah, 255
ASKEN
  George, 159
ASKIN
  John, 41, 42
ASPLIN
  John H., 287
ATEN
  J. L. (Rev.), 256
ATHERTON
  Allen, 112
  Ansel, 123
ATKINS
  ———, 511
  Quintus, 55

ATKINS continued
  Quintus F., 190, 211
ATKINSON
  Edgar, 113
ATTOFF
  Andrew, 90
ATWATER
  Amzi, 38, 41, 42, 43
  Caleb, 37, 40
  John, 519
  O. M. (Rev.), 262
ATWELL
  ———, 437
  ———, 440
  Charles G., 153
  Jesse, 437, 440
  Lou, 506
  William B., 103
ATWOOD
  Charles G., 152
  Edwin B., 111
  H. P., 287
AUB
  A., 281
AUFRECHT
  L., 281
  L. (Mrs.), 281
AUGER
  Elizur, 150
AUGSPURGER
  Gustav A., 137
  Gustus A., 102
AUKNEY
  Samuel, 166
AULT
  Thomas C., 123, 143
  Valentine H., 179
AUSTIN
  ———, 483
  Alfred, 89
  Alonzo, 91
  Charles E., 143
  E. S., 205
  Eliphalet, 47
  Horace, 168
  Horace D., 154
  L., 484
  L. (Mrs.), 282, 283
  Lewis, 89
  N. H., 439
  Orlando, 143
  Parley, 511, 512
  Relief, 513
  Walter R., 165, 258
AUSTRIAN
  S., 296
AU VONDER
  Peter, 442
AVANN
  Wm., 420
AVARD
  Robert J., 295
AVERELL
  Josiah, 133
  Stephen, 90
AVERY
  Austin H., 455
  E. M., 287, 315
  Edward, 211
  F. B., 321
  George W., 177

AVERY continued
  Robert F., 208
  Robert S., 177
  Thatcher, 521
  William H., 156
AXFORD
  Joseph, 177
AXTELL
  Manning J., 149
AXTETT
  A. A., 326
AXWORTHY
  Thos., 246, 291
AYER
  Daniel, 152
  Ebenezer, 48
AYERS
  Samuel, 186
  Walter, 276
AYLESWORTH
  Reuben H., 113
AYRES
  Charles D., 169
  George S., 99

B.

BABB
  Adam, 144
  Thomas R., 135
BABBITT
  Amasa, 456
  F. C., 324
  John J., 159
BABCOCK
  B. D., 285, 288, 289
  Byron, 513
  Charles H., 150, 214, 289, 291, 322, 419, 423, 424
  Nathan, 421
  P. H., 248
  William H., 120, 514
  Wm. R. (Rev.), 250
  William, 114
BACCHUS
  David, 135
BACHMANN
  Solomon, 119
BACKUS
  Franklin T., 321, 322, 214
  F. T., 212, 244, 300, 301, 320, 336
  William, 185, 325
BACON
  Hiram, 405
  R., 290
  Richard, 321
  Timothy, 119
  William (Rev.), 526
BACVAR
  Jacob, 295
BADER
  Philip H., 123
BADGER
  D. P., 530
  David P., 149
  Joseph (Rev.), 48, 49, 255
BAECKER
  P. (Rev.), 268
BAEHRHOLD
  Friedrich, 104

BAEKER
  G. (Rev.), 276
BAFF
  F. M. (Rev.), 264
BAGLEY
  Abijah, 412, 473, 477
  Eli, 412, 413
  Nathaniel, 412
  Russia, 412, 413
BAHL
  Christian, 294
  John, 139
BAIL
  Charles P., 111
BAILEY
  Amasa, 235, 237
  Edward M., 151
  Edwin M., 160
  Ephraim S., 461
  Frank D., 155
  George W., 156
  Jacob, 481, 500
  John M., 322
  John R., 116
  Lyman, 182
  Moses W., 156
  R., 323
  Richard, 235, 322
  Robert, 323, 324
  Robt, 289
  Sylvester D., 164
  Wm., 253, 289
  John (Rev.), 251
BAINES
  C., 294
  J., 294
BAINUM
  I. W. (Rev.), 254
BAIRD
  _____, 84
  Alexander, 145
  Clarinda, 532
  Daniel N., 532
  Ebenezer J., 156
  James, 511
  John W., 144
  Samuel H., 152
BAISCH
  Adam, 160
BAKER
  B. E. (Rev.), 433
BAKER
  C. R., 288
  Charles, 90
  Charles B., 105
  Chester, 166
  Crosby, 486
  Daniel, 100
  Daniel W., 134
  E. D., 289
  Edward F., 152
  Edgar L., 150
  Frank, 126, 441
  Fred, 505
  George, 132, 156
  George A., 206
  George C., 534
  George W., 309, 310
  Henry, 147
  Henry, Jr. (Rev.), 251
  Hubert, 413

BAKER continued
  Ira D., 154
  J. K., 289
  J. V., 480
  John, 126
  Joseph R., 160
  Lyman, 477, 480
  M. E., 491
  O. L., 249
  P. H., 495
  Rinaldo, 120
  Samuel J., 152
  Thomas, 120, 144
  Thomas P., 113
  Wm A., 271
  William H., 165
BALCH
  Cyrus M., 150
BALCOM
  Royal B. (Rev.), 247, 248
BALDAFF.
  (Rev.), 507
BALDINGER
  Theodore, 102, 139
BALDRIFF
  John (Rev.), 252
BALDWIN
  _____, 329, 474, 475, 476
  _____ (Mrs.), facing 472
  Almond R., 125
  Annolivia, 451
  Aruna R., 529, 531
  C. C., 207, 300
  C. C. (Dr.), 204
  C. H., 519, 520
  Caleb, 529, 530
  Chas. C., 321
  Chas. H. (Rev.), 257
  D., 408
  Darius, 187
  Darius R., 187
  DeWitt Clinton, 213
  Dudley, 204, 299, 322
  E. I., 299
  Edward, 213, 322, 323
  Elbert Francis, 330
  Elbert Irving, 329
  F. H., 519
  Henry W., 135
  J., 477, 478
  J. H. (Rev.), 410, 513
  John, 202, 203, 480, 471, 472, 473, 475, 477
  Lydia, 269
  Mary E. (Mrs.), 282
  Milton, 480
  N. C., 305
  Norman A., 177
  Norman C., 322, 323
  Oliver P., 323
  P., 68
  Philemon, 321, 464, 483
  Rosanna, 202
  Runcy R., 68
  S. S., 483, 504
  S. W., 450
  Samuel F., 269
  Samuel S., 212, 213, 214, 322
  Seth, 451
  Seth C., 321

Index of Names continued

BALDWIN continued
  Silas I., 330
  Smith S., 56, 58, 213
  Theron C., 127, 151
  Thomas J., 154
  Wallace, 134, 153
  William (Dr.), 523, 525
  William J., 187
BALFOUR
  Charles, 211
BALL
  Charles H., 166
  Fayette E., 168
  G. H. (Rev.), 433
  Guy, 184
  Horace, 464
  J. W., 321
  John (Rev.), 276
  John M., 152
  L. F., 296
  Thaddeus, 477, 521, 526
  Warren, 158
  William, 145
BALLARD
  C. J., 324
  Chas. I., 326
  John, 241
BALLART
  Luther, 111
BALLOU
  Alpha, 495
  Charles, 89
  James, 495
  Philander, 461
BALLOW
  I. H., 413
BALWIN
  E. I., 257
BAMFORD
  (Rev.), 533
BAMMER
  Joseph, 153
BANARCE
  Mary, 489
  Sarah, 489
BANCROFT
  Charles H., 133
BANDER
  Ed B., 287
BANDLE
  John, 89
BANGS
  Charles, 291, 513, 514, 515
  Edwin, 515
  Henry, 514
  Henry (Mrs.), 411
  Orville, 515
BANK
  _____ (Rev.), 273
  _____, 87
BANTON
  John, 126
BARBER
  _____ (Judge), facing 422
  A., 286
  A. D. (Rev.), 270, 432
  Alexander, 533
  Andrew, 529
  Benjamin G., 521
  Caswell, 112

BARBER continued
  Edwin, 85
  G. I., 290
  G. M., 204, 212, 480
  Geo. M., 325
  George H., 184
  Gershom M., 160, 161, 162, 326
  J., 241
  John, 125, 134
  Josiah, 71, 211, 214, 238, 239, 245, 301, 306, 307, 322, 416, 418
  Orrin, 151
  P., 478
  Philemon, 478
  Richard I., 90
  Richmond, 494
  William P., 157
  William, 142
BARCH
  Wm. H., 253
BARCHARD
  Orville, 149
  Samuel, 149
BARCLAY
  E. D. (Rev.), 409, 262
BARD
  M. A., 450
BARDIN
  Daniel, 504
BARDSLEY
  _____, 481
BARDWELL
  Joseph, 413, 415
BARK
  Charles, 179
  Francis, 512, 514
  Justin, 514
  Thomas, 150, 513, 515
  Thomas S., 167, 169
BARKDELL
  Watson H., 151
BARKER
  _____, 408
  Aaron, 326
  Alvin, 134
  Andrew S., 99
  George H., 135
  Isaac H., 125
  Isaac W., 100
  John S., 153
  Mathew, 462
  Moses, 134
  Peter, 323
  Phineas, 41
  Walter D., 165, 187
  Wm., 261
BARLETT
  J. C., 252
BARLOW
  Augustus C., 122
  Merrill, 321, 325
BARMS
  J. J., 414
BARNARD
  Charles A., 310
  David H., 491
  Edwin A., 132
  John, 516
  W. W., 519

BARNES
  _____ (Miss), 408
  Aaron, 412, 413
  Calvin, 407
  Cordelia, 404
  G. W., 277
  G. W. (Dr.), 205
  Giles, 412, 483
  H. E., 414
  H. P. (Rev.), 449
  Jared, 404
  Jesse, 412
  John, 293, 506
  Joshua L., 96, 99
  M. S., 190
  Orville, 404
  Philo, 404, 405
  Robert J., 95
  Samuel, 404, 409
  Titus A., 152
  Tracy L., 145
  William H. (Rev.), 202
  William M., 127, 151
  William O., 91, 127
BARNETT
  _____, 209
  Augustus, 330
  Henry H., 179
  J. (Mrs.), 282, 283
  Jacob T., 156
  James, 174, 176, 205, 206, 208, 296, 297, 299, 300, 302, 317, 325, 326, 330
  James (Mrs.), 279
  Mclanchton, 212, 213, 298, 322, 323, 330
BARNEY
  A. H. (Mrs.), 279
  David, 461
  Lemuel H., 160
BARNHEIMER
  A. (Rev.), 275
BARNITZ
  Albert, 326
BARNUM
  A. S., 213
  Abijah S., 404, 405
  Ammon D., 92
  C. E., 439
  George T., 214, 505
  Harry, 486, 487
  Harvey, 491
  Herman, 505
  J., 477
  John, 212, 477, 487, 488, 490, 502, 505
  John (Mrs.), 485
  John N., 185
  Luther, 488, 490, 491
  Milo H., 133
  Moses, 404
  Noel C., 409
  Polly, 485, 491
  Samuel H., 92
  Zenas, 486
BARR
  _____ (Rev.), 448
  _____, 481
  F. H. (Dr.), 205
  F. H., 326
  Henry T., 177

-5-

Cuyahoga County, Ohio

BARR continued
  J. H. D., 177
  James A., 177
  James E., 156
  John, 321, 322, 323, 324, 454
  John, 73, 212, 320
  Thomas (Rev.), 420, 448
  Thos., 455
  Wm., 413
BARRABEL
  John (Rev.), 276
BARRETT
  Alonzo, 184
  Arthur H., 152
  Edgar, 165
  George, 122
  Hiram, 301
  James, 479
  Lewis, 100
  Newton (Rev.), 415
  Olcott, 126
  Patrick, 152
  S. H., 252
  Thomas H., 134
  William H., 149
BARRINGER
  Richard, 127
BARRIS
  John S., 432
BARROWS
  Charles E., 184
  Harmon, 434
  Robert, 427
  Walter H., 177
BARRY
  S., 442
BARSTOW
  D., 322
  John A., 151
  S. H., 419
  Samuel H., 419, 423, 421
BART
  Geo H., 289
BARTEN
  W. F. (Rev.), 260
BARTER
  A., 506
  B., 506
BARTHOLOMEW
  A., 201
  Betsey, 506
  David R., 166
  Harvey, 154
  Levi, 499
  W. H., 165
BARTLETT
  A., 305
  Anson, 450
  Benoni, 491, 526
  Chas. F. (Rev.), 400
  Edmund M., 412, 413, 415
  Edward G., 142
  F. J., 527
  Frederick J., 142
  H., 193
  J. B., 324, 325
  James C., 91
  John H., 142
  Joseph, 145, 179
  Joseph B., 213

BARTLETT continued
  Louis, 133
  Louis R., 111
  M. W., 460
  Nicholas, 321
  Seth, 522
  Thomas H., 180
BARTLEY
  Mordecai, 71
BARTON
  P. W., 441
BASH
  Jacob, 138
  Matthew, 135
BASLINGTON
  Geo O., 277
BASS
  Aaron S., 455
BASSETT
  ———(Major), 477
  ———(Mr.), 474, 480
  Chas., 478
  Croydon, 99
  Ezra, 505, 506
  John, 184
  M., 478
  Nathan, 150, 437, 438, 439
  Vesta, 438
BASTER
  H., 495
BASWORTH
  Boardman, 252
BATCHELDER
  Charles W., 156
  John K., 127
BATEHAM
  M. B., 195
BATEMAN
  Charles, 413
  James H., 179
BATES
  Alfred, 184, 441
  H. P., 321, 322
  Howard S., 168
  James A., 420
  N., 238
  Noble, 483
  Robert, 133
  Samuel, 142
  Thos. J., 442
BATTELL
  Philip, 311, 319, 321
BATTLES
  E. D., 470
  Luther, 470
  Newton, 114
BAUDER
  Andrew, 134
  L. F., 213
  Levi F., 90
  Seaman M., 117
BAUER
  Albert, 105
  Frank, 177
  George, 500
  John, 93
  John G., 118
  Ludwig, 104
BAUGHMAN
  David, 181

BAUM
  Phillip I., 292
BAUMBAH
  John N., 123
BAUN
  ———, 225
BAUR
  A. (Rev.), 274
  Ennis (Rev.), 251
BAURLE
  Julius, 119
BAXTER
  Charles W., 157
  H. H. (Dr.), 204
  Hugh, 146
  Morris, 88, 91
  Peter, 190
  Wm., 326
BAYARD
  J. M., 434
  S. A., 434
  Samuel A., 166
  Thomas K., 177
  Thomas M., 429, 434, 483
BAYLOR
  F., 290
BAYNE
  W. M., 325, 326
BEACH
  ———(Mrs.), 438
  Clifton H., 211
  Electa M., 504
  Hannah, 504
  Joseph, 114
  Junia, 438, 504
  Philo, 442
BEACHER
  Sylvester, 59
BEAKLE
  George, 432
BEALES
  Abner S., 511
BEALL
  Reazin (Gen.), 60
BEALS
  Abner T., 498
  William, 157
BEAN
  James, 507
BEANSON
  J., 323
BEAR
  William, 132
BEARBY
  Samuel M., 85
BEARD
  Alexander, 112
BEARDSLEE
  J., 441
  James, 441
  Jerome, 441
BEARDSLEY
  A. C., 323, 324
  D. H., 265, 322
  Frank R., 120
  George H., 158, 159
  Irad L., 324
  J. O. (Rev.), 409
  Jerome, 440
  L. E. (Rev.), 534
  Lester C., 159

Index of Names continued

BEARDSLEY continued
  Philo A., 113
BEARKLE
  Philo S., 154
BEARE
  Isaac, 261
BEARS
  Caroline, 532
BEASER
  Wm., 424
BEATTY
  William J., 119
BEAUMONT
  W. H., 285, 268
BEAVIS
  Benjamin, 214
  B. R., 301, 305, 321, 325
  Benj. R., 419
BEBOUT
  J. N., 192
BECHTEL
  Henry, 139
BECK
  ———, 189
  Alfred, 133
  Conrad, 326
  F. H. (Rev.), 252
  George D., 151
  L., 291
  Israel, 118
  Julius, 170
  Michael, 143
BECKET
  ———, 472
BECKER
  A., 275
  Alvin E., 155
  Francis, 185
  Geo., 274
  Henry J., 157
  John (Jr.), 274
  Justus, 105
  Louis, 104
  Reuben H., 325
  Elias, 471, 473
  S., 477
  Silas, 471, 472, 473, 477, 478
BECKETT
  Joseph, 150
HECKLEY
  Adam, 135
  Charles S., 156
  Edwin, 168
BECKTOL
  John, 182
BECKWITH
  A. D., 290
  Charles R., 133
  D. H. (Dr.), 442
  Edwin, 168
  George, 181
  Herman E., 144
  M. E., 290
  Nelson, 531
  S., 272
  William W., 149
BEDELL
  Bishop, 247, 248, 507
  G. T. (Rev.), 248, 249
BEDFORD

BEDFORD continued
  George, 152
BEEBE
  ———, 423, 506
  Azariah, 438
  Charles J., 187
  F., 463
  Fred, 480
  Hiram, 155
  Huron, 213, 427
  M. A., 192
  Maitland (Mrs.), 442
  Mary Ella, 361
  Miles, 152
  Roderick, 427
  S. L., 439, 441
  Joseph A., 144
BEECHER
  F. A., 321
  Henry Ward, 448
  Lyman, facing 472
  William H. (Rev.), 448
BEEHAM
  William, 489
BEEMAN
  Edwin E., 126
BEER
  W. C. (Rev.), 276
BEERS
  B. B., 460
  Benj. B., 460
  B. P., 450
  Benj. P., 450
  Benjamin P., 445
  D. A., 450
  D. B., 251
  L. B., 449
  L. P., 450
BEESON
  Hannibal A., 127
BEETHAM
  J. (Rev.), 410
BEGG
  P., 256
BEGGES
  A. J., 297
BEGGS
  James, 147
  John T., 321
BEHAN
  Michael, 150
BEICHELMEYER
  Joseph, 461
BEIER
  Christian, 149
BELCORE
  Andrew, 154
BELCHER
  Jerry, 156
BELDEN
  Augustus, 164
  Albert N., 179
BEHREND
  A. F. J. (Rev.), 259
BEHNER
  C. F. (Rev.), 273
BEI
  Simon, 93
BEHRN
  John O., 100
BELDEN

BELDEN continued
  Clifford, 285
  Silas, 311, 322
  Warren D., 120
  William, 237
BELDING
  Amos, 405, 407
BELKNAP
  P. W. (Rev.), 433
BELL
  ———, 193
  Charles C., 153
  David V., 165, 187
  Edwin, 178
  George, 152, 157
  James, 173
  Joseph, 285
  Joseph S., 168
  Moor, 529
  W. D., 505, 506, 507
BELLARD
  Thomas H., 114
BELLERY
  Nicholas, 104
BELLINGER
  Charles H., 160
BELLOWS
  Curtis J., 88
BELTZ
  John A., 138
BEMAN
  John H., 103
BEMIS
  E. St. John, 323, 324
  Geo. H., 286, 287, 288
  James, 126
BEN
  ———, 52, 53
BENCHELL
  R., 294
BENDER
  ———, 464
  Jacob, 186
  John, 462
  Martin L., 178
BENEDICT
  ———, 330
  A. A., 410
  Allison, 404
  Daniel, 403, 404, 405, 410
  Daniel (Mrs.), 410
  Darius, 404, 405
  E. F., 479
  Geo. A., 188, 193, 280, 323, 326, 330
  Geo. A. (Mrs.), 279
  Geo. S., 321
  George S., 331
  Isaac F., 322
  James, 404, 405
  James S., 405
  Judson, 404
  Julius, 404, 405, 409
  Julius S., 404
  Justus, 427
  L. D., 213, 325, 405, 406
  Levi, 299
  N. P., 409
  Painamber, 404
  R. D., 407
  R. S., 405, 409

-7-

BENEDICT continued
  Ralph, 404
  Ralph R., 404
  Rodolphus, 404
  S. H., 257
  Sillock, 404
  William C., 132
BENHAM
  Eugene W., 127
  Geo. H., 322
  O. J., 257
BENIDICT
  J. D., 262
BENJAMIN
  A. D., 165
  Charles, 157
  David, 529, 530
  Platt, 102, 138
  Russell, 456
BENLEHR
  George H., 150
BENNETT
  _____, 427, 482, 506
  A.C.W., 152
BENNET
  Abel, 514
BENNETT
  Abraham S., 91, 111
  C. C., 478, 481
  Charles, 117
  Charles H., 152
  Clifton A., 100
  Daniel, 111
  Elias, 164
  Eli, 85
  Elmer J., 120
  G. W., 296
  Harrison, 121
  J., 470
  Jacob, 152
  James, 133, 158, 301, 521, 522
  James A., 324, 326
  James F., 156
  John A., 177, 302
  John H. (Dr.), 279, 284
  Joseph M., 111
  Moses O., 522
  Perry, 89
  Peter, 182
  Plimmon C., 323
  Plimmon E., 152
  R. P., 533
  Ransom, 188
  Robert, 144, 145
  W. D., 491
  Wilson, 481, 482
BENNINGTON
  Thomas, 183
BENNITT
  John (Dr.), 204
  John, 261
BENSON
  James, 144
  Joseph, 143
  William, 170
BENTLEY
  _____, 427
  Adamson (Rev.), 432, 433
  Adamson, 496
  Martin, 426, 433

BENTLEY continued
  Stoughton, 429, 434
  Thomas C., 152, 155
  Wilbur, 99
BENTLY
  Albert G., 98
  J. F., 409
  John, 144
  Martin C., 156
BENTON
  Andrew, 412
  C., 285
  E. R., 285, 323
  Ezra R., 419
  G. L., 289
  Horace, 281
  J. J., 302, 324, 325
  O. B., 321
  Thomas, 182
BENZ
  Charles, 294
BENZIE
  Jacob, 125
BERANEK
  Geo. (Rev.), 267
BERBINGER
  Julian, 95
BERG
  _____ (Rev.), 507
  Geo. (Rev.), 251, 252
  John, 306
BERGEN
  Wm., 483
BERGER
  Albert, 85
  Christian, 104, 139
  L., 275
BERGERMAISTER
  Christoph, 101
BERGHOFF
  _____ (Dr.), 525
BERGIN
  John, 92
BERGSICKER
  John, 105
BERNER
  Jacob, 135, 147
BERNGARDT
  John (Rev.), 273
BERNHARDT
  Christian, 185
BERNHART
  _____ (Rev.), 465
  Leonard, 102
BERNSTEIN
  Henry (Rabbi), 275
BERR
  Julius O., 203
BERRICK
  Thomas, 118
BERRINGER
  Phillip, 180
BERRY
  Christopher, 147
  Edward, 294
  Geo. W., 285, 287, 288, 289
  John, 507
  Lemuel, 168
  Matthew, 153
BERSCHIG

BERSCHIG continued
  Augustus, 99
BERSCHIMER
  Jacob, 117
BERTHOLD
  George, 186
BERTHONG
  Mary, 507
BERTRAM
  G. (Rev.), 251
BERTSCH
  M., 286
BERWICK
  Andrew, 178, 180
  Thomas S., 179
BESSETT
  H. U., 152
BEST
  Geo. H., 206
BESTER
  Thomas C., 154
BESWICK
  A. L., 295, 152
  Edward G., 157
  John, 157
  John M., 157
BETTIS
  Milo H. (Rev.), 250, 410, 534
BETTS
  _____, 422
  George, 508
BETZ
  Gabriel M., 156
  John B., 156
BEUCHLER
  John, 138
BEVARES
  Henry, 473
BEVER
  John, 504
BEVERLIN
  John, 323
BEVERLY
  Carl, 138
BEYNOR
  Charles, 133
BEYRT
  Charles, 185
BIACG
  John, 294
BIALOSKY
  L., 275
BIBBINS
  _____, 422
BICKER
  Wm., 247
BICKFORD
  N., 152
  Samuel, 157
BICKNELL
  Minor, 42, 43
BIDDLE
  Henry, 293
  S., 272
BIDLINGMEIER
  G., 275
BIDWELL
  Geo. S., 100
BIEBER
  Jacob, 179

Index of Names continued

BIEKEL
  Philip W., 198
BIEL
  S., 274, 275
BIENVILLE
  Celeron de, 23
BIERBAUM
  Father, 466
BIERER
  Chas., 287
BIERMAN
  F. H., 321
BIGELOW
  A. D., 285, 288
  David G., 159
  H. U., 434
  J. J., 499
  John J., 499
  Jonas (Rev.), 448
  Mattie L., 203
BIGGAR
  H. F. (Dr.), 204
  Hamilton F. (Dr.), 331
BIGGS
  Albert, 166
BIGLER
  Frederick, 134
BIGNELL
  W. P. (Rev.), 251
BIG SON
  50, 53
BILL
  Charles H., 164, 165, 211
  Earl, 211
  Horace N., 322
BILLINGS
  Charles A., 177
  Henry M., 111
  Lyman C., 114
  M. G., 513
  M. S., 513
  N. D., 522
  Otis, 511, 522
BILLS
  George W., 179
  James S., 59
BILLSON
  Caleb, 152
  Harris, 186
BING
  Rabbi, 275
BINGHAM
  Charles E., 127, 151
  Edward, 300
  Elijah, 321
  F. W., 299, 319, 321, 323, 324
  Flavel J., 151
  Flavel W., 212
  George F., 152
  Hiram (Rev.), 448
  J. H., 299
  John, 154
  William, 296, 298, 301, 317, 206, 214, 324
BINKLEY
  Romanus, 156
  Melancton, 156
BIRCH
  William, 146
BIRCHARD

BIRCHARD continued
  Amos, 530, 531
  David, 434, 530, 531
  Matthew, 211
BIRD
  James, 512
BIRGE
  Lasell, 450
BIRK
  Charles, 294
BIRNEY
  _____, 190
  U. H., 321, 326
BIRZLEY
  James O., 164
  Mortimer H., 164
BISHOP
  A., 459
  Abraham, 452, 454, 455, 456, 459
  Albert, 179, 184, 88
  Albert M., 120
  Andrew, 165
  C. D., 324, 325
  J. A., 324
  Jesse P., 212, 320, 322
  John, 59, 454, 455, 456, 459
  John A., 324
  Judson M., 127, 152
  L. J. P., 321
  Orin A., 139
  Philip, 168
  Sanford H., 519
BISNETT
  James, 154
BISCUT
  Charles, 98
  John, 98
BISSELL
  A. H., 204
  Benjamin, 204, 211
  C. S., 298
  John C., 184
BISSETT
  H. N., 323, 325
BITTEL
  Jacob, 325, 326
  Joseph, 286
BITTENGER
  Joseph B. (Rev.), 257
BIVANS
  W. A., 154
BIXBY
  _____ (Mrs.), 237
  J. C., 152
BIXLER
  William, 102
BLACK
  Benjamin H., 168
  Henry, 94
  J. Y., 325
  Jeremiah D., 160
  John, 98, 162
  Johnson, 98
  Lewis, 151
  Louis, 291
BLACKBURN
  J. M., 289
BLACKFORD
  H., 157

BLACKFORD continued
  Henry, 180
BLACKMAN
  Adelbert E., 164
  Austin, 519
  E. C., 519, 520
  I. N. (Mrs.), 515
  J. N., 519, 520
BLACKSNAKE
  (Gov.), 17, 18
BLACKWELL
  B. T., 450
  Joseph, 89
BLACKWOOD
  George C., 156
BLAHD
  H., 275
BLAIKLOCK
  Henry A., 88
BLAIR
  A. D. (Dr.), 205
  A. O., 204, 277
  Henry, 323, 324, 325
  Henry L., 157
  Homer L., 149
  John, 70, 238
  John H., 177
  W. W., 530
  William, 186
BLAKE
  _____, 497
  James G., 152
  John W., 152
  L., 296
  S. L. (Rev.), 258
BLAKESLEE
  C. T., 190, 214, 321, 428, 494
  Charles W., 111
  Frank, 296
  George A., 162
  G. E., 192
  George F., 195
BLANCHETTE
  Charles E., 164
BLANDEN
  E. J., 286
  John M., 113
BLANDIN
  E. J., 321
BLANDING
  Mansell M., 166
BLANK
  John, 505
BLAS
  Max, 185
BLATHERWICK
  Wilfred F., 135
BLATNER
  George, 185
BLAU
  Emil, 104
BLEASDALE
  _____, 431
BLESS
  Jacob, 137
BLESSING
  Joseph, 464
  Matilda, 466
  Sebastian, 462
BLETHER

-9-

BLETHER continued
  Allen, 145
BLICKENSDERFER
  E. B., 321
BLINN
  Horace, 446
  Hosea, 456
  R. H., 48, 52
BLISH
  E. C., 323
BLISS
  ———, 427, 431
  ———(Mrs.), 237
  A. S., 459
  Aaron, 427, 428
  Aaron (Mrs.), 427
  Albert L., 114
  C. R., 434
  Charles, 101
  Francis W., 135
  G. J., 469
  Geo. J. (Rev.), 432
  Harmon H., 139
  Julius E., 165
  J. G. (Rev.), 254
  O., 434
  Obadiah, 429
  Otis B., 433
  Peletiah, 497, 499, 501
  Philemon, 211
  Ransom, 433
  Stoughton, 324
  Wm., 322
BLODGETT
  ———(Mr.), facing 468
  H. (Rev.), 448
  John, 182
  Morris, 155
BLOOD'S
  Tavern, 435
BLOOD
  Asa, 437, 438, 439
  D. C. (Rev.), 525, 526
  Richard, 178
  Seneca, 178
  Zachariah, 178
BLOOM
  Addison M., 160
BLOSSOM
  H. C., 279
  Richard S., 133
BLUIM
  Jacob, 177
BLUNT
  ———, 163, 187, 304
BLYTHE
  Walter, 111, 248
BOADE
  Phillip, 118
BOAH
  Adam, 150
BOARDMAN
  Elijah, 37
  W. J., 321
  Wm. J., 245, 279, 296, 299
BOCHMAN
  Conrad, 85
BOCHRINGER
  Peter J., 152
BOCK

BOCK continued
  Frederick, 93
BOCKHOLD
  Fred, 466
BODAY
  Julius, 156
  Peter, 156
BODEN
  Father,
  William, 168
BODEY
  Louis, 152
BODLE
  George (Rev.), 494
BOEHM
  George, 104, 105
BOEPPLE
  G., 274
BOEST
  C. F., 277
BOFF
  T. M. (Rev.), 268
BOGARDUS
  Jacob, 125
BOGGIS
  ———, 309
BOGGS
  R. H., 289
BOHLEY
  Jacob, 185
BOHM
  ———, 199
  David, 157
  Edward H., 213
BOHN
  Charles, 137
  Christopher, 168
  Henry, 153
  Henry E., 157
BOLDT
  Christ., 295
BOLDY
  John, 152
BOLE
  John, 150
  Jos. K., 310
BOLENDER
  Henry, 150
BOLIN
  Charles A., 118
BOLLES
  James A. (Rev.), 207, 208, 245
  William, 156
BOLTON
  Alfred, 286
  C. C., 286
  C. E. (Mrs.), 282
  Charles A., 126
  H., 290
  John (Dr.), 204
  T. (Mrs.), 279
  Thos., 212, 246, 320, 513
  Thomas, 321, 323
BOLTS
  Conrad, 185
BOND
  Frederick H., 152
  George, 179
  Moses, 446, 456
  Richard, 120

BOND continued
  Samuel, 251
  T. N., 324, 325
  William E., 152
BONESTEIL
  David, 156
BONER
  B. P., 272
BONNER
  Harry, 179
BONNEY
  Charles L., 132
  BOOHEST
  G. (Rev.), 274
BOONE
  William R., 100
BOOTE
  J. J., 248
BOOTH
  ———(Rev.), 419
  Henry C., 168
  J. M., 285, 208, 289
  Levi (Jr.), 413
  Wesley, 160
  William E., 111
BORCHERDING
  W. (Rev.), 251, 252
BORGEIS
  Fred., 465
BORGER
  Christopher, 153
BORGERDENG
  ———(Rev.), 507
BORLEIN
  Joseph, 101
BORN
  C. P., 286
BORNHEIMER
  A., 273
BOSE
  Frederick, 91
BOSLEY
  Byron, 160
BOSTWICK
  ———, 511
  Chas. B., 412, 413
  Ebenezer, 512
  Frank D., 184
  Frank L., 173
  Gersham, 412
BOSWORTH
  B. H., 427, 434
  Boardman H., 429
  D. M., 489
  Elijah, 522, 526
  Fenner, 134, 520
  Freeman, 427
  James, 427
  John, 521, 522
  Luther, 522
  Milo, 427
  Morris, 519
  Perry, 525
  Philetus, 427
  Q. M. (Rev.), 490
  Samuel, 522
  Sherman, 127
  William M., 133
BOTHWELL
  John D., 121
BOTSFORD

-10-

Index of Names continued

BOTSFORD continued
  Eli H., 98
BOTTSFORD
  Samuel E., 252
BOTTON
  H., 286
BOUGHMAN
  John, 156
BOUGHTON
  Elon G., 112
  J. B., 193
BOUND
  Joseph, 179
BOURNE
  _____, 309
  Damon, 309
  E. H., 309
  Edwin H., 90
  Harriet, 412
  Isaac, 412
  Lemuel, 411, 413
  Mary, 412
  Rawson, 411
  S., 309
  William, 412
BOUSFIELD
  John, 301
BOUTALL
  Thomas, 293
BOUVIA
  Joseph, 113
BOWDEN
  John E., 165
BOWEL
  Reese, 493
BOWELL
  Margaret, 493
  Zadock, 494
BOWEN
  Luke L., 525, 526
  William M., 165
BOWER
  B. P., 325
  Jacob, 134
  John H., 90
  Luke (Rev.), 523
  Peter, 456, 506
BOWERS
  G. B., 304
  James A., 144
BOWKER
  Seth D., 142
BOWLAND
  Hugh A., 154
BOWLER
  _____, 309, 333
  Charles P., 333
  Darius S., 153
  G. L., 332
  John R., 333
  N. P., 309, 332
  William, 282, 332, 530
BOWLES
  James, 162
  James H., 152
  Jonathan, 269
  Jonathan C., 450
BOWLEY
  H., 326
  Henry, 289
BOWMAN

BOWMAN continued
  _____ (Rev.), 465
  Alfred, 143
  G. R. (Rev.), 534
  G. R., 483
  Hiram H., 144
  Hiram J., 116
  John, 188
  John M., 143, 144
BOWRA
  Thomas, 98
BOYD
  Anna, 532
  C., 534
  David, 132
  Emmet, 412, 413
  Hugh, 156
  James, 249, 533
  Newton D., 169
  William, Jr., 178
BOYDEN
  E. (Rev.), 245
BOYELTEN
  Samuel H., 127
BOYER
  Benjamin, 511, 512
  Daniel, 135
  John, 159
  Nicholas, 133
BOYLE
  Cornelius, 483
  Daniel T., 90
  John, 145
BOYNTON
  Alpha, 495
  Amos, 461, 492, 493, 494, 495, 496
  Anna, 495
  Bentley, 495
  Caleb, 461, 495
  Calista, 495
  H. B., 492, 495
  H. P., 519
  Harriet A., 495
  Henry B., 495
  Jeremiah, 461
  Jerry, 495
  John, 495
  Martin, 495
  Mary C., 495
  Moses, 415
  Nathan, 461, 495
  Parker, 530, 531
  Phebe, 495
  S. A. (Dr.), 204
  Silas A., 495
  William, 461, 495
  William A., 495
BOZENHART
  C. (Rev.), 251, 252
BRACE
  Jonathan, 37
BRADBEER
  Thomas, 157
BRADBURN
  Charles, 313, 314, 323, 324
  George, 194, 297
BRADEN
  Angus R., 126
  William, 173
BRADENSTEIN

BRADENSTEIN continued
  Adam, 137
BRADDISH
  Henry L., 98
BRADDOCK
  _____, 24
BRADFIELD
  A. (Rev.), 254
BRADLEY
  A., 300
  Alva (Capt.), 333
  A. E., 251
  Elias L., 132
  Chester W., 89
  Francis W., 157
  H., 270
  H. B., 525
  Henry G., 177
  J. M., 439
  Jason, 438, 439, 212
  Moses, 59
  P. B., 423
  Quincy, 126
  Rawson H., 114
  Sheldon, 333
BRADFORD
  E., 441
  Eastman, 491
  Freeman, 489
  G., 483
  Hiram, 132
  Hosea, 412, 413, 415, 477, 486, 490
  John E., 184
  Lester, 489, 491
  Philip W., 122, 169
  W., 294
  Wm. (Gov.), facing 410
  Wm. (Maj.), facing 410
BRADNER
  F. H., 194
BRADROCK
  Walter, 310
BRADSHAW
  W. J., 287
BRADSTREET
  _____ (Gen.), 26, 27, 28, 29
  S. G. (Rev.), 255
  S. J. (Rev.), 71
  Stephen J. (Rev.), 448
  T. I. (Rev.), 420
BRADY
  Edward, 159
BRAGG
  _____, 128, 141, 174, 106, 107, 82
  Ambrose, 532
  John, 293
BRAGINGTON
  John, 156
BRAINARD
  _____ (Dr.), 407
  A. C., 289
  A. H., 204, 483
  Alvah H., 212, 213
  Amos, 418, 420, 482
  Amos B., 418
  Amos (Mrs.), 418
  Asa, 417, 418, 321
  Asahel, 420
  Aziah, facing 416

BRAINARD continued
  Bethuel, 417
  Bolles M., 419
  Charles, 146
  Charles S., 152
  Cyrus, 420
  D. S., 305, 419
  David S., 417, 419, 421
  Demas, 418, 420
  Edward, 142, 499
  Enoch, 133
  Enos, 417, 418
  George, 154, 420
  Geo. D., 261
  Geo. W., 420
  H. C., 252
  Henry (Mrs.), 425
  Henry M., 135
  Ira, 417, 420
  J. K., 420, 462, 464
  J. M., 420
  Jabin, 418
  John, 190, 204, 410, 428
  Jedediah, 418
  Lewis H., 170
  Loren, 146
  Luther, 420
  Mary, 420
  N., 299
  O. J., 321
  Ozias, 321, 417, 419, 420
  Ozias, (Jr.), 417, 420
  Parker, 482
  Philena, 418
  Phoebe, 420
  Rebecca, 420
  Russell, 420
  S., 198
  S. R., 420
  Sanford R., 143, 419
  Sarah Hinckley, 425
  Seth, 420
  Shattuck, 482
  Stephen, 417, 418, 421
  Sylvanus, 418, 420
  Timothy, 417
  W., 470
  Warren, 417, 418
  Welman, 470
  William, 418
BRAINE
  Samuel, 186
BRAINERD
  Joseph L., 154
BRAKE
  Oliver, 157
BRAMLEY
  _____, 465
  Lawrence, 491
  Mathew, 461, 465
BRANAT
  Phillip, 104
BRANCH
  _____ (Mr.), facing 422
  Francis, 305, 334, 419, 212
  T. F., 326
BRAND
  F. A., 321, 322
  Frederick W., 88
  Milo W., 321

BRANDEBERRY
  C. B., 478
BRANDON
  Charles, 59
BRANT
  Joseph (Thayendonegea), 38, 40, 44
  Theodore, 185
BRANNIN
  Martin, 179
BRASIE
  William, 447
BRATHLOTT
  Charles, 531
BRAUN
  Augustus F., 185
BRAY
  J., 495
BRAYTON
  C. A., 309, 332
  C. H., 296
  Gilbert H., 152
  I., 483
  Isaac, 214
  John, 116
  Mary Clark, 81
BRAUN
  W. (Rev.), 276
BRAUND
  W. A., 434
  Wm. P., 250, 290, 296
BRAUNSTETTER
  Henry, 114
BRECK
  _____, 414
  Clarissa, facing 410
  Chas. (Rev.), 245
  Edward, facing 410
  J. H. (Rev.), 415
  J. H. (Jr.), 484
  John, facing 410, 411
  Joseph H., 412
  Robert, 411
  Theodore, 410, 412, 413, 212, 214, 415
BRECKENRIDGE
  _____, 172, 193
  Henry C., 157
  George W., 478
  Wm., 412, 413, 415
BREDES
  H. P., 407
BREEN
  Cyrus, 411
  David, 411
  John, 411, 208
  Joseph, 411
BREES
  W., 261
BREITENBACH
  Charles, 93
BREIT
  _____ (Rev. Mr.), 465
BRELSFORD
  William H., 152
BRENNAN
  James, 145, 168
  John, 132, 135
  Thomas, 134
BRENNIS
  George, 103

BRENNIS continued
  John, 103
BRENT
  _____, 171
BRESLIN
  P. H., 321
BREURR
  Elmer, 187
BREWER
  _____, 531
  A. T., 321
  Andrew J., 117
  Elmer, 166
BREWSTER
  Alf. E., 293
  Betsey, 463
  Ezra, 132, 462
  Frank, 286, 287
  John M., 165
  M. F., 434
  Sarah Ann (Mrs.), 508
  S. W., 434
  Timothy S., 505
  W. H. (Rev.), 254, 271
BREVES
  Charles, 292
BREYMAIER
  George, 152
BRIANT
  Maria, 339
BRICKER
  David H., 169
BRIDGE
  George W., 113
  Joseph W., 173
BRIER
  John, 186
BRIGGS
  _____, 511
  Amos, 477, 485, 486, 490, 491
  Aulis, 185
  Cassius V., 183
  James A., 194, 213
  J. A., 279, 299
  Norton, 526
  Oscar, 154
  Otis, 486
  Pierson D., 126, 151
  Samuel, 285, 287, 288, 289, 296, 296
  Thomas, 486, 487, 490
BRIGHAM
  Herman H., 164
  Samuel, 179
BRIGHTMAN
  George W., 133
  J. W., 308
  Joseph T., 88
BRILL
  Cornwall N., 157
BRINCKELMEYER
  Fred, 93
BRINKER
  E. H., 273
  John H., 137
  Henry H., 164
BRINKERHOFF
  Benj. F., 133
BRINKMAN
  Henry, 138

-12-

Index of Names continued

BRINSMADE
　　　, 431
　A. T., 207, 321, 325
　Allen T., 207, 208, 214, 153, 285
BRINSON
　John S., 150
BRISKY
　Ludwig, 294
BRISTOL
　Ira, 321
BRITTAN
　Flavel, 525
　J. J., 410
BRITTLE
　Daniel, 438
　John, 438
BRITTON
　Benjamin, 152, 158, 290
　Nathan, 522
BROA
　William, 178
　William H., 208
BROADWELL
　J. S. (Rev.), 253
　John S., 478
　Thos., 490
BROBST
　Solomon, 85, 92
BROCK
　Alphonso, 155
　E. A., 324
　Edward F., 154
　Sidney G., 126, 321
BROCKETT
　Justus J., 156
BROCKWAY
　　　, 461
　Hiram C., 206
　Marcus, 89, 152
BRODBECK
　Barbara, 273
　M., 273
BRODBENT
　John H., 148
BRODT
　Frederick, 125
BROGAN
　J., 305
　John, 179
BROKAN
　John R., 126
　Samuel D., 165
BROKELSTUHLER
　H. L., 441
BROKENS
　Suranus T., 164
BROKENSHIRE
　James, 213
BROMAN
　John, 185
BROMLEY
　Francis, 132
BRONDES
　Henry, 507
BRONSON
　Alfred (Rev.), 410
　Daniel, 456
　Edward, 322
　Elijah W., 530, 531
　F. G., 505

BRONSON continued
　Fanny, 533
　Harriet M., 489
　Horace, 186
　R., 489
　Ransom, 489
BROOK
　John, 239
BROOKE
　Lord, 31
BROOKER
　Lewis, 133
　William, 151, 254
BROOKINS
　George W., 187
BROOKS
　B. F. (Rev.), 251, 288
　C. P., 429
　David, 180
　Elisha, 461
　Fredrick (Rev.), 247
　Freeman, 154, 482
　George, 150
　Geo. W., 125
　H. J., 269
　Hiram, 525
　James C., 85, 92
　John, 434, 482, 483
　John H., 160
　Martin L., 127, 257
　Mary, 357
　O. A., 246, 299, 300
　Oliver H., 245
　Oliver K., 153
　Richard, 294
　S. C., 299, 301, 303
　Samuel, 482, 463
　Samuel E., 154
　Samuel H., 121
　William, 152, 427
　William E., 100
BROUGH
　　　, 88
　John (Gov.), 344
　John, 82, 210
BROUGHTON
　James H., 165
BROUSE
　Harvey, 119
　Henry O., 119
　James W., 119
BROWER
　　　(Mrs.), 481
　Daniel, 461
　David L., 481
　David Pinkney, 461
　Elisha, 461
　John, 125, 461
　Perry, 481
　Philip, 481
　William, 461
BROWING
　Josiah, 262
BROWN
　A. M. (Rev.), 250, 251, 410, 493
　A. M., 489
　Adrian, 182
　Albert, 152
　Barnabas, 132, 133
　Barton, 511

BROWN continued
　Benjamin F., 170
　Benoni, 404, 411
　Byron M., 151
　C., 462
　Charles, 132, 157
　Charles C., 152
　Charles E., 126, 151
　Charles F., 81
　Charles H., 168
　Charles T., 153
　Daniel, 439, 446
　Daniel A., 253
　David, 165, 439
　Duane, 429
　Dwight H., 88
　E. E., 290
　Edwin B., 179
　Edward F., 184
　Erwin, 152
　F. I. (Rev.), 410
　Fayette, 208, 209, 310
　Francis, 177
　Frank (Rev.), 252
　Frank, 462
　George A., 152
　George H., 178
　George W., 143
　Gottlieb, 137
　H., 421
　H. F. M. (Mrs.), 191
　H. G., 295
　H. P., 288
　Harvey H., 296
　Harvey, 178
　Henry E., 177
　Henry J., 89
　Henry L., 194
　Hiram, 169
　Hiram M., 152
　J. A., 434
　J. H., 287
　J. L. M., 462
　J. M. L., 463
　J. P., 254
　J. W. (Rev.), 507
　James, 94, 152, 185, 295
　James M., 499
　Jas. S., 321
　John, 102, 116, 138, 159
　John H., 180
　John T., 156
　John W. (Rev.), 245, 247, 286, 289
　Joseph, 439
　Joseph N., 158
　Josephus, 464
　Josiah, 154
　Judson M., 151
　Julius H., 322
　Lafayette, 114
　Lawson, 478
　M. H., 292
　Marcus A., 499
　Mason, 271
　Orrin J., 85
　Peleg, 529, 530
　R. A., 422
　Ransom, 182
　Russell, 422
　Russell A., 419

-13-

Cuyahoga County, Ohio

BROWN continued
  S. H., 506, 508
  S. H. (Mrs.), 508
  S. S., 480
  S. W., 409
  Samuel, 94, 284
  Samuel J., 143
  Thomas, 194, 195, 204
  Thomas C., 91, 490, 491
  W. F., 310
  Wellington F., 179
  William, 94
  William S., 134
BROWNE
  Charles Farrar, 193
  M. G., 509, 278
BROWNELL
  Abner C., 324
  B., 326
BROWNING
  Geo. W., 117
BRUCE
  Almon G., 127
  Eli, 32
  Frederick, 166
BRUCKER
  Frederick, 113
BRUGGEMEIER
  Charles F., 137
BRUMLEY
  Joseph, 100
BRUNCK
  G. A., 321
BRUNER
  Ira, 184
  John, 99, 151
  William A., 184
BRUNNER
  Frederick, 507
  John F., 126
BRUNS
  H., 275
BRUNSON
  Alfred (Rev.), 250
  C., 512
BRUSH
  Isaac, 449
  Jerry D., 185
  Leverett C., 177
  Perley, 158
BRYAN
  J. E., 287
  James, 155
  James A., 152
  John, 120, 148
  William, 143
BRYANT
  David, 42, 46, 48, 49, 228, 230
  Francis, 527
  Gilman, 42, 46, 48, 50, 228, 230
  Lyman, 154
BRYCE
  Chauncey E., 159
BUCHANAN
  Charles, 182
  Samuel E., 89
BUCHMAN
  Conrad, 93
BUCHMANN

BUCHMANN continued
  M., 287
BUCHTEL
  John R., 206
BUCK
  Chas., 274
  Edward (Dr.), 414
  James, 168
  John, 274
  Thomas H., 164
  William, 514
  Zina J., 166, 187
BUCKHART
  Samuel, 144
BUCKHEIER
  William, 121
BUCKHOLTZ
  Wm., 423
BUCKINGHAM
  Isaac, 321
  Peter, 294
BUCKIRE
  William, 116
BUCKLEY
  Hugh, 144, 287
BUCKMASTER
  C., 152
BUDD
  Thomas, 134
  William, 134
BUDWIG
  Edward, 288
BUEHAN
  John, 258
BUEHLER
  Frederick, 119
BUEHNE
  Frederick, 322
BUELL
    (Gen.), 84, 128, 174, 175, 176
    , 101
  J. C., 207, 300, 301
  Salmon, 529, 530
BUERGER
  Wm., 286
BUETTNER
  Charles, 138
  Frank, 326
  W. H. (Rev.), 273
BUFFETT
  Chas., 271
  Lewis, 295
  Lewis (Dr.), 204
BUFFINGTON
  Horatio S., 184
BUFORD
    , 139
BUGG
  Samuel, 294
BUGGEMAN
  J. B., 325
BUHDENBAUM
    (Rev.), 507
BUHL
  Marx, 184, 464
  Max, 462
BUHNE
  Frederick, 152
BUHRAN
  Lewis, 94

BUHRE
  C. H. (Rev.), 251
  S., 300
BUHRER
  Stephen, 324, 325, 326
BULING
  Joseph, 479
BULKLEY
  C. H., 296
BULL
  Charles H., 158, 177
  Fanny Huntington, 515
  James, 37
  John C., 152
  L. S., 97
  Lorenzo S., 515, 516, 519, 520
  Melville, 134
  Norman A., 515, 519, 520
  Norman H., 98
  Pitkin S., 515, 516, 519
  S. S., 517
  Samuel, 494, 515, 516, 519
  Sheridan E., 97, 99, 518
  Worthy F., 134
BULLARD
  Curtiss, 431
  J. S., 431
  John S., 431, 432
  Orson C., 431
BULLOCK
  Charles, 133
  H. J., 292
  John H., 182
BUMP
  Hiram, 158
BUNDY
  Mark, 123
BUNKER
  Freeman, 91, 512
  James, 511
  Jonathan, 510, 511, 512, 513
  Lovey, 512
BUNNEL
  Aaron, 446, 456
  Anna, 448
  Daniel, 485, 487
  David, 445, 446, 456, 459
BUNNEY
  A. R., 294, 295
  F. E., 295
  T. E., 294
BUNTS
  W. C., 325, 326
BURALL
  Joseph, 36
BURBECK
  William, 85
BURBRIDGE
    , 171, 172
BURCH
  P. G., 505
  Paul G., 505
  William, 116
BURCHARD
  J. (Rev.), 448
BUREK
  John, 267
BURD
  Samuel, 126
BURDEN

Index of Names continued

BURDEN continued
  James, 266
BURDICK
  ———, 333
  John S., 185
  Lorenzo, 168
BURDUE
  James N., 153
BURGART
  F., 274
BURGE
  Ezra L., 164, 165
BURGER
  Albert, 93
  David (Rev), 245
  William R., 184
BURGESS
  ——— (Mr.), 482
  ——— (Rev.), 519
  Albert C., 88, 92
  Almon, 322
  C. H., 214
  C. W., 293, 295
  Ellen M., 334
  Frank D., 167, 168
  J. M., 495
  L. K., 257
BURGHARDT
  H., 483
  H. W., 483
  J. T., 198
BURGOYNE
  ——— (Gen.), facing 410
BURK
  Allen, 59
  Aretus, 59
  Barzilla, 68, 404, 405
  Brazilla B., 335
  Charles, 294
  Gaius, 213, 483
  John, 94, 119
  Joseph, 60, 125
  Patrick, 157
  Silas, 59
  Stevenson, 335
  Sylvanus, 52
BURKE
  ———, 453
  A. M., 213, 307
  C. E., 286, 307
  Deacon, 453
  Eli, 404
  Gaius, 56, 334, facing 482
  Gains, 238
  Harvey, 213, 483
  John, 188
  John M., 530, 531
  Joseph, 56, 452
  O. M., 307
  Patrick, 180
  Thomas, 145, 148
BURKETT
  Peter, 144
BURKHARDT
  Herman, 104
BURLESON
  James, 489
BURLINGAME
  Ira, 99, 506
BURLISON
  J., 272

BURLISON continued
  S. J., 290
BURMASTER
  J. C., 463
  N., 463
BURMESTER
  Ernest, 169
  Henry, 99
BURNELL
  Frank W., 99
BURNET
  Cleanthus, 103
  Edmund, 425, 494
  Henry, 434
  Joel, 426
  S. J., 495
  Serenus Place, 427
  Serenus P., 425, 492, 494
  Serenus (Mrs.), 425
  Stephen, 425, 494
BURNETT
  A. H., 434
  Cleanthus, 187
  David, 454
  F. L., 529
  J. H., 434
  Syrenus, 531
  Thomas, 181
  W. A., 432
BURNHAM
  Frank H., 159
  Isaac, 499
  Job, 113
  Joseph, 412
  Thomas, 323
  William W., 180
BURNS
  Andrew, 125
  Andrew (Rev.), 433
  Edwin C., 180
  Henry J., 157
  J. M., 253
  Jennie (Mrs.), 433
  John, 173
  John G., 89
  Joseph A., 494
BURNSIDE
  ———, 119, 127, 128,
    128, 130, 163, 171, 183
  Chas., 326
BURR
  ——— (Rev.), 526
  Charles E., 153
  Timothy, 37
BURRELL
  Andrew A., 168
  John E., 179
  Wilson H., 132
BURRIDGE
  W. H., 204, 321
BURRITT
  Elihu, 81
BURROUGHS
  Carlos A., 88
  David (Jr.), 237
  David (Sr.), 237
  Dorsy W., 154
  Horace, 528
  Peter (Rev.), 534
BURROWS
  Francis A., 322, 323

BURROWS continued
  Johnson J., 152
  Sylvester S., 154
  Thomas, 179
BURT
  Chas. S., 413
  Charles, 132
  F. L., 450
  George B., 206, 255, 285, 303
  Harvey, 294
  Henry C., 326
  Hernus, 132
  Irving H., 154
  Isaac, 533
  James, 133
  John, 446, 456
  Theodore, 89
  Wm., 413, 415
BURTIS
  John, 322
BURTISS
  John, 237
BURTON
  Albert, 177
  Elijah, 446, 456, 459
  Erasmus D., 214
  George, 95
  J. J., 495
  Jedediah, 494, 495
  John H., 89, 151
  John Henry (Rev.), 248, 249
  Joseph, 94
  Julius, 134, 295
  Lewis (Rev.), 246, 248, 249
  Lewis (Mrs.), 81, 283
  N. S. (Rev.), 260
  Ransom D., 156
  Stephen, 132
  T. F., 211
  Wm., 419, 322
  Wm. (Rev.), 246, 249
  William, 184
BURWELL
  G. P., 281, 282
  L. C., 296
BURY
  Richard (Rev.), 245, 246, 247
BUSBY
  William, 491
BUSCH
  Conrad, 160
  Deitrich, 500
BUSEY
  Wm. (Rev.), 272
BUSH
  E. H., 422, 423, 424
  E. H. (Rev.), 420, 478
  Isidor, 281
BUSHNELL
  ——— (Rev. Mr.), 465
  Betsey, 465
  C. H., 462, 463, 464
  Chester, 426
  Elizabeth, 465
  George, 463
  Jane, 465
  John L., 85
  Wm., 461
  William F., 462, 465
BUSHONG

-15-

BUSHONG continued
 Alexander, 114
BUSHMAN
 Frank, 135
BUSH
 Richard, 152
 William H., 152
BUSHNELL
 Charles H., 149
BUSHON
 Orange E., 143
BUSICK
 John, 138
BUSKIRK
 Isaac, 149
 Wm., 461, 462
BUSSDICHER
 M. (Rev.), 276
BUTLER
 , 187
 Andrew, 414
 Benjamin F., 306
 Betsey, 438
 C. R., 285, 287, 288
 Charles R., 153
 David, 134
 Frank, 157
 G. O., 292
 George, 118, 144
 Geo. O., 131
 J., 294
 Jethro, 438
 John D., 112
 Lyman F., 165
 Meribah (Miss), 353
 Micheal, 99
 Richard, 32
 Thomas, 112
 Wm. W. (Mrs.), 283
 William D., 154
 William, 489
BUTSON
 George, 114
BUTTENBOURN
 H. (Rev.), 252
BUTTLES
 Levi, 248
BUTTON
 Albert, 168
 Chester, 531
 Otis, 134, 405
 Vernevel, 112
BUTTS
 (Rev.), 189
 B., 300
 Bolivar, 245, 324
BUTZMAN
 William, 93
BUXTON
 J. B., 321
 J. W., 478
 Jedediah, 492
BYERLY
 Edward, 184
BYMONT
 (Mr.), 493
BYRON
 William G., 184

C.

CACHER
 Edward, 531
CACKLER
 John, 156
 Perry, 157
 William, 85
CADWELL
 Darius, 212
 F. W., 321
CADY
 Asa, 449
 C. S., 526
 Frank, 295
 Gardner, 149
 John F., 85
 S. C. (Rev.), 269
 Teresa, 449
 Winfield S., 123, 164
CAHOON
 , 436
 Abigail, 436, 438
 Amos, 439
 Franklin, 438
 Joel B., 436
 Joseph, 149, 435, 436, 438
 L. J., 441
 Marshall, 440
 Reynolds, 446, 456
 Wilbur, 439
CAIMER
 Orlando M., 127
CAIN
 Henry, 252
 R. N., 272
 Thomas, 529, 530
 William, 529, 533
 Wm. H., 483
CAINE
 Edward, 116
 Thomas, 483
CALAGHAN
 Patrick, 102
CALAHAN
 Patrick, 137
 William, 127
CALDWELL
 , 32, 37
 Charles M., 132
 David, 168
 John, 99, 113
 Joseph C., 98
 Oscar A., 165
 Warner M., 148
 Wm., 285, 288
 William, 152
CALEY
 Clark, 290, 483
 H. H., 434
 John, 530
 W. H., 434
 Watson, 150
 William H., 133
CALHOUN
 Charles A., 180
 John C., 69
 Newell M. (Rev.), 271
CALKINS
 D. L., 321
 D. M., 285
 G. W., 299
 Geo. W., 325

CALKINS continued
 H. E., 190
CALL
 Henry S., 152
 Hiram E., 190
 Loren, 187
CALLAWAY
 C. (Jr.), 293
 William, 293, 294
CALLON
 William, 533
CALVERT
 John J., 126
CALVIN
 John, 496
CALWELL
 (Rev.), 252
CAMERON
 D. (Mrs.), 534
 Edward, 99
 Hugh, 98
 Samuel, 123
 Wm. R., 321
CAMP
 C. L., 298
 Charles A., 170
 Charles D., 127, 145
 Charles L., 322
 David, 179
 Edwin, 186
 H. S., 321
 Harlow, 92
 Henry S., 179, 180
 James, 134
 John H., 68, 446, 456
 L. N., 270
 William, 446, 456
 Wm. J., 491
 William M., 177, 178
 Wm. M., 459
CAMPBELL
 A. J., 491
 Alexander, 49, 53, 262, 433
 Benj. F., 135
 C. C., 290
 Charles, 116, 168, 177
 Charles C., 149
 Charles H., 152
 Charles W., 85
 Edward B., 115
 Edwin B., 99, 170, 171
 George, 177
 George R., 184
 Henry I., 169
 I., 256
 J., 294
 James, 170
 John, 147, 151
 L., 462
 Leander B., 89
 Lewis H., 150
 Lewis I., 166
 O. J., 321
 Patrick, 134
 Solon O., 184
 W. K., 152
 William, 169
 William (Rev.), 410
CAMPION
 William, 95
CANAHER

-16-

Index of Names continued

CANAHER continued
  (Rev.), 264
CANFIELD
  ———, 193
  ———(Rev.), 489
  Frank, 162
, Frederick, 125
  H. W., 321
  Harmon, 501, 502
  Henry, 504, 505
  Hezekiah, 125
  Horace, 323
  James, 132
  Jason, 152
  Jason (Mrs.), 280
  John, 113
  M. T., 410
  Orin S., 130
  Sherman B. (Rev.), 256, 269, 427
  William, 120
CANNELL
  E. W., 483
  Eli, 290
  J. N., 483
  Morrison J., 89
  Thomas, 295
CANNIFF
  George B., 162
  S. S., 478
  Simeon S., 123, 162
CANNON
  A. S., 530
  A. U., 285
  Charles H., 152
  Eleanor, 375
  F. H., 405, 406, 407
  George, 531
  J. C., 290, 506
  James, 263, 506
  John J., 290
  Josiah (Rev.), 432
  W. S., 530
CANT
  Andrew, 326
CANTY
  William, 135
CAPMAN
  ———(Mr.), 310
CARBER
  Sylvester, 529, 530
CARD
  Joseph P., 132, 133
  O. (Rev.), 253
  Thomas, 211, 212
  Varnum J., 212, 322
CARDIE
  William, 177
CARDIS
  A., 292
CAREL
  O. (Rev.), 253
CAREY
  Barney, 185
  G. B., 152
  Philip, 169
CARLEY
  James, 150
CARLIN
  ———, 175
  Peter, 115

CARLISLE
  J., 272, 285
  John, 59, 61
CARLTON
  Rodolphus, 59
CARLYSLE
  Robert, 153
  Robert H., 158
CARMAN
  George F., 179
  William, 152, 179
CARMICHAEL
  John S., 178
CARMON
  C. H., 520
CARNER
  Orlando, 152
CARNIGIE
  Nathan, 289
CARPENTER
  ———, 442
  Albert G., 126
  Benjamin, 425, 467
  Benjamin (Jr.), 468
  Caleb, 522, 527
  Charles, 491
  Cyrus, 168
  Daniel T., 152
  David, 522
  Diantha, 532
  Edwin M., 134
  George W., 153
  H. B., 291
  Isaac, 134
  J., 490
  James B., 133
  John, 490, 491
  Jonathan, 489
  Josiah, 522, 525
  Miles M., 134
  Richard, 153, 489
  Rufus A., 522, 527
  S. M., 326
  Samuel, 142
  Thomas W., 121
  William G., 119
  William M., 84
  Wm. S., 490
  Zachary, 522
CARR
  Asa P., 112
  Calvin C., 160
  Charles W., 207
  Franklin H., 155
  Geo. (Rev.), 254
  John, 185
  Patrick, 325
  Richard, 152
  Stephen J., 95
CARRAN
  Robert, 532, 533
  Robert A., 85
  T. J., 325
CARRELL
  Eli W., 483
CARRIGAN
  John, 253, 295
CARRIS
  Thos., 252
CARROLL
  Frederick, 296

CARROLL continued
  Henry, 150
  J. E. (Rev.), 254
  J. E., 489
  J. P., 267
  T. J. (Father), 479
  James, 91
  Lawrence T., 135
  Michael, 126, 151
  Thomas J., 144
  Patrick H., 152
  Perry C., 100
  T. (Rev.), 264
CARRON
  William, 144
CARRUTH
  C. T., 309
CARSON
  J. W., 305
  Jacob A., 90
  Joseph, 132
  M., 277
  Marshall, 324
  Thomas A., 150
CARTER
  ———(Mrs.), 237
  Alonzo, 42, 226, 231, 237, 311, 322, 417, 483
  Benj., 450
  Benoni, 235
  Charles C., 152
  D. K., 321
  Francis, 177
  G. G. (Rev.), 246
  H., 483
  H. A., 510
  Henry, 483
  I., 232, 233, 234
  James T., 184
  John E., 156
  Lawson (Rev.), 246
  Lewis, 510, 511, 512
  Lorenzo, 42, 43, 44, 45, 47, 48, 49, 50, 51, 52, 53, 54, 57, 58, 226, 227, 228, 229, 230, 231, 235, 321, 322
. Lorenzo (Mrs.), 226, 232
  Melvin R., 184
  S. P., 128
  Sylvester, 90
  Timothy J. (Rev.), 246
  William A., 188
  William M., 149
  William S., 179
CARTWRIGHT
  John, 85, 179
  Joseph H., 149
CARVER
  Chester S., 519, 520
  John C., 516
CASE
  ———, 461, 475
CARY
  David, 148
  John E., 321, 324
  Mary, 451
CASE
  Albert, 186
  Almon, 519
  Amos B., 168

-17-

Cuyahoga County, Ohio

CASE continued
  Asahel, 461
  Austin M., 419
  Bernard, 437, 438
  Chauncey, 461
  Edward, 90
  Emory, 155
  Farrington, 155
  Frank, 180
  Harrison, 461
  J., 489
  James, 438
  Leonard, 40, 212, 213, 214, 237, 238, 280, 283, 310, 317, 318, 321, 322, 323, 336
  Levi, 410
  Osborn, 438
  Osborne, 505, 506
  Reason B., 177
  William, 316, 317, 324, 493
  Wm., 324, 459
  Wm. J., 423
CASEMENT
  _____, 131
  J. S., 86
  John S., 128, 206
CASH
  Adam, 180
CASHBERG
  M., 201
CASHEN
  Patrick, 95
  Peter, 123
CASKEY
  Alex. C., 271
  Alexander C., 142
CASLER
  Oliver, 146
CASS
  _____, 60, 190, 194
  John, 160
CASSELL
  Alexander G., 184
CASSELLS
  John L. (Dr.), 203
CASSIDY
  George, 291
  Thomas, 133
CASTLE
  Alonzo, 412
  John D., 208
  M. S., 212
  Marshall S., 324
  Theodore D., 150
  W. B., 244, 279, 281, 300, 301, 307
  Wm. B., 323, 324
  Wm. W., 289
  William W., 127
CASWELL
  H. S., 111
CATCHPOLE
  James, 125
CATE
  Moses C., 134
CATHAN
  Alonzo, 405
  Orison, 322, 434, 494
CATHCART
  Joseph, 158

CATHER
  Robert, 322
CATTELL
  David A., 289
  L. C., 277
  Richard, 133
CATTERN
  Jacob, 528
  Rodolph, 528
CATTLE
  E., 295
CATTONACH
  William, 125
CAUGHEY
  William, 148
CAUL
  Peter, 285, 323, 324
CAVANAUGH
  Michael, 166
CAVENER
  Peter, 178
CAY
  Simon, 156
CHADWICK
  Benj. B., 154
  L. S., 292
CHAFFEE
  Cumfort E., 177
  Jonathan R., 157
  William H., 126
CHALK
  F. L., 493
  Michael, 113
CHALKER
  F. L. (Rev.), 534
CHAMBERLAIN
  _____, 337
  A. H., 520
  Asa H., 153
  Aasbel, 155
  C. L., 520
  Danforth, 404
  E. B., 287
  Frank S., 127
  George W., 168
  Hiram S., 164
  J. L., 520
  J. S., 520
  Jared S., 100
  Jehial L., 98
  John F., 324
  Leander, 519, 520
  Lewis A., 111
  Linton, 152
  N. W., 285
  P., 300
  Philo, 297, 302
  Robert L., 126
  Selah, 257, 337
  Uriah T., 526
  Wells A., 173
  William A., 165
  William H., 126
  William P., 98
  William S., 111
CHAMBERS
  David, 164
  John, 159
  Joseph, 154
CHAMPION
  Aristarchus, 426, 429, 430

CHAMPION
  Henry H, 37, 51
  Reuben, 239
  Wm. H., 321
CHAMPLAIN
  _____, 17
CHAMPLIN
  _____ (Lt.), 62
  Samuel B., 187
CHAMPNEY
  Norman, 184
CHANDLER
  Frederick, 118
  I. P., 262
  John, 154
  John (Rev.), 250
  Richard, 152, 261
  S. W., 513
CHANT
  William, 133
CHAPEL
  J. (Rev.), 433, 494
  John (Rev.), 433
CHAPIN
  _____ (Rev.), 465
  C. C. (Jr.), 413
  Chester (Rev.), 413, 465
  Descom, 500
  George M., 186
  George W., 152, 206
  H. D., 480
  H. M., 302, 317
  Herman M., 151, 325
  James F., 149
  John C., 114
  Susan, 500
CHAPMAN
  _____, 225
  A. C., 483
  A. R. (Rev.), 251
  A. S., 483
  Alfred W., 179
  Arvis S., 213
  Benj. F., 126
  Charles C., 165
  Charles F., 132
  Charles L., 91
  Charles W., 99
  Cyrus, 250
  G. L., 246
  George F., 152, 156
  George L., 322, 323, 419
  Geo. L. (Mrs.), 262
  Geo. T., 321, 322, 326
  Henry, 144, 322
  Henry M., 214
  Hiram, 153, 519
  J. E. (Rev.), 251
  James D., 159
  John D., 186
  John S., 99
  Lorenzo R., 248
  Matthew B., 113
  Nathan, 48, 52
  Samuel, 144
  William, 114
  William S., 68
CHAPPEL
  Benj., 439, 441, 442
  Benjamin, 153
  Melvin D., 168

-18-

Index of Names continued

CHAPPLE
  John (Rev.), 276
CHARD
  William P., 152
CHARLES
  The First, 30
  The Second, 21
  ———— (Dr.), 466
  Alexander (Dr.), 469
  J. S., 458
CHARLOT
  N. P. (Rev.), 449
CHARTER
  Ebenezer, 52
CHASE
  A. H. (Rev.), 262
  Bishop, 200, 245
  Chas. W., 257
  Charles F., 90, 180
  Daniel, 404, 461
  Henry, 181
  John J., 165
  Leroy, 169
  Orlando D., 165
  Owen, 181
  Theodore G., 154
  Theodore R., 321
  William S., 152
  Willis, 100
CHAVALIA
  Lewis H., 152
CHEEK
  John R., 103
CHEENEY
  Charles H., 89
CHEFLIN
  Frederick, 121
CHELSEY
  Simon J., 89
CHENEY
  Edmund, 154
CHENY
  ————, 497
CHESBRO
  G. W. (Rev.), 250
CHERRY
  Gordon, 159
CHESLEY
  Charles, 113
CHESTER
  E. F., 478
  Edwin, 177, 419
  Erastus (Rev.), 256
  F. H., 419
  Frank H., 421
  Francis H., 419
CHEVALIA
  Alexander, 184
  Mark J., 162
CHEVRINGTON
  Thomas, 127
CHICHESTER
  John E., 94
CHILD
  ————, 307
CHILDS
  ————, 456
  D. W. (Rev.), 256
  E., 239
  Geo. I., 123, 124, 286
  Herrick, 323

CHILDS continued
  Oscar A., 206, 296, 299
  T. D. (Rev.), 432
  William, 184
CHILSON
  Frederick R., 157
CHINMARK
  Nicholas, 455
CHINNOCK
  James, 276
CHIPMAN
  Rebecca, facing 440
CHISHOLM
  ————, 308, 337
  Henry, 279, 280, 283, 299,
    300, 308, 309, 310, 337
  Henry (Mrs.), 280
  William, 309, 338
CHITTENDEN
  Martin, 412, 413
CHOATE
  R. M., 483
CHRISTIAN
  Charles M., 165
  D., 432
  E., 478, 481
  Edward, 480
  Frederick, 102
  George B., 152, 259
  James, 303, 324
  James (Rev.), 254
  John, 105
  Silas, 434
  Thos. D., 289
CHRISTIE
  William, 166, 187
CHRISTY
  David C., 166
CHUBB
  E. J., 290
  Edward, 152
  H. E., 152, 285, 290
  James, 289
CHURCH
  Alfred, 434
  Austin, 153, 434
  Eugene M., 165
  H., 494
  Henry, 299, 426, 429
  James (Jr.), 323
  Jane E., 430
  Obadiah, 520
  Orlando H., 142
  William, 427
CHURCHILL
  Charles A., 156
  S. P., 270
CHURCHWARD
  T., 481
  Thomas, 479
CISCO
  John, 144
CIST
  Charles, 205
CLAFFIN
  J. G., 88
CLAFLIN
  ————, 511
  Edmund, 179
  Jere G., 154
  O. H., 513

CLAGUE
  Henry, 179
  John A., 121
  William H., 142
CLAMPET
  Peter, 507
CLANEY
  Daniel W., 89
CLAPP
  ———— (Mrs.), 495
  George S., 321, 478
  Hammond, 151, 166, 530
  J. H., 321
  James, 530
  Jas. A., 321
  John H., 165
  M. S. (Rev.), 262, 263
  P. B. (Mrs.), 282
  S., 478
  Silas, 478, 480
  William, 151
CLARK
  ————, 229, 230, 414, 463,
    481, 510
  ———— (Mrs.), 495
  Aaron, 212, 246
  Alanson, 422
  Albert, 213
  Amos, 157
  Bowles, 154
  C. B., 326
  Cassius M., 152
  Chas. H., 255
  David, 49, 499
  David B., 116
  Diodate, 212, 305, 418, 419,
    421
  E., 461
  Ebenezer, 85
  Edmond, 322
  Edmund, 285
  Edward W., 149
  Eugene, 98, 100
  Geo. H., 92
  George Rogers, 32
  George W., 165
  H. N., 530
  H. W., 299
  Henry, 502, 504
  Henry F., 206
  Henry W., 280
  Henry W. (Mrs.), 279
  Horace, 321
  Ira (Mrs.), 282
  Isaac, 482
  James, 146
  James F., 255, 298, 463
  James S., 213, 245, 322
  James W. (Mrs.), 282
  Jared, 415
  Jared H., 324
  John, 114
  L. (Rev.), 251
  L., 410
  Lewis, 499
  Linus, 530
  Louis H., 156
  Lucy B., 395
  Luther M., 157
  M. B., 254, 297, 300
  Manville, 99

Cuyahoga County, Ohio

CLARK continued
  Manville, 99
  Martin, 530
  Mary, 330
  Mason, 59
  Maurice B., 325
  Melzar, 441
  Merwin, 90
  Orlando R., 150
  Park B., 450
  Peter, 123
  R. (Rev.), 433
  Rhoda, 269
  S. A., 405
  S. J., 409
  T. T., 483
  Thomas S., 168
  Timothy, 522
  Wm., 321
  William, 122, 146, 180, 480
  William C., 146
CLARKE
  Harmon J., 179
  James S., 91
  James W., 295
  Joseph A., 162
  Josiah D., 173
  Louis D., 152
  Major, 57
CLARY
  James S., 113
  S. P., 287
  Stephen, 297, 323
CLASKEY
  Geo. H., 112
CLAUSE
  Nathan, 181
CLAY
  Henry, 69
CLAYNE
  Thomas, 123, 153
CLAXTON
  R. H. (Rev.), 247
CLEAVE
  M., 285
CLEAVELAND
  Camden, 47
  Moses, 37, 39, 47, 223,
    224, 225, 236, 240, 452
  Seruyn, 492, 494
CLEMENS
  E. O., 321
  Eli, 439
  Ephraim, 154
CLEMENT
  Edward, 527
  George, 123
  William, 42
CLEMENTS
  William, 226
CLERE
  Claude, 147
CLERK
  Mason, 52
CLERMOND
  Frank, 288
CLEVELAND
  A., 505
  Alexander W., 148
  Alfred, 499, 500
  H. G., 249, 325

CLEVELAND continued
  J. C., 406
  J. D., 193, 211
  James, 416
  James D., 211, 212, 322,
    324, 325
  Norman, 180
  Thomas G., 111
  W. H., 294
CLEWELL
  T. G., 273, 464, 326
  T. G. (Rev.), 465
CLICK
  Felix, 133
  George, 146
CLIFFORD
  Edward, 111, 173
  F., 422
  Francis, 90
  Joseph, 125
  Samuel, 100
CLINE
  A. H., 278
  Anthony, 505
  Henry, 179
  John, 179
  Joseph, 494
  William D., 149
CLINT
  _____, 366
  David K., 127, 152
CLINTON
  Alex M., 180
  Alexander M., 89
  James H., 179
  John M., 179
CLISBEE
  E. P., 479, 489
  E. P. (Rev.), 490
  Jonas, 490
CLODELL
  Charles, 147
CLOSE
  A., 276
  John, 148
  Sperry B., 166
  William, 293
CLOSKE
  J. W., 270
CLOSSE
  Eugene L., 293
CLOUGH
  Baxter, 463, 516, 517, 519
  Hannah, 519
  Walter W., 182
CLUTE
  John H., 98
CLYNE
  Joseph, 529
COATES
  Ashbel W., 179
  C. W., 321
  Catharine, 510, 515
  Charles, 144, 325, 510, 512,
    515
  F. M., 480
  James H., 413, 414, 415
  John, 413, 510, 511
  John (Jr.), 510, 512
  John III, 512
  Thomas, 513

COATES continued
  Uncle Jacky, 510
  Walter, 126
COBB
  _____, 109, 339
  Ahira, 300, 333, 338
  Alexander H., 127
  Andrew J., 134
  Barney, 404
  Charles M., 134
  Dwight M., 132
  Edwin J., 184
  Ferdinand D., 112, 113
  J. F. M., 295
  Jeduthan (Jr.), 338
  N. (Rev.), 506
  Samuel (Dr.), 338
COBBLEDICK
  William, 160
COBBY
  Barney, 404
COBLEIGH
  N. S., 326
COBURN
  N., 439
  Manly, 462
COCHLIN
  Thomas, 157
COCHRAIN
  Family, 461
  Marvin, 461, 462
COCHRAN
  Arabella, 337
  David, 113
  F. W., 286
  Francis M., 154
  G. W., 321
  George, 462
  Henry, 159
  Leonard H., 154
  Robert, 156
CODDING
  Seymour, 120
CODY
  Aldus, 133
  James A., 321
  L., 450
COE
  _____, 423, 440
  A. J., 439
  Alvin, 440
  Amos, 321
  Asher M., 211, 439
  C. W., 301
  Chas. W., 297
  Daniel L., 154
  Eben S., 127, 145, 159
  Edwin, 439
  H. J., 262
  L. B., 251
  L. M., 325, 439, 442
  Leon, 439
  S. S., 297
  Warren J., 135
COFFEY
  John C., 321
COFFIN
  Charles, 178
COFFINBERRY
  Andrew, 340
  Henry D., 341

-20-

Index of Names continued

COFFINBERRY continued
  J. M., 204, 300, 301
  James M., 212, 324
  James M. (Judge), 340
COGGSWELL
  Marion, 155
COGSWELL
  B. F., 479
  B. S., 270
  Benjamin S., 212
  E. D., 500
  F. F., 499
  Frerick F., 500
  Frederick V., 100
  Geo. W., 117
  Harriet, 500
  Jas. M., 499, 500
  Mary H., 500
  William, 500
COHENSPARGER
  David, 156
COHN
  G. M. (Rabbi), 275
  Jacob (Rabbi), 275
COILES
  Aaron A., 168
COIT
  _____ (Mrs.), 235
  Daniel L., 37
  William H., 440
COLAHAN
  John, 153
  Thomas, 323
COLBERT
  Joseph, 134
COLBURN
  _____, 140
  Bruno, 125
  John, 93
COLBRUNN
  F., 505
COLBY
  Benj., 477, 478
  Benjamin, 473
  Samuel, 112
  Thomas, 494
COLD
  John F. G., 154
COLDEN
  _____, 22
COLE
  Alvin, 140
  C., 494
  Charles, 132
  James H., 111
  Job, 486
  John, 140
  John D., 143
  Jonathan, 434, 494
  Manly, 159
  Orlando D., 178
  Samuel B., 177
  Warren, 412
  Wheeler, 521
  William H., 530
COLEMAN
  _____, 452, 453, 454
  Abijah, 456
  J. G. (Rev.), 431, 433, 434
  Jacob, 52, 452, 454, 455, 456

COLEMAN continued
  Jacob (Jr.), 456
  John, 152
  John E., 127
  John R., 292
  R. T., 249
  William, 52, 214, 322, 443, 444, 453, 454, 455, 456, 459
COLES
  _____, 239
  J., 441
COLEY
  R. (Rev.), 433
COLLACOTT
  John, 276
COLLESTER
  John, 254
COLLETT
  John B., 483
  John C., 89
COLLIER
  Elenor, 251
  Geo. W. (Rev.), 253
  S. (Rev.), 534
COLLINGS
  Thomas, 293
COLLINS
  Augustine, 405, 409
  C. D., 285, 287, 288
  C. T. (Rev.), 210
  Charles D., 127, 142, 145
  Charles N., 419
  Chas. Terry (Rev.), 270
  Edward J., 84
  F. S., 295
  Henry, 115
  Henry T., 258
  J., 290
  J. W., 207
  Major, 325
  Michael, 132
  R. W., 520
  S. K., 434
  Samuel, 493
  W. W., 434
  William, 82, 206, 295, 321, 341
  Wm. H. (Rev.), 250
  William H., 173
COLLISTER
  Appleton, 529
  Charles, 187
  John H., 187
  Thomas, 529, 533
COLLOPY
  Patrick F., 166
COLSON
  Boller, 412, 413, 415
  Chandler, 412
  Charles J., 187
  Christopher, 459
  Harriet, 415
  Lyman, 412
  Orrin, 412
  Newton, 149, 412
  Thomas, 412
COLT
  Milton (Rev.), 250
COLTIER
  E. C., 478

COLTON
  Cyrus, 525
  Hiram W., 153
  John, 159, 522
COLTRIN
  Heman, 526
COLVIN
  Almer H., 156
  Charles, 111
COLWELL
  _____ (Rev.), 494
  Fred., 294
  Joseph, 299
  Larmon, 127
COLYER
  Charles, 158
  James, 324
COMLY
  James M., 96, 97, 98
COMPTON
  Jacob, 446, 456
COMSTOCK
  _____, 408
  A., 463
  A. H., 405, 407
  Albert, 460, 462
  Charles, 404
  Daniel, 460
  David, 460
  Fitch, 460
  Geo., 462
  George, 409, 460
  Joseph, 460
  Leonard, 460
  Mercy, 460
  Peter, 404, 405, 460, 461
  Roger, 462
  Sarah, 404
  Stephen, 404, 405, 460
  Stephen (Jr.), 404
CONANT
  Charles P., 100
  Ethan, 165
  H., 410
  Horace J., 85
CONCKLIN
  John M., 184
CONDIT
  P. P., 459
  Paul P., 452, 455, 456, 459
CONDON
  Edward, 95
CONE
  _____ (Rev.), 465
  John, 456, 459
CONES
  William, 94
CONGDON
  Robert, 152
CONGER
  Hanford, 505
  James L., 322
CONKEY
  A. J., 530
  Albert B., 177
  Herbert, 531
  Joseph, 152, 159
  Lafayette, 532
  Pliny S., 530
CONKLIN
  _____, 62

CONKLIN continued
  E., 322
CONLAN
  J. V. (Rev.), 266
  James, 95
  James (Rev.), 264, 265, 266
CONLAND
  Peter, 132
CONLEY
  ———— (Rev.), 513
  Barney, 139
CONN
  Richard, 252
  T. B., 152
  William, 152
CONNELL
  John, 146
  Thomas (Mrs.), 132
  William, 91
CONNELLY
  Frederick, 95
  William, 152
CONNER
  Michael, 165
CONNOCK
  John, 305
CONNORS
  Thos., 285
  Thomas O., 99
CONOLLY
  William M., 145
CONOWAY
  John H., 173
CONRAD
  Adam, 185
CONTI
  Prince de, 21
CONWAY
  Henry, 112
  John, 133
  Peter, 169
  Thomas, 112, 157
CONYNE
  Abraham, facing 476, 526
  Melinda Harvey Parker, facing 476
COOK
  Andrew J., 132
  Beckwith, 529, 530
  Caleb, 491
  Caleb H., 132
  Charles, 159
  Charles W., 127
  Daniel, 410
  David F., 162
  Delos, 321
  James L., 139
  Joseph, 423
  Miles, 185
  Reuben, 529
  Robert, 462
  Sam, 322, 323
  Stephen (Rev.), 479
  Thomas, 152, 462
  William B., 132
  William H., 182
COOKE
  Hubbard, 296
  W. P. (Mrs.), 282
COOKLEY

Cuyahoga County, Ohio

COOKLEY continued
  Cornelius, 269
  Harriet, 269
COOLAHAN
  James, 507
COOLEY
  Asher, 438, 439
  Carlos S., 180
  J. M., 439, 442
  Jasper H., 100
  John M., 153, 214
  L., 409
  Lathrop (Rev.), 262, 263
  Newton N., 154
  Thomas, 147
COON
  Henry, 114
  John, 324
  Jno. (Mrs.), 282
  Joseph, 506
  Perry, 148
  Prosser, 506
  William R., 213
COOPER
  Aaron, 459
  Anson, 459
  Argalousi, 134
  Charles, 113
  Darius, 245
  David, 133
  Dennis, 455, 456, 459
  E. W., 201, 203
  Henry, 120
  Herald E. W., 203
  Isaac, 529
  John, 123
  John Q., 166
COPPER
  Thomas, 526
  Thomas E., 293
  John C., 180
COPELAND
  A. T. (Rev.), 410
  Geo. (Rev.), 276
  William, 165
COPP
  Chas. M., 321
COQUELIN
  Frank, 185
CORANN
  Joseph, 144
CORBETT
  Elizabeth, 534
CORBIN
  Elihu, 419
CORBIT
  Dennis, 113
  Timothy, 113
CORBUS
  James, 446, 456
CORCORAN
  Charles, 115
CORDES
  Robt. M., 326
CORES
  Harold A., 144
CORKELL
  Edward F., 112
CORKILL
  Edward, 410
  W. W., 410

CORKINS
  Patrick, 125
CORLETT
  John, 309
  John B., 254, 286, 288
  R. S., 290
  Robert, 116, 148
  Thomas, 116
  Thomas (Rev.), 449
  Wm. K., 254, 309
  William S., 530, 534
CORLETTE
  Wm. T. (Dr.), 204
CORLEY
  Asher, 440
CORLIS
  Hazen J., 177
CORMAC
  Wm. (Rev.), 260
CORNELI
  Henry, 118
CORNELL
  Isaac, 289
CORNING
  Solon, 324, 325
  W. H., 296
CORNWALL
  Robert C., 99
  Willis, 142
  Z. R., 287
CORNWELL
  Saunders, 111
CORREGAN
  S. B., 280
CORRIGAN
  John, 295
CORSE
  ————, 110
CORVIN
  John C., 99
COSGROVE
  F., 424
  S. G., 434
COSSETT
  Almeda, 532
  Barney, 532
COSTELLO
  Edw., 325
  John, 181
  Thomas, 122
COTAPER
  John, 134
COTTERELL
  Addison B., 134
  Mathew S., 324
COTTRELL
  ————, 107
  D. H., 490
  Thomas J., 133
COUGHLIN
  John, 178
COULTER
  James M., 152
COULTON
  John, 260
  Richard, 262
COUNTRYMAN
  Conrad, 497, 498
  Jacob, 499
  Peter, 499, 501
COURTER

-22-

Index of Names continued

COURTER continued
  Cornelius, 134
COURTICE
  R. T. (Rev.), 276
COUSINS
  M., 478
  Moses, 478
COUVRETTE
  Frank, 157
COVEL
  Emily A., 202
COVER
  Tobias, 149
COVERT
  _____ (Mrs.), 466, 467
  Frank J., 85, 92
  George, 470
  Henry, 470
  J. C., 194
  James, 126, 454, 466, 467, 468
  John C., 214
  Luke, 467
COVEY
  Edward, 492, 494
  Jonathan, 492
COVILL
  Napoleon, 426
COWAN
  Amanda Bartlett, 377
  Charles, 91
  Edward, 154
  Geo., 410
  John F., 112
  L. O. (Mrs.), 283
  William, 85, 112, 324
COWDERY
  Eugene M., 145
COWEL
  John, 456
COWELL
  John, 152
  S. H., 270
COWEN
  John, 518
  William, 301
COWLE
  John, 291
COWLES
  Alfred, 194
  Almena M., 269
  E., 191, 410
  Edwin, 81, 182, 194, 206, 269, 326, 343
  Edwin W., facing 194
  Edwin W. (Dr.), 342
  Eugene H., 194
  George R., 121
  J. G. W., 270
  Ralph, 299
  Samuel (Judge), 69, 71, 328, 342, 345
  Samuel, 211, 238, 240, 255, 311, 310, 322
  Solomon, 37
COWLEY
  E., 326
  Thomas, 142, 185
  Wm., 254, 531
COYKINDALL
  Henry S., 112

COYLE
  John, 91
COX
  _____, 86
  George B., 179
  H. H., 408
  Harvey H., 152
  Junior R., 115
  Lorenzo D., 116
  W. O., 292
COZAD
  _____, 236
  Andrew, 322
  Anna, 251
  Dudley A., 150
  E., 322
  Elias, 235
  Hetty Ann, 269
  Justus L., 269
  Marcus E., 321
  N. S., 321
  Newell S., 152
  Samuel, 235, 269
COZZENS
  Myron E., 127
CRAFTS
  A. R. (Rev.), 433
CRAGG
  Thomas, 157
CRAGIN
  Henry H., 99
CRAIG
  Isaac E., 321
  James, 248, 249
  John D., 89
CRAINE
  Hiram B., 533
  Jane, 533
  W. S., 249
CRAMER
  Alex. S., 322, 323, 324
  Calvin S., 135
  Curtis, 533
  Jacob, 483
  Jacob T., 180
  Lydia, 533
CRANDALL
  Burton K., 152
  James, 179
  John E., 144
CRANE
  _____, 465
  Edward, 178
  James I., 479
  John, 102, 132, 138
  L. L., 253
  O. A., 434
  Orrin J., 86, 87, 88
  Mary J., 279
  S. R. (Rev.), 245, 259
  Wolcott F., 127
CRANMER
  Jeremiah H., 139
CRANNEY
  Edittea, 449
  Fanny, 449
  Gad, 452, 454, 456, 459
CRAPSER
  John W., 144
  M., 323, 325
CRARY

CRARY continued
  Albert D., 178
  Charles C., 178
CRAW
  James, 302
  Jas. A., 209, 213, 323, 32
  Richard, 48
  Wm. V., 323
CRAWFORD
  B., 479
  Benjamin, 322, 450
  _____ (Colonel), 453
  Frederick, 152
  John (Rev.), 250, 420
  Randall, 212, 324, 325
  Robert, 132
  Willard, 285
  William, 127
  William H., 150
CRAYS
  J., 483
CREEGER
  Reinhard, 139
CREGNE
  Ferdinand, 89
CREIGHTON
  R., 285, 287, 288, 289
  W. R., 86, 87, 88
  Wilfred, 152
CRESS
  Edwin, 119
CRESSINGER
  Jacob, 112
CRIDGE
  Alfred, 191
  Anna Denton, 191
CRIPPEN
  Andrew J., 88
CRIST
  D., 166
CRITCHFIELD
  Daniel S., 145
CRITTENDEN
  _____, 141, 176
  Andrew, 143
  G. N., 286
  Lester, 173
  Newton E., 322, 323
  S. W., 300
  Samuel O., 149
CROCKER
  _____, 435
  Alonzo, 149
  Betsey, 441
  Davis, 445
  Edwin, 123
  Henry M., 149
  J. D., 459
  Jedediah, 437, 439, 440, 446, 455, 456, 459
  Noah, 212, 437, 438, 439, 440
  Myron, 144
  Philena, 441
  Samuel, 439, 440, 455
  Sarah, 440
  Sylvanus, 440
  T. D., 258, 282
  Timothy Doane, 395
CROCKET
  Elder, 450

-23-

CROFT
  A. N. (Rev.), 252
CROGHAN
  Major, 62
CROLL
  Nicholas, 154
CROM
  H. C. (Rev.), 276
CRONIN
  John, 88
CRONINGER
  Joseph, 456
CRONK
  George F., 164
  Jeremiah, 166
CROOK
  ___, 97
CROOKS
  ___ (Rev.), 507
  A. (Rev.), 254
  Robert, 442
  Thomas J., 127, 145
CROSBY
  A., 459
  Abijah, 440, 443, 445, 446, 455, 456, 459
  Ed. A., 85, 92
  Katy, 440
  Lyman, 450
  Salome, 432
  T. D., 449
  Theophilus, 505
  Thomas D., 445
  William, 144
CROSIER
  Jason, 456
  Luther, 456
CROSS
  ___, 345
  D. W., 209, 309, 322, 324, 345
  Jesse, 446, 456
  Lucinda H., 374
CROSSETT
  Geo. W., 258, 295
CROSSLAND
  Leonidas N., 144
CROSSLEY
  H. (Mrs.), 508
CROTTY
  James, 266
CROUCH
  Joseph B., 184
CROW
  Mark F., 150
CROWDER
  James, 100
CROWE
  Charles E., 127
CROWELL
  John, 346
  John (Jr.), 126
  S. H., 325
  S. W., 192
  W. M., 290
  William, 152
CROWL
  John, 152
  William H., 152
CROWTHER
  S. F. (Rev.), 273, 274

CROZIER
  G. W., 282
CRUMB
  C. A., 259, 260
  Chas. A., 324
  Charles A., 290, 310
  Peter P., 461, 464
CRYNE
  Joseph, 90
CUBBINS
  Wm., 289, 303
CUDDEBACK
  Charles, 149, 506
CULETT
  Geo. W., 250
CULLATON
  ___, 191
CULLEN
  James, 160
  James M. (Father), 489
  John, 112
  Wm., 287
CULLERTON
  James, 143
CULLOUR
  Daniel, 157
CULVER
  Daniel, 166
  Gabriel, 529, 530
  John, 405
  Oliver, 231
CUMBERWORTH
  William, 178
CUMMING
  William S., 135
CUMMINGS
  Cyrus, 177
  James, 158
  John, 159
  Patrick, 118
CUNARD
  Thomas C., 150
CUNE
  Lydia, 490
CUNNINGHAM
  Charles, 91
  George, 152, 292
  James, 133, 178
  Joseph, 462, 465
  Ira, 505
  L., 152
CURPHEY
  Robert, 160
CURRAN
  William M., 127
CURRIER
  Clark, 446, 456
  Daniel, 413, 415
  H. C., 462
  Sargent, 446, 450, 456, 459
  Wm., 404, 461
CURRY
  William, 177
CURTIN
  John, 181
CURTIS
  A. H., 323
  Alfred, 144
  Alvin N., 252
  Benjamin M., 187
  E., 256

CURTIS continued
  Elijah W., 187
  George, 414
  H. W., 434, facing 434
  Henry, 184
  J. K., 296
  L. D., 295
  P. N., 187
  Richard, 446, 456
  Robert, 249
  Theodore, 149
  Thomas, 446, 456
  Tyler R., 149
  Wilbur, 152
  William, 152
CURTISS
  A. G., 151
  Chauncey B., 434
  Dan P., 435
  Dwight C., 435
  Harry, 125
  Harvey W., 214
  Harvey Willard (Dr.), 434, 435
  Henry, 178
  J. M., 306, 326, 422, 423
  John H., 120
  Paul, 435
  Robert, 419
  Sampson C., 100
  Virginia, 435
  Wm., 423
  William C., 120
  Wm. S., 419
CUSHING
  Chas. W. (Rev.), 251
  H. K. (Dr.), 204, 279
  Wm. E., 321
  William W., 143, 148, 321
CUSHMAN
  ___ (Mrs.), 455
  Abial, 511, 512, 514
  Almira, 533
  David, 533
  H., 460
  William, 166
CUSTER
  ___, 164
CUTLER
  J. A., 470
  John A., 92
  John F., 99, 117
  Julius A., 111
  Marcus M., 90
CUTSHAW
  George, 169
CUTTER
  Orlando, 177, 238, 239
  W. L., 298

D.

DAGGETT
  George, 123
  Henry S., 123
DAGNER
  John, 173
DAHASH
  Geo. P., 118
DAHLER
  Jacob, 325

Index of Names continued

DAILEY
  Charles R., 152
  Hezekiah, 153
  Isaac D., 154
  John, 147
  William, 147
DAILLON
  Father LaRoche, 13
DAKE
  J. P. (Dr.), 442
  Lewis W., 173
DAKIN
  E. H., 295
  Henry M., 152
  Horace E., 144, 151
DALEY
  Daniel E., 135
DALKS
  George, 156
DALLAS
  I. (Rev.), 251
  Simon, 180
DALLEY
  Charles, 117
DALTON
  Edward, 114
  Fredrick, 289
  John, 490
  Patrick, 168
DALRYMPLE
  N. A. (Dr.), 407
DALY
  Charles, 159
DALZELL
  _____ (Capt.), 27
DAMME
  Peter, 147
DAMON
  _____, 309
  Roger (Jr.), 309
DANA
  Gideon (Rev.), 526
DANBY
  David, 100
DANCER
  George W., 155
DANE
  Nathan, 35
DANFORT
  Tunis S., 92
DANFORTH
  _____ (Rev. Mrs.), 489
DANGERFIELD
  Edward, 126, 145
DANGLER
  D. A., 206, 300, 301
  David A., 206, 214, 325
DANIEL
  _____, 519
DANIELS
  _____, 407, 431
  Ezra T., 169
  Samuel, 491
  William, 491
DANKS
  John S., 180
DANN
  Alfred T., 91
DANSER
  Elijah, 461
DANSMORE

DANSMORE continued
  Jonathan, 526
DANZER
  Jacob, 138
DARBY
  Benjamin, 113
  John E., 147, 204, 279, 291
DARLING
  Solon L., 168
DARRAGH
  John, 326
DARRALD
  W. W., 491
DARRON
  Alvah, 461
DARROW
  _____, 53
  A., 260
  Alexander, 412, 413
  Allen, 412
  Alvah, 412, 462
  C. W. (Rev.), 534
  Henry, 168
  John, 412, 461
  Joseph, 412
  Nathan B., 412, 413
  _____ (Rev.), 57, 493
DART
  G. W., 423
DARWIN
  Henry, 114
DASCOMB
  James (Dr.), 204
DATE
  Edwin R., 152
  William H., 152
DAUBER
  Henry, 294
D'AUBREY
  _____, 24
DAUKWORTH
  August (Rev.), 275
DAUL
  Alois, 137
  Alvis, 102
DAVEY
  James, 252
  Richard, 520
DAVIDSON
  _____, 484
  Benjamin, 47
  E. M., 295
  Jesse, 112
  John A., 180
  John, 256
  Joseph, 112
  Kenneth F., 156
  _____ (Rev.), 467
  Robert, 113
  Walter H., 179
  William A., 84
DAVIES
  D. (Rev.), 270
  Geo. C., 198
  Richard H., 152
  Thomas, 420
DAVIS
  _____ (Mr.), 423, 424
  Alexander W., 152
  Alvin, 404, 405
  D. A., 431, 434

DAVIS continued
  Daniel (Rev.), 257, 271
  D. O., 434
  Edmund W., 184
  Edward, 186
  Emory, 112
  Eugene, 149
  Evan, 169
  F. W., 291
  G. R., 422, 424
  George, 208, 166, 187
  Henry, 152
  H. W., 422
  James, 113, 253, 431
  James H., 185
  J. H., 296
  J. J., 434
  James J., 177
  J. W. (Rev.), 534
  Jefferson, 173, 430
  Jefferson C., 161
  John, 91, 120, 143, 166
  John B., 512
  John J., 151, 258
  John M. (Rev.), 415
  Joseph, 157
  Joseph J., 434
  L. L., 323
  Lewis L., 152
  Llewelynn R., 91
  Milton, 103
  Noah, 438
  Seth (Rev.), 245
  S. M., 152
  Thomas, 420, 499
  Thomas J., 166
  T. S., 424
  Wallace C., 160
  William C., 153
  William O., 179
  Zebulon P., 88
DAUDET
  John (Rev.), 267
DAWSON
  John B., 103
  John P., 134
  M. B., 407, 409
DAY
  Amzi J., 158
  Benjamin, 446, 455, 456
  George, 123, 179
  Henry K., 528
  J., 457
  James W., 419
  John, 322, 412
  Jos., 460
  Joseph, 449, 460
  Joseph A., 177
  L. W., 262, 287, 315
  Robert (Dr.), 455, 464
  W. F. (Rev.), 251, 410, 5?
  W. G. (Rev.), 507
DAYTON
  Eli A., 157
  George L., 149
  Riley, 179
DEADY
  John, 519, 520
  Martin V., 134
  Micheal, 99
DEAL

DEAL continued
  Henry, 135
DEAN
  Aaron W., 502
  Chester, 502, 503, 504
  Horace, 505
  Joel W., 170
  Joseph, 502, 503, 504, 505
  Lucius, 503, 505
  Norman F., 116
  Owen, 152
  Samuel, 468, 502, 503, 504, 505
  Silas, 133
  Silas T., 492, 494
  Weller, 440, 441
  William, 51
DEANE
  Frank H., 155
DEASY
  Patrick, 154
DEATRY
  Peter, 127
DECKAND
  George, 294
  J. H., 289
DECKER
  Benj. S., 322
  Clark, 155
  Edgan, 326
DE COURCY
  , 127
DE CRAFF
  William, 147
DEEDS
  Darius, 158
DE FOREST
  C. H., 326
  Louis G., 152
DE FRIES
  John G., 135
DEGGENGIER
  Sunor, 101
DE GOESBRIAND
  Louis (Bishop), 264, 280
DE GRAFF
  Harry, 135
DE GROATE
  D. S., 323
DE HART
  A. J. (Rev.), 271
DEHARTY
  James, 116
DEHLER
  A. E., 292
DEHMEL
  Louis, 93
DEISMAN
  William, 112
DEITCH
  John, 531
DEITER
  Thomas, 127
DEITZ
  Coney, 85, 93
  William, 145
DIETZE
  Maurice, 321
DE LAIR
  Arthur, 152, 154
+ DELAMATER

DELAMATER continued
  John (Dr.), 203
  Jacob J. (Dr.), 203
DELAND
  James B., 85
  William P., 85
DELANEY
  C., 325
  Charles W., 126
  William, 94
DELANO
  Louis H., 152
DELEHANTY
  John J., 146
DELFORD
  P. A., 28
  Wm. B., 441
DELKER
  Henry G., 114
DELLENBAUGH
  C. W., 450
DE LONG
  James, 134, 165
DEMALINE
  George W., 178
  John, 126
DE MAR
  , 423
DEMAS
  Jacob M., 178
DEMING
  Chauncey, 505
  De Witt C., 165
  Frederick R., 164
  H. C., 248, 300
  Joseph, 505
DEMOLINE
  Saul, 137
DEMPCEY
  Marshall L., 214
DEMPSEY
  Terence A., 144, 145
  William, 440
DENHAM
  Robert A., 145
  R. N., 295
  William, 152
DENIEF
  James, 95
DENNIS
  R. B., 321, 325, 194
  Robert B., 214
DENISON
  Edmond F., 133
DENNERLIE
  Marcus, 419
DENNISON
  , 174, 191
  Daniel, 425
  Edwin, 152
  Lemeul T., 135
  L. T., 287, 288
  Sarah, 425
  Susan A., 372
DENONVILLE
  Marquis de, 22
DENTON
  William, 191
DENZEL
  George, 93
  J. G., 274

DENZER
  Charles H., 152
  George E., 152
DEPUY
  Harvey, 155
DERMOTT
  Charles E., 98
DERR
  John, 132, 138, 462
DERRICK
  Elizabeth, 255
DERTHICK
  Frank A., 152
  James W., 154
DERTHWICK
  J. W., 409
  W., 409
DESELMO
  Thomas B., 162
DESMOND
  John, 123
DESMYERS
  Jerome, 179
DETA
  Meage, 52
DETCHON
  Wilbur F., 120
DETFS
  L, 291
DETGEN
  Henry, 105
DETMER
  G. H., 324
  H., 305
DETNER
  , 264
DETOMBEL
  Franz, 101
DETTER
  (Rev.), 507
DEUBEL
  Conrad, 137, 290
  Henry, 138
DEUTZER
  Henry, 499, 500
DEVAN
  Temperance, 533
DEVEREAU
  J. H., 247
DEVEREUX
  John Henry, 348
DEVINE
  Arthur, 326
  John, 117
DEVOE
  Henry S., 134
DEVOICE
  Henry, 111
DEWALDT
  August J., 137
DEWALT
  Joseph, 95
DEWEY
  Almon, 134, 153
  Chas., 412
  Edward J., 132
  H. J., 527
  Joshua W., 179
  Lester, 412
  Oliver E., 155
  Richard, 519, 520

Index of Names continued

DEWEY continued
  Verarms, 412
DE WEYER
  John, 186
DEWI
  Emlyn, 271
DEWILLY
  Brown, 150
DE WITT
  W. H., 321
DE WOLF
  B. A., 297
  Charles, 152
  Homer B., 212
DE WYANT
  Michael D., 127, 167
DEXTER
  Benjamin F., 152
DEYLE
  John, 102
DIBBLE
  ———— (Rev.), 524
  Charles E., 98
  Elisha, 60
  Lewis, 60, 74, 239, 324
DIBERT
  Jacob, 123
DICK
  Alexander, 125
DICKENS
  Fayette, 178
DICKERMAN
  Sidney F., 152
DICKERSON
  John W., 186
  M. W., 122
  Taphenis, 384
DICKEY
  Hamilton D., 134
DICKINSON
  Albert, 151
  Andrew, 432
  Asa, 507
  Azra, 439
  James, 152, 302
DICKMAN
  F. J., 211
  Franklin J., 214
DICKSON
  James, 415, 461
  Mary, 415
  ———— (Rev.), 420
DIDDLEBACH
  B., 267
DIEBOLT
  Henry W., 103
DIEFENBACH
  William A., 126
DIEHL
  Charles W., 127, 205
  Jacob, 101
DIEHM
  Christian, 276
DIEHLMAN
  Martin, 137
DIEMER
  Peter, 152, 325
DIENST
  Klaus, 139
DIETRICH
  Augustus, 186

DIETRICH continued
  Frank, 93, 177
  Peter, 186
DIETZOLD
  Robert, 102, 130
DIGHTON
  Francis A. (Rev.), 250
DIKE
  John, 506
  Lydia, 506
DILL
  C. W., 289
  George, 116
  Thomas, 118
DILLE
  ————, 234, 450, 453
  A., 455, 459
  A. B., 460
  A. L. (Dr.), 466, 468, 469
  Asa, 59, 213, 443, 446,
    453, 454, 456
  Asa II, 455, 456
  Calvin, 453, 455, 456, 458,
    459
  Charles, 101
  Clarissa, 449
  David, 321, 443, 452, 453,
    454, 455, 456, 459
  Deacon, 458
  E. M., 449, 450
  Eri M., 449
  Jacob S., 446, 456
  L. B., 460
  Lewis, 59, 65, 71, 214
  Lewis B., 453
  Lewis R., 446, 454, 455,
    456, 459
  Lewis S., 134
  Luther, 59, 444, 449, 453,
    454, 455, 456, 458, 459
  M., 460
  N., 459
  Nehemiah, 52, 453, 454,
    455, 456, 459
  S. M., 461
  S. W., 460
  Samuel, 52, 59
  Samuel W., 456, 459
  W. W., 460
DILLEY
  Ichabod, 168
DILLON
  Andrew, 134
  Charles, 160
  F. A., 294
  Geo., 411
  James, 411, 145
  John, 103, 263
  John M., 151
  Marmaduke M. (Rev.), 243
  Patrick, 102, 137
  Peter, 411
  S. A., 293
DILLORY
  Joseph, 155
DILLOW
  Andrew, 411, 413
  Peter, 413
DILWORTH
  Samuel, 167
DIMICK

DIMICK continued
  Solomon, 458
DIMMOCK
  ————, 440
DINGES
  Adam, 144
DINSMORE
  John, 521
DIRRER
  Martin, 461
DISBRO
  Edward G., 120
  William B., 479
  Z. P., 479
  Z. P. (Rev.), 490
DISMOND
  Peter, 134
DISNEY
  B. A. (Rev.), 253
DISSETTE
  T. K., 420, 478, 424, 208,
    253
DITTMAN
  John, 105
DIVER
  Daniel, 53
DIXON
  Alanson R., 133
  Edwin C., 184
  Eldon G., 185
  James, 157
  John, 311
  Sylvanus S., 84
  Thomas, 301
DOAN
  Charles, 153
  David Clark, 324
  G., 449
  George, 445
  Job, 212, 214, 321, 322
  J. P., 450
  J. W., 449
  John, 52, 443, 446, 449,
    456, 459
  Nathaniel, 41, 43, 44, 48,
    51, 52, 226, 227, 228,
    230, 231, 310, 321, 322,
    350, 443, 444, 448, 452,
    502
  Nehemiah, 459
  Norton, 450
  S., 459
  Sarah, 46, 48, 310, 448
  Seth, 45, 52, 59, 213, 445,
    446, 454, 455, 456, 459
  Timothy, 48, 52, 53, 56,
    211, 214, 230, 232, 321,
    322, 396, 443, 454, 455,
    459
  W. H., 270, 282, 297, 351
  William H., 350
DOANE
  ————, 450, 451
  ———— (Mrs.), 450, 451
  Abigail, 451
  Annolivia, 451
  Annolivia Baldwin, 451
  Daniel, 450
  Deborah, 451
  Deborah Haddock, 451
  Edward B., 451

-27-

DOANE continued
  Elizabeth, 451
  Harriett S., 451
  Job, 451
  John, 450, 451
  John M., 451
  John W., 451
  Joseph, 450
  Joseph (Jr.), 451
  Lydia R., 360
  Mary, 451
  Mary Cary, 451
  Mary F., 451
  Mercy, 451
  Mercy Parker, 451
  Nancy, 451
  Nathaniel, 212, 213, 451
  Scott, 140
  Seth, 451
  Sophia Taylor, 451
  Timothy, 451, 453
  W. H., 270
DOBBS
  A. S., 250
DOBLER
  Albert, 466
DOCKSTADER
  Charles, 152
  Charles J., 152, 257, 282
  Nicholas, 322, 323
  Richard M., 152
  W. B., 209
DODD
  J. A., 470
  Thomas, 166, 177, 187
  J., 256
DODEL
  William, 101
DODGE
  Abimel, 455
  Amos, 149
  Francis M., 155
  G. C., 232, 299
  George C., 111, 213, 322, 323, 324
  George C. (Jr.), 108, 109, 110, 206, 321
  H. H., 285, 322
  Henry, 232
  Henry H., 74, 211, 311
  James A., 203
  Lewis, 204
  Lydia, facing 440
  M. H., 206
  Martin, 321
  Ossian E., 191
  Samuel, 47, 59, 61, 212, 213, 231, 232, 446, 455, 456, 459
  Wilson L., 151
  W. S., 309
DODSON
  John A., 143
DODSWORTH
  Henry, 157
DOERING
  C. H. (Rev.), 251
DOHERTY
  John, 179
DOLBY
  _____ (Rev.), 533

DOLE
  Charles B., 291, 293
DOLL
  John, 93
DOLOFF
  H., 494
DOLSEN
  Peter J., 292
DONALDSON
  John, 114
  Robert, 412
DONE
  _____, 450
DONOGHUE
  Patrick, 148
DONOVAN
  Thomas, 479
DOOLITTLE
  Gilbert J., 166, 187
  Chas. L., 151
  Erwin, 460
  M. P., 190
DOORAK
  Frank, 295
DORAN
  O. M., 266
  Richard, 133
  Thomas B., 92
DORMER
  A. H. (Rev.), 432
DORN
  Peter, 146
  John, 146
DORR
  David F., 92
  Jacob, 105
DORSH
  John G., 157
DOSCH
  Martin, 173
DOTY
  _____, 475
  George W., 120
  H. M., 434
  Sarah, 506
  Solomon S., 472
  Thomas K., 200
DOUBLEDAY
  _____, 163
  Charles, 164
  George, 142
DOUD
  Benjamin, 419
DOUGHTY
  James E., 99
DOUGLAS
  E. P., 434
  Pearly (Mrs.), 381
  Stephen A., 193
DOUGLASS
  George W., 152
  John, 152
  John B., 184
  Stephen E., 148
  S. H. (Mrs.), 279
DOUHETT
  Enoch M., 92
DOUTHIEL
  Fred I., 157
DOUW
  Myron C., 152

DOW
  Dennis, 439
  Myron, 324
  Prentis, 298
DOWELL
  William M., 150
DOWLEY
  J. P., 321
DOWLING
  Geo. Thos. (Rev.), 259
  John, 504
DOWNEY
  Sidney, 162
DOWNS
  Edward, 289
DOWSE
  Thomas, 89
DOVE
  David F., 85
DOYLE
  Anthony, 59
  John, 145
  Robert, 132
DRACKET
  P. W., 291
DRAEGER
  Augustus, 102
  Frederick, 102
DRAGER
  Frederick, 169
DRAKE
  A. C., 405
  Alonzo, 409
  Asa, 526
  B. B. (Rev.), 420, 500
  D. K., 527
  F. H., 260
  Frank, 145
  J. M., 290
  Robert, 530, 532
  S. S., 408
  Solomon S., 132
  Truman, 123, 162
  Winfield S., 152
DREGER
  Friedrich, 104
DREISBACH
  John (Father), 105
DREMAN
  J. H., 465
DREMANN
  Henry, 459
DRENING
  Matthew, 405
DRESSER
  Charles A., 125
  Reuben, 411
DRISCOLL
  Daniel, 144
DROSSLER
  Dominicus (Rev.), 257
DROZ
  Philip, 136
DRUCKER
  I. L., 295
DRUM
  Charles, 152
  William, 112
DRYDEN
  C. P. (Capt.), facing 478
  Cyrus P., 490, 491

-28-

Index of Names continued

DRYDEN continued
  Drury F., 184
  Geo. R., 491
  G. B., 491
  Hannah H., facing 478
  Harriet,
DRYER
  Henry, 507
DUBBER
  Lawrence, 85
DUBBS
  R. (Rev.), 282
DUBREY
  H. H., 285
DUCEY
  Michael, 143
DU CHATAR
  Joseph, 36
DUDERER
  _____ (Rev.), 465
DUDLEY
  S. S., 237, 239
  Stephen S., 310
DUER
  Dillon P., 113
  Thomas, 113
DUFFY
  _____, 264
  Jas. O., 321
DUFRESUL
  Frank, 182
DUGAN
  John, 126
DUKES
  William D., 152
DUMPHEY
  John, 95
DUNBAR
  G. E., 288
  George E., 154, 164
  Henry, 415
  John, 412
  Thomas, 414
DUNCAN
  _____, 34
  George J., 143, 154, 419, 424
  J. A., 295
  John, 419
  John E., 142
  Michael, 132
  O'Connor B., 321
  Samuel W. (Rev.), 259, 261
  William, 84
DUNCHE
  Harrison, 239
DUNHAM
  Alfred, 404
  Alonzo, 404, 409
  Ambrose, 404
  Asa, 404, 405, 482
  Chester, 404
  Clarissa, 409
  David B., 405, 406, 407
  Frederick B., 153
  Hezekiah, 406
  John, 404, 405
  Jehiel, 404, 527
  Lorenzo, 404
  Royal, 112
  Rufus, 322

DUNHAM continued
  Truman, 297
DUNKEE
  William, 112
DUNLAVEY
  Betsey, 532
DUNMORE
  Lord, 29
DUNN
  G. W., 527
  James, 477
  John, 96, 99, 160
  Patrick, 166, 187
  Ransom (Rev.), 262
DUNNING
  Daniel N., 145
  William P., 157
DUNSCOMB
  Jeremiah S., 127
DUNSHEE
  Wm., 404
DUNSHER
  Eli, 478
DUNTON
  Edwin, 93
  George E., 151
  William H., 121
DUNWELL
  Henry, 160
  Stephen, 516
DURAND
  Ira E., 162
  Samuel, 462
DURCAN
  James, 152
DURFEE
  Calvin (Rev.), 420
  Reuben, 412
DURGIN
  John S., 120
DURHAM
  John E., 125
DURIAN
  James, 155
  John C., 142, 155
DURKEE
  Hiram, 100
  Horace A., 149
DURWENT
  James E., 167, 169
DUSTIN
  _____, 183
  C. H., 407
  Harvey E., 156
  William, 184
DUTCHER
  Norman, 491
DUTTON
  _____, 433
  Charles F., 151
  F. C. (Dr.), 205
  Frank, 89, 152
  J. P., 258
  R., 449
  W. A., 304
  William, 153
DUTY
  Andrew, 152
  Andrew W., 157
  D. W., 246
  F. Jennie (Mrs.), 204

DUTY continued
  William, 180
DUVOO
  Louis, 114
DWERR
  J. W. C. (Rev.), 247
DWIGHT
  Anson, 413
  H. (Rev.), 475
DWINNELL
  Ozro, 132
DWYER
  T. I., 286
DWYRE
  Dennis, 169
DYCKER
  Henry, 132
DYER
  George W., 132, 178
  J. A., 483
DYKE
  Aldin, 514
  Elizabeth, 513
  Latimer N., 125
  William, 513
DYSON
  William R., 160

E.

EAGER
  L. B., 321
EAMES
  Isaac, 494
EARL
  Caleb, 427, 434
  Marcus, 428
EARLE
  Elermie, 530
EARLE
  William, 155
EARLEY
  Thos. C., 249
EARLY
  _____, 97, 136, 164, 172
  S. (Rev.), 410
EARNEST
  J. (Rev.), 276
  William H., 152
EASTBROOK
  George, 209
EASTERWOOD
  Abram, 167
  George W., 167
EASTMAN
  _____, 480
  Almon, 514
  J. A., 152
  J. B., 152
  William D., 513
EATON
  _____, 28, 464
  A. Y., 321
  Dyer, 505, 506
  George W., 158
  Henry Z., 90
  John, 100
  Lucien B., 123
  Sherbourne B., 144
  W. A., 249
  William W., 339

-29-

Cuyahoga County, Ohio

EBERHARD
 Carl, 104
EBERT
 Christian, 273
ECKENFELLS
 Antoine, 414
ECKENFELT
 Anthon, 466
ECKENROAD
 Daniel, 114
 John, 114
ECKERMAN
 Charles, 148
ECKERT
 Arthur, 112
 August, 105
 C. F., 276
 Henry C., 88, 155
ECKMAN
 W. H., 326
EDDLEMAN
 William, 166
EDDRIDGE
 Alonzo, 285
EDDY
 _____ (Mrs.), 445
 Albert C., facing 468
 B. F., 530
 Caleb, 444, 445, 448
 Constantine, 134, 135, 468
EDDY D. A., 289
 D. A., 289
 Edwin W., facing 468
 Eunice, 448
 Ezra, 212, 466, 470
 Ezra (Colonel), 468, facing 468
 George, 164
 H. M., 460
 Harriet M., facing 468
 Ira (Rev.), 250, 410, 522, 534
 James, 460, facing 468
 Jas., 460
 Luke D., 180
 Marvin L., 85
 Nancy, 448
 Nehemiah G., 91
 Otis, 132
 Samuel M., 212, 321
 Sanford, facing 468
 Sally Ann Kent, facing 468
 Sarah Jane, facing 468
 Sarah Newton, facing 468
 Timothy, 446, 456
 Timothy (Mrs.), 445
 William, 180
 William A., facing 468
EDE
 Elias, 290
EDGARTON
 Austin, 412
 Elias, 412
 Erastus, 412
 Harvey, 511, 512
 John, 511, 513
 Joseph, 412, 414
 Joseph (Jr.), 412
 Oliver, 412
 Onick, 512
 Sardis, 511, 513

EDGARTON continued
 Sardis (Jr.), 513
 Warren P., 176, 178
EDGERTON
 Frank W., 179
 Horace I., 169
EDMONDS
 James H., 132
 Joseph S. (Rev.), 256
EDNEY
 Andrew, 113
 Charles, 113
EDSON
 John G., 158
 Royal, 123
EDWARDS
 _____, 35
 _____ (Rev.), 465, 500
 Albert, 178, 179
 C. C., 152
 D. W. (Rev.), 433
 Dolph, 233
 Edwin, 186
 H. G., 462
 H. G. (Mrs.), 461
 John D., 271
 John R., 153, 483
 Pierpont, 37
 R., 483
 Richard (Rev.), 261
 Richard, 154
 Rudalphus, 227, 228, 236, 321
 Rudolphus, 42, 43, 48, 60, 453
 W. P. (Rev.), 270
 William, 112, 206, 297, 303
 William E., 154
 Wm. E., 292, 483
EELLS
 D. P. (Mrs.), 282, 283
 Dan P., 257, 280, 282, 283, 299, 310
 Dan Parmlee, 351
 Henry N., 121
 James (Rev.), 256, 258
 P. D., 277
EFFINGER
 Joseph, 466
EGAN
 _____, 158
EGBERT
 Alonzo, 103
 James, 405, 409
 John M., 150
 N. A., 409
EGGERS
 Ferdinand, 326
EGGERT
 L. C., 274
EGGIMAN
 Jacob, 118
EGGLESTON
 Chauncey, 164
 D. C., 432
 E. M., 434
 Edward, 499
 Emerson H., 165, 166
 Frank E., 182
 H. C., 470
 Randall I., 165

EGGLESTON continued
 Truman, 530
 Z. K., 434
EGTS
 G. S., 258
EHLERT
 Fred., 465
EHRLICK
 Myer, 153
 William, 153
EIBER
 George, 292
EICHE
 Franz, 292
EICHLER
 Henry, 137
EICHORN
 George, 105
EIDINISE
 Adoniga, 169
 Almoreen, 169
EIGHMY
 Nicholas P., 159
EILAR
 John, 158
EILEMAN
 Anton, 185
EISENHART
 George, 119
ELBERT
 John E. (Rev.), 250
ELDER
 Henry, 186
ELDRED
 Lyman, 404
 Moses, 59, 61, 503, 438
ELDRIDGE
 David, 41, 226
 Erastus, 464
 George D., 177
 James, 100
 L. P., 285
 Moses A., 323
 William, 132
ELLACOTT
 G., 294
ELLENBERGER
 F. H., 293
ELLIOTT
 _____, 32, 62
 Andrew, 155
 Adonijah, 135
 Delos, 155
 Eugene W., 91, 144
 H. (Rev.), 534
 Ivan, 165
 J., 272
 James, 440
 Michael, 148
 R. T., 491
 Richard S., 179
 William, 169
ELLIS
 Charles, 125
 James C., 153
 M. F., 287
ELLS
 Waterman, 462
ELSASSER
 Charles, 135
ELLSLER

-30-

Index of Names continued

ELSSLER continued
  Frederick, 178
  Harry, 184
ELLSNER
  Martin, 145
ELLSWORTH
  Charles, 114
  Chauncey, 414
  E. T., 424
  Elisha T., 286, 287, 288, 289
  George, 102, 138
  H. L., 520
  Oliver, 520
  Oliver E., 142
  William W., 152, 520
  Zera, 142
ELMER
  Jacob, 118
ELTON
  David, 125
ELWELL
  _____, 191
  Isaac, 120
  J. J., 191
ELY
  _____, 497
  E. H., 413
  Eli, 126, 151
  George B., 300, 301
  Geo. H., 255, 279, 281, 297
  Geo. H. (Mrs.), 279
  Herman, 288
  James, 158
  L. W. (Rev.), 534
  Stebbins B., 134
  Warren W., 187
EMERICK
  Charles, 146
  Jacob, 273
EMERSON
  A. M., 304
  Alvin L., 153
  Arthur, 112
  Asa, 497, 498, 499, 500, 501
  Asa (Jr.), 498, 499
  George, 125
  George H., 190
  Isaac, 498
  Lucina, 498
  O. S., 500
  Oliver, 498, 499, 501
  Oliver S., 179, 498
  Orlando, 126
  Reuben, 499
  R. H., 463
EMERY
  Thos., 261
EMMERT
  William F., 139
EMMONS
  Eli, 149
  Milan, 125
EMPSON
  William, 142
EMSELL
  L. (Rev.), 273
ENDICOTT
  _____ (Gov.), 30
ENGA

ENGA continued
  William, 125
ENGLE
  Orestes T., 113
  Robert, 510, 512
ENGLEHART
  George L., 152
  Joseph, 275
  S. 246
ENGLES
  Wm., 478
ENGLESON
  Henry L., 143
  John, 170
ENGLET
  P., 292
ENGLISH
  Robert, 162
ENKLER
  J. A., 291
ENNIS
  C. A., 406, 407
  E. A., 409
ENOCH
  Joshua, 271
ENOS
  Simeon, 510
ENSIGN
  John E., 321, 325
ENSWORTH
  Jeremiah, 83, 152
  John K., 182
ENTRIKIN
  Benjamin F., 169
EOLOHAN
  W., 290
EPPLE
  Michael, 160
ERNST
  A. (Rev.), 459
  Anthony, 159
  George, 150
  Jacob, 137
ERRETT
  Isaac (Rev.), 192, 433
ERUCH
  Nicholas, 123
ERWIN
  _____, 330
  James, 132
  John, 324, 330
  Samuel, 324, 446, 450
  William, 52
ESBERGER
  George, 442
ESCH
  Aug., 422
  Franz, 148
ESTABROOK
  Eliza B., 348
  John N., 184
ESTEP
  E. J., 336
ESTERBROOK
  Thomas, 152
ESTMINGER
  James R., 120
ESTY
  Albert, 132
EUCHER
  John, 90

EUCHRE
  Samuel, 144
EVANS
  Charles, 127
  David, 160
  Ebenezer (Rev.), 254
  Evan, 89
  George, 125
  George, 145
  George W., 89
  J. F., 209
  J. Ford, 209
  James, 113
  John M. (Rev.), 271
  John R., 126
  Joseph, 95
  Lewis, 23
  Richard, 122
  Samuel, 152
  Theodore R., 144
  Thos., 321
  Tracy, 456
  William D., 102
EVARTS
  Chas., 483
  John, 126
  John H., 187
  Samuel, 60
EVEREST
  H. W., 519
EVERETT
  _____, 352
  A., 206, 304
  Azariah, 212, 214
  Chas. D., 326
  George H., 157
  H. A., 304
  Henry, 324
  Norton H., 324
  S. T., 206, 300, 325, 326
  Sylvester T., 206, 351
EVERTT
  Charles, 146
EVES
  Albert, 182
EWART
  A., 285
EWERS
  Henry, 456
EWING
  Edwin, 127
  Thos., 321
EX
  Nicholas, 142
EXCELL
  _____ (Rev.), 469
  Benj. (Rev.), 250, 251, 252, 432
  Benjamin, 493
EYLES
  W. N., 321
EZEKIAL
  David I., 91

F.

FAAD
  Joseph, 119
FABER
  Albert, 114
FACK

-31-

Cuyahoga County, Ohio

FACK continued
  H. C. (Rev.), 274
FACKLER
  James W., 200
FADNER
  F. C., 321
FAGAN
  Charles, 91
FAHL
  John, 186
FAHLE
  ——— (Rev.), 273
FAHRION
  Albert, 177
  Lewis, 177
FAIFEL
  Christian, 138
FAIR
  W. C., 287
FAIRBANKS
  A. W., 193, 282, 331, 421
  Abel W., 206
  Frank, 152
FAIRCHILD
  Charles S., 151
  Daniel, 473, 478
  Edward C., 185
  John G., 94
  John W., 478
  Lucius, 312
  R. W., 413
  S. A., 209
  William, 529
  William B., 195
FAIRFIELD
  Ezra, 446, 456
FALK
  George, 181
  H. (Rev.), 268
  Hiram, 469
  James, 169
  Stephen (Rev.), 265, 306
FALLOON
  Francis M., 169
FALOR
  Jonathan, 154
FANCHER
  Eliza, 389
  S. F., 112
FANKELL
  Geo., 494
FANNING
  Richard J., 211
FARBEY
  John, 289
FARBUSH
  T. B. (Rev.), 277
FARGO
  Charles B., 152
FARIER
  Clement H., 85
FARK
  Henry, 294
FARLEY
  J. H., 325, 326
  William, 178
FARMAN
  Enis, 249
FARMER
  E. J., 192
  James, 277, 300, 353

FARMER continued
  Meribah, 277
  Thomas, 135
FARNHAM
  Louisa, 533
FARNSWORTH
  ———, 463
  ——— (Dr.), 452
  Havilla, 455
  M. H., 422
FARR
  A. S., 439
  Abraham, 456, 459
  Abram, 455, 456
  Algernon, 503
  Aurelius, 503, 505
  Chas., 456, 460
  Edward L., 134
  Edwin, 153, 439
  Eliel, 503, 505
  Eliel (Jr.), 503
  George D., 116
  John, 505
  Julius, 441
  Murray (Mrs.), 442
  P., 495
  Willard M., 116
FARRAND
  Addison J., 126
  Andrew J., 152
  Fred P., 89
  Frederick C., 152
  William H., 120, 121, 126
FARRAR
  A. J., 465
  Henry B., 449
  Otis, 530, 531
FARRELL
  Henry, 186
  Michael, 178
  Patrick, 113
  William C., 187
FARREN
  Stephen, 160
FARRER
  A. J., 259
FARWELL
  ——— (Rev.), 465
  Franklin A., 85
  Henry J., 179
  Horace W., 85
  J. J., 289
FASNACHT
  John, 105
FAST
  Luther M., 116
FATHANER
  William F., 137
FATHAUER
  Ernst H., 137
FATHSCHILD
  John, 119
FAUBEL
  H., 465
  Henry, 93
FAUCETT
  J. W., 248
FAUCHTER
  George, 505
FAUKELL
  Geo., 434

FAULKNER
  Alfred, 115
  J., 294
  William H., 156
FAUST
  J., 305
FAUVER
  ———, 442
FAUX
  Martin V., 156
FAY
  Asa, 165, 499
  Amos, 478
  Benajah, 497, 498, 499, 501
  Byron, 270
  John G. (Jr.), 321
  Daniel, 166
  Frederick, 159
  Frederick (Jr.), 152
  Henry M., 152
  J. W., 497, 499
  Jeremiah W., 499
  John G. (Jr.), 185
  Martin V., 119
  William, 427
FEATHERLY
  Charles, 100
FEATHERSTONE
  J., 421
FEE
  E. B., 205
FEEDERLE
  Richard, 139
FEHLBER
  Charles, 105
FEHR
  Frederick, 531
  Peter, 531
FEHRENBATCH
  John, 192, 214
FEIL
  A., 275
FELDKAMP
  Henry, 138
FELL
  Alfred W., 152
  Joseph W., 99
  Thomas, 133
FELLING
  James, 157
FELTON
  C. E. (Rev.), 251
FENKEL
  George, 427
FENN
  Arnon, 412
  Asa, 412, 413
  Learno, 412
  Plympton, 412
FENNELL
  Patrick, 266
FENSTERWALD
  Jacob, 148
FENTON
  A. W., 295
  Henry T., 152
  John L. A., 179
FENZ
  Engelbert, 93
  John, 138
FERBERT

Index of Names continued

FERBERT continued
  J. C., 292
FERGUSON
  John A., 158
  John B., 134
  John C., 88
  Samuel, 143
  Samuel T., 184
  William, 152
FERMENGER
  William, 158
FERMIN
  Francis W., 151
FEROLES
  Franklin, 165
FERRELL
  Catherine, 500
  Catherine Ann, 500
  William, 113
FERRIS
  H. C., 287
  Henry R., 478
  Hiram R., 132
  J. M., 246, 301
  Lyman, 250
  James, 513, 514
  John, 169, 411, 511, 512, 514
  Mark H., 152
  Squire, 66
  W. H., 262
  William, 511, 512, 513
FERRISS
  Joseph, 166
  William H., 153
FERRY
  Franklin S., 149
  Richard C., 180
FERTIG
  Gabriel, 102, 137
FERVAL
  F., 292
FESSE
  John, 173
FESSHAUPT
  William, 166, 187
FESSLER
  Louis, 186
FETGER
  Joseph, 152
FEUERSTEIN
  John A., 136
FICKES
  Silas G., 154
FIDELIUS
  _____ (Rev. Father), 466, 501
FIEDMANN
  Claus, 421
FIEG
  Sebastian, 530
FIELD
  B. C., 249
  D. E., 288, 289
  Gilbert G., 100
  John A., 127
  Reuben A., 126, 151
  William D., 135
FIELDHOUSE
  Henry, 169
FIETH

FIETH continued
  Benj. (Rev.), 272
FIGHT
  Henry, 102, 137
FILE
  Thomas B., 169
FILES
  Charles C., 122
FILIAS
  _____, 264
FILIERE
  Louis (Rev. Father), 479, 489, 507
FILKER
  Adam, 149
FILLSON
  John N., 169
FINCH
  Dosson, 119
  Samuel, 293
FINK
  E. D., 489
FINLEY
  Philip, 153
FINNERAN
  John, 91
FINNEY
  _____, 463
  James B., 213, 323
  Noble H. (Dr.), 407
  William O., 142
FINSTER
  Leonard, 152
FIRESTONE
  L. (Dr.), 204, 205
  Leander, 290
FISH
  _____, 416
  Abel, 420
  Bethuel, 419, 422
  Buell B., facing 416
  C. A., 291
  Charles, facing 416
  Chas. L., 321, 322
  Clark A., 142, 144, 166
  David, 526
  Deming B., 117
  Ebenezer, 416, 417, 420, 422, 423
  Elisha, facing 416
  H., 422
  Henry, 286, 419, 422, 424
  I. W., 422
  Isaiah W., 416, 421
  Isaiah W. (Jr.), facing 416
  J. S., 422
  J. W., 420
  James, facing 416, 417, 421, 423
  Jefferson, 419
  John (Capt.), facing 416
  John P., facing 416
  John S., 419, 422
  Jonathan, 419
  Joseph, facing 416
  Joseph L., facing 416
  Leonard, 420
  Levi, 419, 422
  Lorenzo, 417
  Louisa S., facing 416
  Lucy A., facing 416

FISH continued
  Lydia K., facing 416
  Mary, facing 416
  Mary M., facing 416
  Moses, 416, 417, 420, 421, 483
  Ozias, 417, 419, 420, 422, 424
  Sally, facing 416
  Samuel, facing 416
FISHER
  _____, 136, 460
  Abel, 434
  Alfred, 462
  Amos C., 92
  B. H., 321, 462
  Benjamin, 180, 462
  Burr, 111
  E. B., 190
  Earl, 134
  G. W. (Rev.), 273
  George D., 177
  H. W., 208
  J. D., 321
  James, 425, 492, 494
  Jonathan, 212, 405, 461, 462
  Lewis, 155
  Lloyd, 461
  Lloyd A., 111
  Louis, 152
  N. D., 263
  O. D. (Rev.), 272
  Ransom, 100
  W. A., 206
FISK
  George A., 208
  W. C., 289
  Wm. Allen (Rev.), 246
FISTLER
  Chas., 274, 275
FITCH
  _____, 514
  Andrew G., 404
  Asa H., 91
  Benjamin, 403, 404, 405, 408, 410
  Benjamin (Mrs.), 410
  C. C., 491
  Caleb, 492
  Charles C., 491
  Chauncey, 487, 489, 490, 491
  Chester, 487
  Daniel, 487
  E., 490
  E. M., 297
  Eli, 487, 491
  Elisha, 487, 490, 491
  Francis, 491
  Geo. C., 404
  Gurdon, 322
  Harriet, 404
  Herbert, 153
  Horace, 487
  Hudson, 147
  J. W., 491
  Jabez, 301
  Jabez W., 210, 211, 324
  James, 321, 324
  John, 99
  John G., 153, 491

-33-

Cuyahoga County, Ohio

FITCH continued
Joseph, 404
Mary Ann, 490
Orsamus, 147
S., 490, 491
S. W., 491
Sandford, 487, 490
Sanford H., 99
Sarah, 282, 283
Thomas, 127
William, 125
Zalmon, 257
FITZEMEIER
Frederick, 137
FITZGERALD
―――――(Bishop), 466
James, 114, 123
John, 165
John R., 322
Joseph, 186
W. J. (Rev.), 268
FITZPATRICK
―――――, 264
Edward, 113
John, 317
John P., 133
Thomas B., 112
FITZWATER
Ira, 414
John, 139, 413
John A., 160
FIX
G., 274
Samuel, 252
FLABBIG
Tobias, 93
FLACK
Thomas, 100
FLAGLER
Henry M., 255, 308
FLANNAGAN
Patrick, 113
FLAUGHTER
Isaac, 113
FLECK
Wm., 294
FLEMING
D., 256
Jean Baptiste, 36
John, 165
Nathan C., 127
Sylvanus, 438
FLETCHER
Caleb R., 516, 519
James, 154
Nathan P., 464
Nathaniel P., 461
Robert, 249
FLEURY
Robert, 505
Robert L., 135
FLICH
Josiah, 112, 144
FLICK
―――――, 531
Andrew, 169
Daniel, 154
F. H., 208
Frederick, 177
Jacob, 483
Jacob (Jr.), 405

FLICK continued
N. M., 321
Nehemiah, 112
Warren, 154
William H. H., 112
FLICKINGER
Ephraim, 92
FLINT
A. F., 187
E. S., 299, 322, 324, 325
J. W., 253
FLOOD
C. B., 191
FLORIN
Franz, 101
FLORO
Daniel, 92
Jesse, 92
FLOWER
George, 184
FLOWERS
Ezekiel Y., 157
Orcellus, 181
FLOYD
―――――, 86
Thomas C., 324
FLUETT
George, 113
FLUKE
One, 504
FLURY
Adam, 105
FLYNN
Patrick, 514
FOCKLER
Simon, 162
FOGG
Wm. P., 302, 314
William Perry, 193
W. P., 207
FOLES
Philip, 125
FOLJAMBE
Charles, 152
Sam, 322
Theodore, 127
FOLLIETT
Henry, 291
FOLSOM
E., 322
G., 323, 325
G. B., 290
Samuel, 152
FOLTZ
―――――(Rev.), 420
Frederick, 152
Jacob, 461, 462, 464
John, 461, 462
Samuel, 464
FONKELL
D. L., 165
FOOT
Almira Mills, 342
Asa, 322
Catharine (Mrs.), 436
Edwin, 407
Henry P., 440
J. A., 299
John, 255
John A., 145, 214, 279, 323, 328

FOOT continued
Sanford, 461
Thomas, 437, 439
Thos., 439
FOOTE
Asa, 249
C. C. (Rev.), 263
C. M., 434
Charles D., 152
Edom, 425
Edwin, 143, 213, 418
G. W., 251
George, 414
H., 239
Herbert C., 245
Herschel, 322
Horace, 212, 319, 321, 322, 323
Horatio J., 194
I. A., 426
J. A., 434
Joel, 463
John A., 321, 322
John C., 319
John H., 153
Samuel A., 297
Sarah, 425
Thomas, 439
Thos., 439
William, 418
William S., 152
FORAN
M. A., 192, 326
Martin A., 214
FORBES
Alex., 421, 422
Alexander, 315
C. J., 287
Franklin M., 91
Robert, 107, 409, 24
FORBEY
John, 289
William E., 90
FORBY
Albert D., 90
FORCE
Charles, 212, 434
E. W., 207, 208, 434
Emory W., 92
FORCHE
―――――, 477
FORD
Arthur O., 133
Clarissa, 269
Cyrus, 269
Darius, 450
Ellery C., 127
Frank J., 127
George B., 133
George W., 149
H. C., 321, 326, 450
H. Clark, 270
Henry, 450
Henry A., 194
Henry J., 152
Horace, 269, 270
Horatio C., 269, 270, 450
Horatio C. (Mrs.), 284
John, 146
John N., 524
Lee, 213

-34-

Index of Names continued

1794633

FORD continued
  Lewis W., 321
  Newell, 153
  Simeon, 212, 321
  William, 168
  William E., 155
FORDING
  Miller, 135
FORDYCE
  Hamilton, 126
FOREST
  ———, 185
FOROCHNER
  Chas., 500
FORREST
  ———, 102
FORRESTER
  W. S., 292
FORSCHNER
  John, 185
FORSYTH
  James W., 143
  Levi, 144
  James, 173
FORWICK
  F. (Rev.), 276
FOSDICK
  ———, 461
  Emily (Mrs.), 461
  Frank, 465
FOSTER
  ——— (Capt.), 504
  Charles W., 121, 513
  Conrad P., 500
  E. H., 296
  E. J., 321
  Francis, 290
  Frederick, 168
  George, 142, 143
  George B., 157
  George H., 142, 214, 321, 525
  H. F., 199
  Henry, 158
  Henry E., 525
  James, 412, 413
  James M., 111
  John, 120, 489
  Joseph R., 155
  L. G., 420, 422
  Leonard, 422
  Nathaniel G., 159
  O. P., 415
  Orville P., 148, 149
  Rufus, 158
FOTT
  John G., 139
FOUTS
  ——— (Rev.), 432
  A., 493, 534
  Henry C., 152
FOUTTS
  Robert B., 173
FOUTZ
  A. (Rev.), 410
FOVARGUE
  Daniel, 208
FOWAIGNE
  Daniel, 153
FOWL
  John W., 154

FOWL continued
  Theodore M., 480
FOWLE
  Moses, 522
FOWLER
  Abram, 179
  Charles E., 177
  E., 304
  E. T. (Rev.), 506
  Edward D., 151
  Edwin O., 185
  Jas. J., 321
  Lucius, 182
  Mead, 125
  Thomas W., 187
FOWLES
  ———, 472
FOWLS
  ——— (Mrs.), 473, 475
  A.; 477, 478
  Abraham, 472, 473, 477
  Abram, 471, 472, 473
  David, 473
  E., 477
  Ephraim, 472, 473, 477, 498
  John, 471
  L. A., 476, 478
  Lewis, 475
  Lewis A., 471, 478
  Lucy, 471
  Moses, 499
  Philo, 477
  Rachel Hickox, 471
  Roxana (Mrs.), 471
  S. A. (Mr.), 475
FOX
  ——— (Rev.), 420
  Erastus H., 185
  George, 144
  George R., 173
  Henry, 169
  John, 125
  Matthew A., 256
  S. H., 256
  Samuel H., 323, 419
  Samuel P., 152
  William H., 92
FRACKER
  D. S., 480
FRADENBURG
  J. N. (Rev.), 251
FRAELIER
  Jacob, 157
FRALIER
  Jacob, 95
FRAME
  Charles, 127
  Edward, 127
FRAMER
  C., 273
FRANCE
  Daniel, 169
  H., 462
  Washington, 180
FRANCIS
  Henry, 149, 510
  John, 177
  Rhoda, 510
  Thomas, 149, 510, 512
FRANCISCO
  Henry, 468

FRANCISCO continued
  John W., 208
FRANCK
  George, 295
FRANK
  Edward H., 152
  Henry, 93
  Michael, 138
  Milton H., 100
FRANKIE
  Franz, 291
FRANKLIN
  Benj. S., 133
  Benjamin, 23, 24
  William, 123
FRANKS
  John A., 92
FRANTZ
  Henry, 125
  T., 463
FRARY
  Sheldon, 477
FRASCH
  Herman, 309
FRASER
  Jas. B., 321
  O., 290
FRAVERD
  Henry A., 164
FRAVER
  Elisha, 157
FRAZEE
  & Dickson, 460
  J., 462
  J. N., 209, 288
  John N., 126, 151, 213, 325
  Jonathan, 462
  Stephen, 461, 462
FRAZER
  A., 434
  Alex., 434
  O. F., 434
FRAZIER
  William, 180
FREDRICK
  Galbert H., 260
FREDERICK
  Matthias, 114
  Peter, 114
FREEBORN
  John, 505
FREEMAN
  ———, 524
  ——— (Rev.), 465
  A. (Rev.), 410
  Calvin O., 525
  Celinda, 500
  D. H., 157
  E. I., 208
  Henry, 405, 406
  Henry K., 499
  Jeduthan, 522, 526
  Lawrence, 478, 501
  Lyman, 525
  Lyndon, 421, 499, 501
  S. I., 271
  Samuel, 498, 499, 500, 501
  Samuel (Jr.), 501
  Sarah, 500
  Sarah B., 500
  Silas C. (Rev.),

-35-

FREEMAN continued
  William, 116, 177
  William H., 125
  Zebulon R.S., 60
FREER
  James, 134
  John A., 134
  S. C., 493
FREESE
  ———, 310
  Andrew, 312, 313
  P. M., 324, 325
FREIBERGER
  Arnold, 186
FREMERT
  A., 252
FREMONT
  ———, 121, 167, 176, 193
FRENCH
  ——— (Rev.), 489
  A. H., 152
  A. G., 503
  Albert, 183, 277
  Alfred, 505, 507
  Collins, 504, 505
  J. E., 300
  John, 178
  Philo, 179
  Price, 503
  Royal, 183
  W. (Rev.), 410, 534
  W. C., 199, 200, 247, 248
FRENZ
  Martin, 294
FRERICHS
  John H., 104
FRERICHE
  John H., 104, 105
FRERIGHT
  L., 274
FRESHER
  Thomas, 89
FRETTER
  Henry, 133
FREUND
  Joseph, 306
FREY
  Franz, 104, 105
FREYER
  Squire, 411
FRICK
  Richard, 186
FRIDLEY
  Andrew, 145
FRIEND
  John, 321
FRILLMANN
  B. (Rev.), 276
FRISBEE
  Chas., 238
  H., 491
  Hiram, 490
FRISBY
  Martin, 133
FRISSELL
  Erastus, 324
  Henry, 389
FRITSCHER
  Albert J., 158
FRITZ
  John, 143, 160

FRIZZELL
  Henry, 170
  Henry M., 134
  Russell, 530
FROBISHER
  T. F., 304
FROCHLEICH
  William, 102
FRODRITH
  Conrad, 118
FROEHLICK
  Henry, 138
  Jacob, 461
  John, 461
  Mathias, 461
FROILICH
  John, 462
FROST
  Charles E., 179
  E. C., 477, 487, 490
  Elias, 486
  Elias C., 477, 487, 490
  Francis M., 179
  Isaac, 477, 486, 490
  Isaac C., 487
  Jewett M., 514
  Lorenzo E., 153
  Lyman, 486
  Lyman J., 412, 415
  Orianna, 415
  William, 515
FROTIER
  Joseph, 90
FRUCH
  Joseph, 104
FRY
  Chas. H., 296
  Ely, 120
  John, 101, 137
  Matthias, 138
FUCHS
  Janatus, 293
FUDRON
  Christopher, 145
FUEHR
  ——— (Rev.), 479, 500
FULD
  Rabbi, 275
FULLER
  ———, 474
  Abel, 412
  Augustus, 257
  C. H., 257, 282
  Calvin, 412
  Charles, 126
  Edward F., 419
  Ezra, 462
  Francis, 419
  Franklin, 142
  George, 153, 405
  Horace, 325
  J., 478
  Jacob, 412, 413
  James, 526
  Jasper, 461, 462
  Jaud, 461
  Jere., 478
  John W., 186
  Jonathan, 526
  Lyman, 143
  Mathew, 412

FULLER continued
  Mortimer J., 147
  Quartus, 412
  Samuel, 412
  Simeon, 211, 214
  Simon, 212
  Sylvanus H., 155
  W. C., 294
  Sir Wallace, 165
  William, 213, 520, 526
  Willis, 412
FULLERTON
  D., 462
FULLMER
  Edwin B., 150
FULTMETH
  Frederick, 125
FULTON
  William, 179, 463
FULWELLER
  Ensign, 113
FUNK
  Casper, 466
FUNVER
  Lorenzo A., 99
FURNACE
  Adam, 132
FURNESS
  Charles, 179
  Nathaniel, 179
FURNISS
  Ezra, 150
FURST
  Jacob, 137

G.

GABILLA
  Geo., 462
GABLE
  Abraham, 461
  George, 466
GABRIEL
  W. H., 423
GAECKLEY
  Eugene C., 325, 326
GAFFETT
  Nicholas, 91
GAFFEY
  Thomas, 177
GAGE
  ——— (Gen.), 27
  Benj. (Rev.), 269
  Henry W., 165, 187
  James, 135
  Milo, 180
  N. B., 490
  W. V., 442
GAHAN
  John, 505
  Thomas, 117
GAHN
  C. (Rev.), 251, 252
GAIL
  Edmund (Rev.), 432
GAINES
  Calvin, 158
  W. W., 300
GAIS
  John, 125
GALBRAITH

-36-

Index of Names continued

GALBRAITH continued
 James (Mrs.), 283
 John S., 167
GALE
 George F., 117
 George R., 153, 277
 H. P., 292
 Rodney, 277
GALEEL
 Jacob H., 186
 Peter, 186
GALENTINE
 C. B., 422
 Jay F., 134
GALISSONIERE
 Count de La, 23
GALLAGHER
  (Rev.), 264
 Charles, 95
 J. F., 267
 John, 294
 Michael, 158, 324, 325
 O. J., 326
GALLOWAY
 Geo. A., 321
 Henry, 84
GALLUP
 Jabesh, 253
 Jabez, 483
 M. E., 524, 527
 Milton, 527
 Morris E., 214
 Moses E., 214
GALSON
 J. R., 288
GALVEY
 John D., 184
GALVIN
 John H., 88
 Martin, 480
 Peter, 125
GALWAY
 Thomas F., 94
GAMBER
 B. F. (Dr.), 204
GAMBLE
 Robert A., 165
GANNON
 William, 154
CAMPELLAR
 Frederick, 105
GANSON
 George, 105
 Henry, 152
GANTER
 Andrew, 137
GARD
 T. J., 478
GARDINIER
 Jacob, 492
 Peter, 492
 Sarah, 493
GARDNER
  , 199, 263
 A., 477
 A. B., 434
 A. C., 214, 460
 Amos, 473, 477, 533
 Charles W., 169
 D., 478
 D. N., 325, 326

GARDNER continued
 David, 478
 E. B., 478
 Edward P., 258
 Geo. P. (Rev.), 259
 George, 157
 Geo. W., 297, 299, 325, 326
 H. F., 89
 James, 299, 323, 324
 James P., 151
 Jared, 149
 John, 112, 322, 445, 446, 456
 Lucy Fowls, 471
 Mathew, 462
 Nathan, 471, 473
 O. S., 326
 Orlando S., 151
 P., 477, 478
 P. D., 199, 478
 Paul, 472, 473, 477
 Philander B., 170, 213
 Philip, 462
 Russell, 477
 S., 478
 S. (Mrs.), 251
 Silas A., 178, 472, 473, 477
 Sylvester, 321
 Thomas S., 143
 V., 477, 478
 Valentine, 473, 477
 W. P., 480
 Warren, 458
 William, 115
GARETY
 Joseph, 147
GARFIELD
 Abram, 493, 495, 496
 Abraham, 460, 461
 Amasa S., 115
 Asenath, 495
 Betsey, 495
 James A., 115, 262, 263, 433, 461, 493, 495, 496, 519
 Polly, 495
 Thomas, 483, 495
GARLICK
 Abel R., 238
 T., 407
GARLOCH
 Andrew, 151
GARMAN
 Charles L., 168
 Daniel, 149
GARNER
 James B., 126
GARNETT
  , 111, 174
GARNSEY
 William B., 150
GARRETT
 Stephen W. (Rev.), 247
GARRETTSON
 G. A., 209, 210
 George, 127
 Hiram, 300, 301
 James, 489
 John, 92
 Joseph H., 116
GARSTIN

GARSTIN continued
 C. H., 285
GARVEY
 John, 95
 Robert, 127
GARY
 M. B., 287, 326
GARZEE
 Eben W., 143
GASKILL
 Austin C., 184
 Franklin R., 90
 Thomas W., 150
GASNER
 Harold, 166
GASS
 Phillip, 415
GASSAND
 Fred, 93
GASSER
 Joseph, 90
GASSNER
 Henry, 120
 Peter, 123
GASTNER
 Jacob, 135
GATEA
 L. M., 470
GATES
  , 174
 A. S., 296
 C., 494
 Chas., 420, 495
 Clark S., 419
 Coleman, 258
 Edwin N., 142
 Geo., 260
 George H., 143
 H. C., 420
 Halsey, 466, 468, 469
 Henry, 159
 J. H., 495
 James M., 152
 Jeremiah, facing 416, 418
 Jeremiah (Mrs.), 418
 Julian H., 154
 L. M., 470
 L. M. (Jr.), 470
 Matilda, facing 416
 Nathaniel, 418, 419
 Orrin M., 134
 Reuben, 499
 T., 470
 Truman, 470
 W. H., 251
 Walter H., 424
 Washington, 434
GAUL
 Andrew, 138
GAULT
 Alexander, 113
 Andrew, 113
 E. H., 291
 Robert A., 114
GAUNTT
 Adin, 432
GAUNTLEY
 Hugh, 146
GAUSE
 John H., 407
GAUTER

-37-

GAUTER continued
  Andrew, 102
GAW
  Anthon, 461
  John T., 461
GAY
  Albert, 150
  James, 422
  William, 165
GAYER
  Henry, 159
GAYETTE
  O. L., 152
GAYLORD
  A. W., 483
  Allen, 35, 60, 67, 234, 238
  Charles D., 209, 210
  Erastus, 257
  Isaac W., 152
  Stewart, 157
  Trueman C., 178
  W. H., 321, 325, 326, 447
  William, 237, 238, 460
GAYTON
  James, 254, 271
GAZELY
  Jabez C., 89
GAZELLY
  James, 116
GAZLAY
  R. S., 311
GEAR
  John, 90
  James, 237
GEARITY
  Thomas, 184
GEARY
  _____, 87
GEDDES
  James, 67
GEE
  Christopher W., 111
  Martin C., 132
GEER
  Calvin, 484, 491
  James, 484, 485
  Julia, 485
GEHO
  N. (Rev.), 273
GEHRING
  A. H., 292
  Charles E., 325
  John, 501
GEHRINGER
  John, 158
GEIB
  G. P., 291
GEICHT
  Charles, 294
GEIGER
  Conrad, 154
  Erhart, 499
  John J., 154
  Wm., 442
GEIL
  Samuel F., 166, 321
GEISENDORF
  John, 463
GEISSENDORFER
  John, 212

GEISSLER
  John, 93
GEIST
  Phillip, 138
  Thomas, 101
GEITZ
  Leonard, 91
GELVIN
  John, 166
GENOA
  Frank, 295
GENTZ
  Henry, 199
  Lewis B., 127
GEORGE
  Benj. F., 159
  Henry, 152
  King, 22, 228, 67
  (The Second) King, 25
  W. P., 480
  William, 180
GERARDIN
  A., 268
GERISH
  _____, 516
GERLOCH
  John, 292
GERNER
  George, 183
GEROLD
  _____ (Dr.), 407
GERRARD
  R., 449
GERRISH
  Betsey, 519
  Hannah, 517
  Samuel, 519
GETZENDANNER
  O. G., 321
GETTINGS
  James, 126
GIBBARD
  Charles, 125
GIBBON
  James A., 152
GIBBONS
  A. W., 295
  Edward, 95
  Francis, 112
  J. W., 288, 289
  John W., 152
  Jasper N., 184
  Richard, 526
  W. J., 267
GIBBS
  _____ (Dr.), 414
  Alexander, 166
  Charles, 143
  Clark, 166, 514
  Farnum, 166, 513
  Harley B., 310
  O. F., 207
GIBERSON
  Charles D., 120
GIBSON
  _____, 84
  Edward, 103
  Edward C., 102
  George, 146
  J. F. (Dr.), 256
  James B., 114

GIBSON continued
  John, 146
  John F., 207, 208
  Rufus D., 513
  S. T., 527
  Samuel, 511
  William, 511
GICKEN
  J. (Rev.), 251
GIDDING
  Fritz, 166
GIDDINGS
  C. S., 506
  Charles M., 322, 323
  Calvin, 505
  Edwin, 505
  Wm., 490
  Wm. F., 321
GIES
  John, 306
GIFFORD
  George, 134
  Harvey C., 153
  Isaac I., 526
  Oscar E., 184
  Stephen, 276
  Thomas, 142
GILBERT
  A., 56
  Augustus, 211, 321
  Banford, 527
  Calvin, 518, 519
  Cyrus, 456
  Frank, 184
  George F., 521
  Lewis, 432
  Henry, 178
  Jacob, 125
  Lucien N., 321
  N. A., 252, 326
  Stephen, 44, 47, 52, 55, 227, 229
  Thomas, 156
GILCHRIST
  E., 248
GILES
  B., 324
  Franklin, 99
  H., 463
  John, 462, 465
  Wm., 462
GILGER
  George, 122
GILL
  Charles H., 126
  James, 276
  John, 205, 214, 251, 303, 324
  Thomas E., 152
  Wesley, 149
GILLARD
  W. H., 293
GILLEM
  _____, 172
GILLEN
  Andrew J., 147
  Thomas, 147
GILLESPIE
  Louis, 156
  Patrick, 158
GILLETT

Index of Names continued

GILLETT continued
  Elbert, 165
  J., 208
  Jacob, 425
  Jonathan, 209, 299
  Lewis W., 155
  Townley, 89
GILLETTE
  A. A., 531, 532
  E. S. (Rev.), 251, 253
  J., 297
GILMAUR
  (Bishop), 278, 305
GILLMORE
  _____, 52
  Joseph, 156
  Robert, 119
  William G., 119
GILLSON
  Joseph W., 177
  William F., 89
GILMORE
  Hiram (Rev.), 250
  Orin (Rev.), 250
  Quincy A., 128
GILMOUR
  R. (Rt. Rev.), 200
  Richard (Bishop), 264, 265, 266, 268
GILRUTH
  _____, 475
  James, 471, 474
GILSON
  Lucius F., 100
  Robert M., 169
GINDLESPERGER
  D., 462, 465
GINTER
  Abraham, 89
GIRARD
  Chas. T., 284
GIVEN
  John, 326
  Wm., 324
GIRTY
  Alfred P., 125
GLADDEN
  George, 434
GLANFIELD
  G., 293
GLANSER
  Emil, 93
GLASER
  Frederick, 152
GLASGOW
  William, 112
GLASIER
  Hiram M., 134
  Madison, 150
GLASS
  Samuel, 295, 519
GLASSER
  Theophilus, 155
GLAUGNER
  Peter, 186
GLEASON
  Almon, 149, 529
  Anna M. (Miss), 342
  Ariel, 529
  D. R., 133
  E., 462

GLEASON continued
  Enoch, 529, 530
  Enoch (Jr.), 529
  Ephraim, 529
  Henry, 530
  Hiram D., 490
  I. L., 462
  J. D., 505
  J. G., 532
  Jeremiah, 506
  Julia Ann (Miss), 385
  Labrina, 506
  Loren, 529
  Milo, 520, 530, 531
  O. A., 133
  Perry, 529
  R. C., 133
  Silas, 91, 506
  Solomon H., 127, 153
  William J., 152
GLEB
  Valentine, 507
GLEESON
  Charles, 404
  E. M. (Dr.), 464
  Edward M., 464
  Edwin, 404
  Elias, 404
  Elias M., 462
  E. M., 462
  Frank, 465
  I. L., 462, 464
  Lafayette, 404
  Moses, 404, 407, 462
  S. H., 410
  Sardis, 404
  William, 404, 462
GLENN
  J. B., 326
  Joshua B., 152
GLENVILLE
  Henry, 126
GLIB
  Adam, 184
GLICK
  Monroe, 121
GLINES
  Charles, 162
  Geo. W., 287
GLOGE
  John, 468
GLOYD
  George, 302
GOAKES
  A., 294
GOBEL
  Christian, 138
  Darwin L., 145
GODDARD
  _____, 480
  D., 434
  Dennis (Rev.), 250
  E. W., 291, 321, 322
  James H., 100
  M. (Rev.), 419, 522
  William, 114
GODFREY
  C. M. (Dr.), 205
  Emmons J., 155
  John A., 127
GODMAN

GODMAN continued
  W. D., 202, 478
GOEBEL
  Michael, 148
  Peter, 101
GOES
  John, 419
GOETTE
  James S., 479
GOETZ
  John, 104
  Christopher, 137
  John G., 158
GOFF
  F. C., 307
  Julius F., 113
GOLD
  Benjamin, 51
GOLDEN
  _____, 264
GOLDRICK
  Peter, 325, 326
GOLDER
  C. (Rev.), 251
GOOBY
  Matthew, 132
GOLDMAN
  B., 275
GOLDSMITH
  Henry, 295
  S., 294
  S. M., 275
GOLDSON
  James R., 287
GOLDWOOD
  Deborah, 504
GOLLIER
  P. A., 321
GOLLING
  Wm., 410
GOMERTFELDER
  S. J. (Rev.), 274
GOODALE
  Burdette (Rev.), 409
  Joseph, 403, 404
  Samuel N., 151
GOODE
  Frederick, 143
GOODELL
  _____, 520
  Elder, 458
  H., 434
  Hannibal, 434
  John, 429
GOODEL
  Peter, 413, 415
  Wm., 412
GOODHUE
  N. P., 211
GOODMAN
  Alfred T., 151
  C. D., 307
  John, 125
GOODNO
  Charles A., 126
GOODRICH
  _____, 480
  Charles (Dr.), 407
  Charles, 404
  E. R., 287, 288
  George E., 142

GOODRICH continued
  Grant, 91
  J. B., 469
  Jas., 440
  Wm. H. (Rev.), 255
GOODSELL
  Charles, 127, 177
  George B., 133
GOODSPEED
  ———, 209
  N., 484
  Nathan, 529, 530
  Nathaniel, 492
  W. F., 209
  Wilbur F., 176, 177
GOODWILL
  Jehiel, 433
  Lucy, 433
GOODWILLIE
  Thomas, 126, 151, 209
GOODWIN
  ———, 505
  Anson, 481
  Asa A., 126
  Charles T., 152
  David, 521, 522, 526
  Deborah, 525
  Eleazer, 434
  L. E., 434
  Lucius E., 434
  Seth, 521, 522, 525, 526
  Timothy, 493
  W. T., 285, 322, 323
  W. W., 479, 480
GOODYEAR
  Jacob, 295
  William, 149
GOOLE
  John, 111
GORDON
  Alexander, 125
  Charles, 297
  Cortes F., 166
  Henry, 493
  Henry J., 166
  Henry W., 494, 495
  John, 113, 133
  John F., 90
  Mary A., 493
  O. C., 511, 512
  P. C., 493, 494, 495
  Samuel E., 90, 154
  William J., 206, 324, 447
GORE
  Page M., 134
  GORED
  C. N., 479
GORHAM
  Augustus S., 299
  J. H., 299
  Newton E., 164
GORMAN
  Edward, 95
  John, 99, 324
  Timothy, 160
GORNIA
  Frank, 113
GORRELL
  A. V., 479
GOSLIN
  William A., 132

GOSS
  C., 478
  Clark, 477
  D., 478
  David, 478
  James, 151, 511
  John, 100
  Reuben, 85
  Warran H., 178
GOTTKA
  Francis, 103
GOTTS
  Frederick, 173
  Henry, 173
GOUCH
  Frederick, 114
GOUDY
  Hugh, 132
  James, 102, 137
  John, 132
  Thomas, 148
GOULD
  Curtis, 456
  Daniel, 404, 409
  David, 405
  Franklin, 132
  George F., 187
  Henry M., 154
  Isaac H., 142
  John, 42
  John W., 142
  Laura, 408
  Merrick, 184
  Myrick, 482
  Orin B., 103
  Philinda, 251
  Robert, 126
  W. W., 253, 290
GOULDEN
  John, 456
GOULDING
  J. N., 152, 258
  R., 294
GOULT
  L., 111
GOWMAN
  Thomas, 159
GOVE
  Ebenezer, 510
  G., 519
GOWDAY
  T. F., 462
  T. M., 562
GOWDY
  Hugh, 463
  Jeremiah, 462
GOYETTE
  Thomas, 181
GRAEBER
  William, 99
GRAEF
  Jacob, 102
GRAESSNER
  ——— (Rev. Father), 508
GRAFF
  Peter, 186
GRAHAM
  ——— (Rev.), 469
  ———, 228
  Alexander, 157
  Elisha, 454, 459

GRAHAM continued
  Henry, 291
  J., 478
  James, 493
  John (Rev.), 432
  Josiah G., 271
  Robert, 178
  Samuel, 427
  Thomas, 165
  Thomas H., 321
GRAIF
  John, 159
GRAITER
  Charles, 93
GRAMES
  Philip, 101
GRANDMONGEN
  H., 267
GRANDY
  Mary Nash, 394
GRANEL
  Peter R., 142, 145
GRANGER
  ———, 108, 416
  A., 470
  Boaz, 510, 511, 512
  David, 105
  Edward F., 152
  Francis, 474, 503
  Frank, 152
  Gideon, 471, 474, 502, 503, 504, 510, 511
  Gideon (Jr.), 37, 44, 51
  Lewis, 513
  Samuel, 416
  Trumbull, 187
GRANNIS
  ———, 88
  George A., 168
  John C., 211, 324, 325, 326
  Joseph S., 152
  William K., 203
GRANT
  ———, 101, 108, 118, 124, 130, 141, 167, 182
  Alanson A., 168
  C. W. N. (Rev.), 251, 253
  John, 177
  John C., 258
  N. C. (Rev.), 254
  W., 442
  William, 91, 177
GRANVILLE
  ——— (Rev.), 441
GRASSELLI
  Caesar A., 309
  E., 304, 309
GRATZ
  Charles E., 135, 165
GRAVES
  ———, 431
  Ephraim, 468
  Leonard, facing page 440
  Luther, 426
  Noah, 212, 255, 426, 429, 434, 431, 494
  Norman A., 513
  O. H., 513
GRAY
  A., 409
  A. N., 193, 312

Index of Names continued

GRAY continued
  Admiral N., 324
  Arthur P., 184
  B., 449
  Benjamin J., 166
  Christopher C., 119
  Edward, 120
  Geo. W. (Rev.), 252
  Hugh, 155
  I. U., 326
  J. W., 193, 329
  Jeff., 460
  Jefferson, 460
  Joseph, 158
  L. P., 407
  R., 285
  Richard, 284
  Rinaldo A., 125
  Robert (Rev.), 534
  Robert, 493
  S. P., 406
  Thomas, 456, 459, 493
  Watson I., 407
  Wm., 455, 459
  William, 455
GREB
  Christian, 105
GREBE
  James, 93
GREBEL
  John Jacob, 276
GREENBOUN
  Henry, 280
GREEN
  A. B. (Rev.), 262, 263, 409, 449
  A. V., 477
  Andrew M., 99
  Arnold, 211, 321
  Asahel, 494
  Bartholomew, 169
  C. J., 462
  Charles, 114, 412, 464, 473, 477
  Charles J., 120
  D. S., 462, 465
  Daniel, 412, 513
  David, 127
  Ebenezer, 59
  Edwin, 91
  Elijah, 461
  Emily, 461
  Fayette, 177
  F. W., 211
  Frederick, 461
  George, 157, 464
  Geo. W., 462, 465
  Harvey, 461
  Harvey II., 165
  Herbert T., 142
  Herod, 461
  Hugh, 149
  J., 462
  James II., 150
  James L., 173
  Jeremiah, 461
  John, 145
  John L., 412
  John P., 321, 322
  John W., 121
  Isaac, 173

GREEN continued
  Luke, 143
  M., 247
  Orin F., 100
  Phillip (Rev.), 250, 534
  Ransom, 259
  Robert J., 168
  Simon, 155
  William, 20, 461, 462
  Wm. G., 412, 413
  William T., 125
GREENE
  A. B., 519
  Daniel, 499
  John S., 499
  William S., 514
GREENHOE
  Henry G., 149
GREENFIELD
  Porter, 157
GREENHALGH
  Robert, 295
GREENHOE
  Michael, 149
  William, 149
  William C., 149
GREENLEAF
  S. K., 513
GREENLEES
  Wm., 450
GREENING
  John, 248, 249
GREENUP
  James B., 98
GREENWALD
  Christian, 138
GREENWOOD
  E. W., 483
GREER
  Edward, 95
  H., 295
  William F., 101
GREGG
  S. (Rev.), 250, 251, 410
  Samuel (Rev.), 534
GREGOR
  Ambrose M., 149
GREGORY
  Right Reverend Father, 466
  Charles A., 145
  Eugene, 165
  Giles, 157
  James, 120
  Joseph, 295
  Theodore, 112
GREN
  Samuel W., 178
GRENTZER
  Edward, 261
GRESWOLD
  Stanley, 234
GREY
  Varnum R., 177
GRIBBEN
  Thomas, 133
GRIDLEY
  Adolphus, 439
GRIFFEN
  Clark C., 155
  Samuel A., 152
  John, 125, 166, 251, 442

GRIFFIN continued
  John (Mrs.), 442
  Micheal, 113
  Thomas A., 137
GRIFFITH
  Chester F., 103
  D., 323
  George, 456
  James, 404, 427, 429
  James R., 178
  J. T. (Rev.), 261
GRIFFITHS
  Kinery, 271
GRIGGS
  Benjamin A., 173
GRIGSBY
  Philip, 91
GRIM
  George W., 168
  Gottfried, 159
  James, 168
GRIME
  Joseph, 147
GRIMSHAW
  J. W., 325, 326
  James W., 184
GRINELEY
  Patrick W., 127
GRINNELL
  Nathaniel, 168
  Oliver, 92
GRISWALD
  E. R., 285, 287, 288, 289
  L. D., 289
GRISWOLD
  A., 429
  Alexander H., 170
  Almon H., 133
  Arthur O., 150
  Hiram, 214, 308
  L. D., 289
  Luman, 492
  Russell E., 155
  S. O., 296
  Seneca O., 214, 326, 354
  Solomon, 37
  Stanley, 55, 211, 318, 322
  Sylvanus, 37
  Wesley W., 168
GROAT
  C. N., 252
GROBE
  Christian, 144
GROEBE
  Ernst, 148
GROEMLEIN
  (Rev.), 273
GROGAN
  James, 155
  Richard (Rev.), 490
GROOT
  Geo. A., 321
GROSS
  Lewis, 126
  Milton A., 326
GROSSMEYER
  Charles, 531
  Richard, 489
GROTENRATH
  Philip, 152
GROTZINGER

GROTZINGER continued
  John, 186
  William, 186
GROVER
  Aden, 120
GRUBB
  Henry A., 155
GRUBE
  S., 275
GRUCHNOWALD
  Gottlieb, 93
GRUNNELL
  Samuel R., 103
GUENTZLER
  Henry, 292
GUERNSEY
  (Rev.), 524
  Charles W., 211, 321
GUHL
  M. (Rev.), 274
GUILD
  F. W., 441
GUILFORD
  C. G., 285
  Charles G., 177
  Edwin R., 152
  John, 412
GUKIE
  James, 258
GUN
  Anna, 226
  Charles, 235
  Christopher, 52, 237
  Elijah, 41, 44, 48, 226,
    227, 228
  Elijah (Mrs.), 41, 44
  Harry, 52
GUNN
  ———, 464
  Alex., 296
GUNSHORN
  William, 146
GURLEY
  Orville, 323, 324
GURNEY
  T. S., 321
GUSCHING
  Charles, 101
GUSTAV
  Charles, 295
GUTHRIE
  William M., 114
GUY
  T. (Rev.), 251, 432
  Thomas, 126, 151, 152
  William M., 152
GUYLES
  M. B., 297
  W. B., 281, 282, 301, 323

H.

HAAS
  Christian, 420
  J. (Rev.), 251
  John, 152
HABERER
  Marx, 138
HACFELE
  John, 92
HACKER

HACKER continued
  Frederick, 160
HACKET
  Francis E., 162
HACKMAN
  Joseph, 326
HACKNEY
  James C., 179
HADD
  Jas. L., 439
HADDEN
  Alex, 290, 321
HADDOCK
  Deborah, 451
  Uriah, 114
HADLEY
  William, 158
HADLOCK
  John, 101
HADLOW
  Henry R., 271
HAEHKEL
  Charles, 92
HAGEMAN
  Mathias, 113
HAGERLING
  George, 158
HAGGETT
  John, 434
HAGNE
  J. W., 294
HAHN
  A. (Rabbi), 275
  ——— (Rev.), 465
  Adam, 500
  Christian, 93, 158
  George, 149
  Michael, 500
  Peter, 186
HAIGHT
  A. B., 483
  Alvah B., 321
  Merritt, 149
HAINES
  ———, 67
  Julius, 118
  Nathaniel C., 404, 410
  Polly, 410
  Rachael, 410
HAINS
  J. B., 410
  Joseph, 407
  L. C., 407, 410
  N. C., 405, 529
HAISER
  Johahn, 104
HAISLET
  George, 118
HAKE
  Jacob, 150
HAKER
  Frederick C., 152
HALE
  Edwin B., 354
  F. A., 520
  Frank B., 165
  H., 253
  J. C., 321
  John, 516
  John A., 459
  Morgan, 111

HALE continued
  Nancy, 449
  S. C., 270
  W. F., 520
  William, 446, 456, 459
  Wm., 459
HALFALDER
  Jacob, 138
HALL
  ——— (Gov.), 55
  ———, 351
  A., 410
  Albina (Rev.), 534
  Alfred, 323
  Arlington P., 180
  B. B., 480
  Barnabas, 437, 440
  Calvin, 189
  Charles, 437, 439, 440
  Chas., 439, 440
  Chas. U., 439
  Charles M., 173
  Chauncy D., 143
  Daniel M., 165, 173
  Frank M. (Rev.), 248
  George, 179, 270
  Howard H., 173
  Jabez (Rev.), 263
  John, 149, 251
  Harriet N., 356
  Henry, 95, 155
  James, 437, 440
  James C., 153
  James M., 162
  Joel, 491
  John, 514
  John D., 156
  John K., 446, 456
  John W., 114
  Joseph, 506
  Lydia, 440
  Lyman W., 189
  Moses, 435, 437, 440
  Nancy, 437
  R., 439
  Reuben, 153, 437, 439
  S. T. (Mrs.), 279
  Sarah, 506
  Taylor D., 103
  Thomas H., 439
  William, 85, 135, 505
  William G., 170
  Z. S., 153, 437
HALLACK
  J. K. (Rev.), 250
HALLAS
  Squire, 122
HALLE
  M., 275
HALLECK
  ———, 102
  ——— (Rev.), 493
HALLER
  Jacob, 122
HALLETT
  Jacob, 126
HALLIGAN
  John, 158
HALLIWELL
  Absalom O., 156
HALLOCK

-42-

Index of Names continued

HALLOCK continued
 John H. (Rev.), 534
 J. K. (Rev.), 410
 John K. (Rev.), 429
HALLEY
 _____ (Father), 514
HALPIN
 Francis, 98
 John, 113
HAMBRACK
 Christian, 104
HALSEY
 Charles H., 154
HALTNORTH
 Frederick, 325
HAMILTON
 _____ (Miss), 482
 A. J., 433, 483
 Albert J., 154
 Alexander, 49
 Benjamin, 456
 C., 483
 Chester, 407, 483
 E. G., 483
 E. T., 212, 301, 326, 483
 Edwin T., 126
 F. J., 289
 George W., 188
 Horace, 530
 Hugh, 455
 James, 49, 228, 231, 321
 Justus, 483
 Lyman R., 120
 Samuel, 48
 Thomas, 59
 William (Rev.), 410
HAMLEY
 Henry, 295
HAMLIN
 C. N., 410
 Dwight N., 178
 E. S., 194
 F. R., 409
 H. H., 295
 James, 160
 Job, 143
 N., 405
 S. J., 239, 322
 W. S. (Rev.), 433
 William B., 155
HAMM
 Fred, 274, 292
HAMMEL
 Andreas, 186
 Jacob, 185
HAMMER
 _____ (Rev.), 465
 C. (Rev.), 265, 273
 Charles D., 142, 143
HAMMERLY
 John G., 110
HAMMON
 Charles, 133
 John, 407
HAMMOND
 _____ (Surg. Gen.), facing 476
 Charles, 111, 144
 E. H., 405, 410
 George B., 166, 187
 H. J., 405
 H. V., 530

HAMMOND continued
 J. B., 493
 John, 409, 410
 Leonard P., 111
 Lucretia, 409
 Lyman, 482
 S. M., 410
 Theo. F., 90
 Thomas, 143
 V. D., 532
HAMPTON
 Ann, 534
 C., 87
HAMPSON
 J. B., 83
 James B., 84, 140, 141, 142
 Rufus A., 85
HANAFORD
 L. D., 520
 Nancy, 519
 Reuben M., 516, 517, 519
 W. F., 520
HANCAPE
 G., 305
HANCE
 Herman, 123
 Joel, 99
HANCHETT
 Dennison C., 100
 Hiram, 235, 237
 Mary, 237
HANCKERSON
 Charles, 123
HANCOCK
 _____, 136
 Charles, 125
 L. T., 125
 Oscar W., 126, 185
HAND
 James L., 441
 Job, 529
 J. L., 442
 Nehemiah, 529
HANDEE
 Abel, 446, 456
 John, 446, 456
HANDELL
 John J., 169
HANDERSON
 Eliza, 470
 James, 494
 L., 209
 S. S. (Dr.), 426
 Seth S., 212
 Sherman S., 429
HANDLEY
 John, 147
HANDY
 Augustus, 297
 Freeman P., 257
 T. P., 256, 279, 280, 298, 299, 300
 Truman P., 355
HANFORD
 Chas., 295
 John R., 153
 Wm. (Rev.), 415, 420, 525
HANG
 M. (Rev.), 273
HANK
 A. S., 280

HANKINS
 G. B. (Rev.), 251
HANKS
 Elder Azariah, 458
 Azariah (Mrs.), 456
 Charlotte, 269
 Frank, 169
 Jarvis F., 269, 270
 Romelia, 269
HANLEY
 _____ (Mr.), 485, 486
 John, 485
HANLON
 _____, 264
HANNA
 C. B., 295
 Cassius B., 135
 Frederick, 98
 L. C., 209
 M. A., 246
 Marcus A., 152, 296
 Robert, 300
 Robert D., 184
 S. A. (Mrs.), 280
HANNAFORD
 Lyman B., 134
 William F., 134
HANNAN
 _____ (Father), 514
HANNIN
 Edward (Rev.), 264, 266
HANNUM
 C., 415, 462
 Calvin, 464, 465
 Deacon, 415
 Lucas, 132
HANRIE
 Jacob, 138
HANSARD
 Charles T., 182
HANSAY
 A. J., 408
HANSCOM
 A., 470
 Alva, 470
 Edward K., 152, 158, 159
 George, 164
HANSON
 William D., 100
HANTZ
 William, 169
HARBERTSON
 John, 501
HARBERSON
 Robert, 60
HARDYE
 Charles, 147
HARD
 Alphonso, 184
 Benjamin, 179
 Frederick T., 126
HARDESTY
 Jesse, 90
 Thomas, 168
HARDICK
 Garry L., 152
HARDIE
 J. H., 305
HARDING
 Francis, 289
 John H., 149

-43-

Cuyahoga County, Ohio

HARDING continued
  Robert, 285
HARDMAN
  James, 186
HARDY
  Abraham, 293
  Benjamin, 492, 494
  E. C., 199
  Emory G., 120
  Henry W., 120
  Isaac, 142
  J. H., 321
  James, 158
  James H., 121
  William W., 100
HARDMAN
  Peter M., 85, 92
HARDWAY
  James, 95
HARGER
  Samuel G., 494
HARGRAVE
  J. W., 420
HARKER
  _____, 140
  Henry, 167
HARKINS
  Jos., 266
HARKNESS
  Stephen V., 206, 308
HARLAN
  Cyrus, 522
HARLAND
  G. W., 530
  George W., 149
  Thomas, 530
HARLEY
  P., 479
  Russell B., 154
HARLOW
  Alonzo, 434
  Robt., 326, 450
  William, 179
HARMAN
  Casper, 180
  Edward (Rev.), 459
HARMAR
  _____ (Gen.), 36
HARMON
  Cyrus P., 169
  William, 168
HARMS
  Louis, 457
HARPER
  _____ (Miss), 461
  Alexander J., 166
  Archibald, 461
  DeWitt C., 461
  E. R., 462
  Elijah K., 168
  Erastus, 461
  Erastus R., 462
  J. I., 461
  James, 520
  John, 461
  John I., 460, 461, 462
  John W., 144
  Levi S., 98
  Lewis, 482
  Wallace, 184
  William, 461

HARPLE
  Philip R., 103
HARRIGAN
  Charles, 132
HARRINGTON
  Alvin, 516
  Benj., 300, 323, 326
  Benjamin, 208, 356
  D., 477
  Daniel H., 168
  David, 103, 472, 477
  Elijah, 179
  J. C., 170
  John, 158
  John N., 149
  Martin, 152
  Nathan B., 179
  Norinan S., 271
  Patrick, 121
  Stephen W., 120
  Theodore N., 184
HARRIS
  _____ (Mrs.), 251
  Albert, 289
  Ardello, 490
  C. F., 253
  Charles B., 184
  E. C., 442
  Francis, 112
  Frederick, 99
  H. Cornelia (Mrs.), 369
  J. (Rev.), 433
  J., 275
  J. A. (Mrs.), 190, 194, 279, 280, 299, 331
  Jesse, 483
  John, 293
  John H., 188
  Joseph S., 99
  Josiah A., 192, 193, 214
  Joshua A., 323, 324
  L. O., 208, 434
  Lorenzo, 153
  Louis, 457
  Lucius O., 133
  Martin, 112
  Morgan, 270
  Paul B., 126
  S. D., 195, 206
  Samuel, 251
  Sullivan D., 195
  Theodore, 100
  W. H., 209, 210, 259, 282, 283
  W. H. (Mrs.), 279
  Wm., 254
HARRISON
  _____, 189
  _____ (Gen.), 56, 60, 61, 62, 63
  C. (Mrs.), 534
  D. W., 293, 294
  J. A., 201
  Mark, 260
  President, 474
  Richard, 201
  Samuel H., 127, 145
  William Henry, 499
  Wm. (Rev.), 252, 254
HART
  A. A., 426

HART continued
  A. G. (Dr.), 271
  A. H., 426
  Abraham, 281
  Albert G., 111
  Alexander H., 432
  Alphonso, 211
  Ed., 301
  Edward, 90
  Edwin, 325
  H. W., 519
  Hugh, 112, 118
  James, 135
  James B., 133
  John, 144, 152, 179
  John M., 519
  Marks, 150
  Patrick, 117
  Polly, 432
  Seth (Rev.), 41, 42, 48, 226
  Wm., 324, 325
  William, 37, 300, 301
HARTER
  Frederick, 410
HARTLEY
  _____, 201
  Charles, 478
HARTMAN
  C. A., 136
  Charles, 98
  Charles A., 137
  Frank, 144
  Jacob, 100, 184
  John, 102, 173
  William, 101, 157
HARTMILLER
  _____, 464
  Andrew, 461
HARTNELL
  Geo. L., 325
HARTNESS
  James A., 126
  Jas. H., 321
  Wm., 323, 419
HARTSELL
  A., 290
HARTSON
  Alfred C., 156
  Harvey, 485
HARTSUFF
  _____, 128, 183
HARTTUPEE
  Gaylord H., 202
HARTWELL
  Geo. E., 286
  John, 156
HARTWIG
  Adam, 149
HARTZELL
  Albert, 152
  Oliver, 132
  William J., 184
HARTZLER
  Jonas, 262
HARVEY
  David, 212, 214, 526
  Edward H., 152
  Henry A., 127, 152
  James M., 134
  Melinda, facing 476
  W. A., 292

Index of Names continued

HARVEY continued
  Wm. H., 209
HASBROUCK
  P. T., 285
HASENFLUG
  Geo. (Rev.), 273, 274
  Mary, 203
  ———— (Rev.), 465
HASHFIELD
  Benjamin, 91
HASKELL
  Daniel M., 326
  E. P., 460
HASKINS
  L. L., 272
  William, 133
HASSACK
  James, 286
HASSEROT
  John G., 152
HASSLER
  Charles, 436
HASTER
  H., 520
HASTIN
  James T., 158
HASTINGS
  A., 152
  B. B., 209
  Frank, 177
  Henry F., 149
  Mary W. (Mrs.), 258
  Russell, 98, 100, 101
  Truman, 258
HATCH
  H. R., 257, 279, 281, 282, 299
  Harry R., 330
  Hiram, 295
  R. R., 258
  Sarah J. (Miss), 377
HATE
  William, 445
HATFIELD
  Benjamin, 88
  Lyman, 429
HATHAWAY
  Alden, 461
  Asahel, 37
  Charles, 304, 305
  Edwin, 461
  J., 465
  J. A., 462
  James, 177, 461
  J. Zephaniah, 462
  Lafayette, 461
  L. D., 405, 407, 462
  Milo, 409, 461
  Milo N., 462
  R. J., 408, 409
  Robert J., 124
  Rodney, 461
  Rodney J., 126
  S. A., 462
  Silas A., 409, 462
  W. W., 287
  William, 461
  Z., 460
  Zephaniah, 461, 462
HATHMAN
  James D., 164

HATZELL
  Peter, 135
HAUCK
  Philip, 186
HAUPT
  Gustav, 104
  Wilhelm, 104
HAUSER
  Paul, 104
HAUSHEER
  Lewis, 290
  Louis, 302
HAUSMAN
  Adam, 186
HAUXHURST
  Wilbur F., 122
HAVCOX
  George, 116
HAVEN
  ———— (Rev.), 410
  Henry M., 99, 100
  S. A., 289
HAVER
  G. A., 249
  George A., 184
HAVELIECK
  John, 267
HAWDER
  ————, 32
HAWES
  Edwin, 99
  Thomas J., 150
HAWK
  James M., 181
HAWKINS
  Albert, 155
  Enos, 452, 462
  Edward, 125
  Henry C., 213
  James, 160
  John, 153
  Lydia, 506
  Nathan W., 135
  Robert, 106
  Russell, 506
  Wm. H., 321
  Theron H. (Rev.), 256
HAWLEY
  C. M. (Dr.), 407
  Ezekiel, 42, 43, 48, 52
  Fanny B., 42
  John, 95, 422
HAWN
  Almon, 135
HAWTHORN
  William, 152
HAWTHORNE
  Halsey J., 126
  Henry H., 126
HAYCOX
  James, 447
  Jas., 450
HAYCRAFT
  G. (Rev.), 276
  George (Rev.), 433
HAYDEN
  ————, 191, 207
  ———— (Mr.), 449, 514
  A. S. (Rev.), 262, 449
  Charles L., 177
  Chester, 211

HAYDEN continued
  H. C. (Rev.), 255
  Samuel, 461
  W. S. (Rev.), 433
  William (Rev.), 409, 433
  Wm. (Rev.), 262, 263
HAYDON
  Anson, 311
HAYES
  ————, 207, 511
  ———— (Gov.), 435
  Henton S., 132
  Burton, 145
  Edward M., 170
  Edward T., 155
  James, 145
  Jeremiah, 466
  John, 113
  Lester, 314
  Orlen S., 148
  Philip C., 131
  Rutherford B., 96, 97, 98
  Warren T., 150
HAYLOR
  John, 91
HAYMAKER
  Jame A., 158
HAYNE
  M. E. (Rev.), 260
  Abial, 66, 521, 522, 523, 526, 527
  Abijah, 521, 525, 526, 527
  Abijah (Jr.), 521
  Edward, 527
  Jerusha, 525
  Jonas, 412
  Milo, 525, 527
  Orlando W., 120
  Ruben, 527
  Samuel, 289
HAYS
  ————, 456
  James, 98, 290
  John M., 116
  Patrick, 115
  William, 154
HAYWARD
  Edward, 505
  George B., 152
  Geo. L., 84
  George L., 151
  Henry W., 85
  Joseph, 211
  Nelson, 289, 323
  O., 288
  Thomas, 169
  Wm. H., 324
  William H., 151, 176
HAYWOOD
  Charles E., 166
  Harmon, 178
HAZARD
  ————, 109
  ———— (Rev.), 420
  Egbert, 201
HAZEL
  William T., 113
HAZEN
  ————, 140
  Francis M., 133
  Henry E., 99

-45-

Cuyahoga County, Ohio

HAZEN continued
Miranda, 360
W. B., 141
William B., 105, 106, 108
HEARD
C. W., 323
George M., 127
HEARST
Robert, 292
HEATH
___(Rev. Mr.), 410, 533
C. L., 288
Charles, 515
J. C., 285
HEATHER
Clinton B., 155
J., 310
Spofford, 155
HEATON
Grove L., 124
___, 431
HEAZLIT
B. B., 527
David, 527
William, 526, 527
HEBBLETHWAITE
Mark, 149
HECK
Philip, 105
HECKENWELDER
John, 33, 34
HECKER
Philip D., 184
William, 184
HECKERT
Jonas, 187
HECKLER
John B., 158
HECKMAN
Louis, 324
Valentine, 125
HEEGE
Jacob, 90
HEFFRON
John, 180
Walter, 118
William, 173
HEFTY
Jacob, 186
HEGE
Jacob, 93
HEIDMEYER
___(Rev.), 507
HEIDTER
August, 105
HEIMBAUGH
Jacob, 144
HEIMBERGER
John, 294
HEIMSATH
H. A., 274
HEIMSMITH
H. A., 290
HEINDE
Daniel, 152
HEINRICH
G. (Rev.), 273
HEINTON
Edward, 462
HEINTZ
George P., 169

HEINTZ continued
Philip, 430
HEINZMAN
Wm., 290
HEISEL
Nicholas, 274
HEISLEY
John W., 321, 324
Wm., 325, 326
HEISNER
Augustus, 150
HEISS
H. (Rev.), 273
William H., 138
HEITMEYER
C. F. (Rev.), 251, 252
HEITZ
Joseph L., 132
HELD
John, 105
HELEN
Henry, 154
HELFER
George, 155
HELLER
Charles, 177, 286
Israel B., 152
M. M., 296
HELLMER
Hammond, 155
John, 160
HELWAY
C. (Rev.), 251
HEMERLY
William, 292
HEMLER
James, 158
HEMMEL
E. J. (Miss), 351
HEMMENLING
John, 137
HEMMETER
J. C., 278, 326
HEMMINGWAY
Charles E., 178
HEMPBURN
Morris, 323
HEMPY
Frederick, 152
HENCKE
F. H., 441
HENDERSHOT
Casper, 459
Daniel, 459
David, 444, 454, 455
G. B., 287
James, 456
Warren, 157
HENDERSHOTT
Casper A., 178
Don D., 134
Josephus, 456
S. M., 171
HENDERSON
___, 254
___(Mrs.), 250
D. C., 310
Darvis B., 237
H. P. (Rev.), 534
Ira, 132
J. M., 321

HENDERSON continued
John, 250
S. A., 68
S. E., 310
Seth S., 213
Sophia, 237
William, 292
Wm., 252
Wm. C. (Rev.), 250
HENDRICK
O. H. (Dr.), 205
HENDRICKS
James, 184
HENDRICKSON
James S., 132
HENDRIX
___, 450
W. H. (Rev.), 449, 450
HENIMAN
John V., 165
HENKEL
George, 105
HENNEPIN
___(Father), 21
HENNESSEY
Clarissa, 493
James, 145
John, 94
J. J., 493
William, 493
HENNI
John W., 125
HENNIE
John U., 146
HENNING
O., 202
HENNINGER
Philip, 499
HENRICH
Frank, 90
HENRICK
George, 92
HENRICLE
Christian L., 152
Daniel, 127
HENRIGI
Ch., 274
HENRY
___, 63, 97
Albert, 152
Alexander, 41
C. P. (Rev.), 534
C. W., 519
Edward E., 90
George, 152
Harrison F., 143
Isaac R. (Rev.), 489
J. B., 296
J. R., 491
Jacob, 99
Jacob F., 180
John (Rev.), 262
John, 135, 516
R. W., 480
Robert, 182
Robert W., 480
Roswell C., 166
HENSHEN
Henry, 137
HENSS
John, 101

Index of Names continued

HENZEN
  George, 145
HEPBURN
  George, 123
  Harmon P., 478
  M., 478
  Morris, 323, 478
  Willis M., 160
HERBERGER
  Franz, 160
HERBERT
  Edward, 159
HERING
  Andrew J., 159
HERKNER
  Albert A., 139
HERLING
  Charles, 113
HERMANN
  J. H., 273
HEROLD
  Alfred, 120
HERR
  Daniel, 143
  David Z., 142
  Benjamin, 142
  H. S., 192
  John, 274
HERRICK
  _____, 171, 172, 301
  Bryant B., 165
  Earl, 126
  Erwin, 168
  G. E., 255, 282
  George, 139
  H. J. (Dr.), 204, 257
  Henry J. (Dr.), 357
  Henry J., 95
  J. F., 211, 321
  John P., 173
  Leo, 145
  Lydia, facing 440
  M. M. (Mrs.), 190
  Myron T., 321
  R. R., 299, 442
  Rensselaer R., 324, 325, 326, 358
  Samuel F., 134
  William E., 127
HERRIFF
  Henry, 114
  Peter, 111
HERRIG
  Charles, 180
HERRIMAD
  Geo. E., 125
HERRIMAN
  Albert, 112
  Clarimond, 492
  Horace, 405
  Lyman L., 147
HERRINGSHAW
  G. A., 291
HERRINGTON
  David, 503
  Sarah, 506
HERSCH
  David, 323
HERSHEY
  Leonard, 408
HERSLEY

HERSLEY continued
  John W., 244
HERTZOG
  John, 152
HERVEY
  James, 187
HERWIG
  Henry W., 152
HERZER
  Herman, 203
HESSENMUELLER
  E., 286
  Edw., 322, 325
HESTER
  Geo., 285
  George, 152, 322
HESTON
  Abner, 407, 456
HETH
  _____, 96
HEUK
  William, 294
HEUSER
  Ernst, 295
HEVY
  John, 186
HEWARD
  George, 126
HEWETT
  John, 530, 534
HEWITT
  Albert R., 156
  Apollo, 434
  David, 180
  George B., 177
  John E., 99
  Johnson C., 112
  M. L., 209
  Paul, 263
  Sophia (Mrs.), 279
  William, 154, 300
HEYOT
  Jacob, 186
HEYSE
  Ernest, 180
HIATT
  A. G. (Rev.), 254
HIBBARD
  Geo. W., 423
  N. L., 292
HICKEY
  Michael G., 494
HICKLE
  Geo. W. (Rev.), 246
HICKMAN
  J. W., 410
HICKOK
  Frank, 121
  James S., 168
HICKOX
  Family, 472
  Abraham, 421
  Abram, 235, 236, 237, 471
  Azel, 471
  C. G., 298
  Charles, 297, 299, 324
  Chas. (Mrs.), 279
  Charles H., 99
  Dorcas, 421
  Eri, 471
  G. G., 288

HICKOX continued
  Geo. C., 326
  George S., 519
  James M., 519, 520
  Jared, 471, 472, 473, 477, 505
  L. L., 206
  Lester L., 206
  M. R., 165
  Nathaniel, 471
  R. W., 209
  Rachel Ann, 471
  S. M., 519
  Seneca B., 149
HICKS
  Egbert, 143
  G. C., 489
  Geo. W., 98
  H. A., 152
  O. H. P., 291, 293
  Owen, 91
  Thomas F., 489
HICKY
  Jas., 491
HIDDLESON
  Findley, 180
  James V., 184
HIER
  David E., 511, 522, 527
  John, 511
HIGBEE
  E. H. (Rev.), 433
  Edwin C., 255
  James B., 152
HIGBY
  Henry W., 99
  Isaac, 505
  Moses, 404, 529
  William B., 153
  William R., 134
  William W., 516, 517, 519
HIGGINS
  _____, 414
  Alfred B., 159
  Charles, 186, 325, 326
  Charles N., 159
  Charles T., 159
  James, 95
  John, 122
  Julius, 426
  Smith A., 159
  T. W., 267
HIGLEN
  Joseph, 152
HILAND
  William, 113
HILBRUNNER
  Andrew, 101
HILBURTS
  Charles G., 185
HILDEBRAND
  Mathias, 137
HILDRETH
  D. R., 450
  Daniel R., 450
  Wilbur F., 120
HILL
  _____, 189
  A. P., 87
  Albert, 132
  C. E., 322, 323, 325, 419

-47-

Cuyahoga County, Ohio

HILL continued
 Chester, 153
 Converse J., 137
 Daniel, 178
 E., 274
 G. H., 276
 Geo. R., 250
 George, 114
 George S., 147
 Herbert, 292
 J., 325
 J. C., 321
 J. S., 249
 James, 84, 284, 301, 302, 324, 326
 James A., 98
 John, 184, 404
 John H., 137
 John W. (Rev.), 250
 Moses (Mrs.), 280
 Moses (Rev.), 250
 O. C., 519
 P., 274
 Pliny E., 91
 S. W., 254
 William E., 169
 Wm. H., 322, 323
HILLER
 Jacob, 125
HILLERICK
 Anton, 137
 Peter, 102
HILLERMAN
 J. H., 201
HILLIARD
 ———— (Mrs.), 520
 Barincey, 525
 Eliza, 520
 Frank, 521
 John, 66, 520, 526
 M. L., 407
 N. L., 409
 Richard, 204, 297, 322, 323
HILLIER
 Joseph, 292
HILLMAN
 Edward, 111
 James, 32, 33, 35, 38
 Henry, 519
 W. B., 287, 405, 407
HILLS
 A., 299
 Augustus F., 111, 152
 Charles W., 111
 Geo. G., 238
 James S., 61
 Lucien, 288, 296
HILLYER
 J. M., 479
 P. S. (Rev.), 415
HILSCHER
 Wm., 247
HILTON
 Geo. W., 254
HIMEBAUGH
 Daniel, 250
HIMES
 I. N. (Mrs.), 279
 Isaac N. (Dr.), 204
 Isaac N., 279

HINCKLEY
 ————, 411
 A. S., 420
 Abel, 417, 418
 Abel S., 424
 Aurelia W., 425
 C. A., 325
 Frederick, 134
 Gersham, 424
 Isaac, 321, 417, 424
 John, 424
 Julia, 420
 Lucy, 425
 Louisa M., 425
 Ogden, 420
 Sallie, 420
 Samuel, 424
 Sarah Dennison, 425
 Sarah Foote, 425
 Sarah L., 425
 Sarah Shepard, 424
 Wm. H., 425
HINE
 ————, 191
 James M., 103
 Peter C., 121
HINES
 Thomas, 95
HINKLEY
 Samuel, 462
HINKSTON
 Elmore, 93
HINMAN
 A. P., 481
 Frank H., 126
 Wilbur F., 122, 123, 212
HINSDALE
 B. A. (Rev.), 263, 433
 B. A. (Dr.), 204
 Eugene A., 164
 Geo. D., 321
 William E., 165
HINSHILLWOOD
 George C., 173
HINTERMEYER
 Frank, 294
HIPP
 Martin, 326
HIPPE
 Carl H., 165
HIRST
 Joseph, 112
HIRT
 J. M., 291
HIRZ
 Fridolin, 137
 Peter, 102, 137
HISTON
 Abram, 446, 456
HITCHOCK
 A. C., 416
HITCHCOCK
 Charles, 169, 180
 Frederick, 151
 James K., 330
 Peter, 57, 212
 Reuben, 211
HITCHENS
 Almon, 147
HITTEL
 Samuel, 480

HIVELY
 Christopher C., 169
HIXON
 John M., 179
HOADLEY
 ————, 312, 480, 488
 ———— (Rev.), 420
 Captain, 471, 504
 Eunice, 485
 George, 322, 324
 Lemuel, 212, 412, 413, 415, 486
 Maria, 485
 Nelson, 490
 Samuel, 485, 487
HOADLY
 Burton J., 178
 Chloe, 415
HOAFT
 John, 125
HOAG
 Andrew, 500
 James E., 152
 Michael, 500
 George W., 117
HOAGLAND
 Benj., 446, 456, 460
 C., 450
 John, 446, 456
HOBART
 Donly, 258
 M. M., 297, 321
 Nathan, 434
 Oliver, 113
HOBBS
 George W., 152
 John, 499, 500
HOCH
 Philip, 159
HODEL
 Frederick, 184
 Jean, 137
HODDER
 Wm., 294
HODGE
 ———— (Rev.), 494
 Frederick, 113
 James, 532
 John, 516
 Joseph (Rev.), 433
 O. J., 199, 324, 325, 326
 Orlando J., 214, 359
HODGEMAN
 David P., 144
 Oliver, 166
HODGES
 Lyman S., 187
HODGMAN
 Amos, 126, 497, 498, 499, 501
 John, 498, 499, 501
 R. N., 499
HODKINSON
 William, 513
HODNETT
 W. (Rev.), 276
HODSON
 John, 133
HOEFLINGER
 Matthew, 132
HOEGE

-48-

Index of Names continued

HOEGE continued
  Cornelius, 470
  David, 212, 470
HOEHN
  Henry, 185, 292
  Wm., 295
HOF
  Jacob, 138
HOFFMAN
  Benj. F., 120
  F., 291
  Fred. W., 89, 154
  Frederick, 152
  George, 93, 169
  Henry, 85, 92, 138, 326
  Ira, 470
  Jacob, 252, 274, 499
  John, 132, 152, 251
  John I., 105
  Peter, 101, 137
  Washington, 156
HOFFMEIER
  Francis G., 169
  John H., 153, 158
HOFFTYZER
  H., 491
HOFMEISTER
  Jacob, 155
HOFRICHTER
  George, 158
HOFSTE
  John W., 115
HOGAN
  Daniel, 113
  John, 95, 160
  Michael, 127
  Patrick, 98
  Robert, 156
  Simon, 95
  William, 184
HOGELAND
  Charles, 179
HOGEMAN
  John, 143
HOGENDOBLE
  Frederick, 145, 148
HOGGINS
  W. E., 206
HOHLER
  P., 200
HOHNER
  August, 273
HOISINGTON
  H. R. (Rev.), 258
HOLA
  George C., 292
HOLBROOK
  Alfred (Rev.), 420
  Alfred, 475
  Daniel, 37, 44
  Eugene, 154
  Henry, 151
  Josiah, 475
  William H., 157
HOLCOMB
  _____, 111
  H., 292
  Henry, 155
  Marinda, 409
  Nathan K., 177
  Nelson, 178

HOLCOMB continued
  Orrin (Jr.), 168
  P. W., 177
  Thomas J., 178
  William I., 100
  William J., 114
  Zopher, 427
HOLDEN
  Elisha M., 142
  George S., 126
  H. II., 322
  Joseph, 144, 145
  R. I., 321
  R. R., 321
  Rial, 439
  Ryal, 437
HOLDERMAN
  George, 152
HOLDUP
  _____, 62
HOLFORD
  Andrew D., 150
HOLLADAY
  Samuel W., 321
HOLLANDER
  Ph., 202
HOLLEY
  Alphonzo, 253
  E. H. (Rev.), 410
  Ezekial, 42, 43, 48, 52
  Henry, 126
  Everett, 530
  John M., 37, 38, 39, 40
  William B., 122
HOLLIDAY
  B. W. (Dr.), 204
  W. W. (Dr.), 204
  David, 125
HOLLINGER
  Henry, 159
HOLLIS
  _____ (Mr.), 464
  Charles (Dr.), 464
  Geo. N., 414
  Geo. W., 412
  Giles, 412
  Joseph, 412
HOLLISTER
  A., 459
  A. G., 491
  Alvah, 404
  Alvin, 446, 456, 459
  E., 462
  Elihu, 461, 462
  Enos, 404, 405
  Henry A., 155
HOLLOWAY
  Ephraim S., 111, 113
  J. F., 299, 307
  Joshua, 177
  Luther M., 155
  Oscar D., 134
HOLLY
  James, 152
  M. J., 325
  Morris J., 89
  Orson, 100
HOLMDEN
  E. J., 262
  Thomas, 326
HOLMES

HOLMES continued
  Eli C., 149
  Henry, 114
  Milton D., 89
  N. H. (Rev.), 432
  Uriel (Jr.), 37
  William, 127
HOLNESS
  Thomas B., 178
HOLSHOCKER
  Lewis, 146
HOLSTED
  Anna, 533
  Timothy, 533
HOLT
  _____, 172
  Charles E., 168
  Corwin J., 132
  D., 272
  H. C., 271
  J. P., 309
  Jeremiah, 256
  John P., 214
  Josiah M., 91, 143
  Lumen S., 169
HOLTZ
  William, 118
HOLTZE
  C. L., 321
HOLTZWORTH
  M., 479
HOLZHAUER
  Martin, 137
HOLZWORTH
  Henry M., 100, 292
  Philip, 100
HOMAN
  Edward, 144
HOMER
  H. T., 251
HOMES
  A. F., 270
  Ezra, 187
HOMMEL
  Alexander, 102
HOMMER
  C. (Rev.), 273
HONEY
  Abraham S., 529, 530
  Riley, 532
HONEYWELL
  Ezra, 419
  Ezra S., 177
  John, 260
  William, 460
HONODDLE
  John, 184
HONTZ
  D., 282
HOOD
  _____, 104, 110, 122, 128,
  131, 142, 147, 153, 175,
  176, 183, 185
  Henry G., 96, 100
  Henry L., 99
  John, 125
HOOKER
  _____, 87, 88, 121, 136,
  141, 155, 167, 176
  Frederick, 100
  M. L., 323

-49-

Cuyahoga County, Ohio

HOON
  A. E., 252
HOOPER
  Richard (Rev.), 507
  William (Rev.), 433, 494
  Wm. (Rev.), 276
HOOR
  William, 166
HOOVER
  Joseph, 179
HOPKINS
  _____ (Rev.), 432
  Charles, 158
  E. A., 285, 286, 287, 288, 289
  Edger H., 288, 289
  Jeffrey, 294
  Lorenzo, 513
  R. C. (Dr.), 205
  Robt. (Rev.), 250
  William A., 152
HOPKINSON
  A. G., 324
  J., 483
  John, 262, 483
HOPPENSACK
  H. F., 326
HOPPER
  George, 152
HOPWOOD
  John, 143
  Ralph, 151
HORD
  A. C., 321
HORDGE
  Jos. (Rev.), 276
HORN
  _____ (Rev.), 465
  Henry, 185
  Joseph, 126
  Lorenzo, 149
  William, 90
HORNE
  Frederick, 134
HORNER
  Richard, 153
  W. T. (Rev.), 433
HORNIG
  Alexander, 112
  Joseph A., 133
HORNSBY
  John, 125
HORNSEY
  Charles, 125
  John, 325, 326
HORNUNG
  Conrad F., 137
HORST
  John H., 102, 138
HORTON
  Emerson C., 171
  Emily A., 258
  Francis A. (Rev.), 258
  Hilon R., 133
  James T., 153
  S., 513
  W. P., 325, 326
HORWITZ
  J. (Dr.), 296
HOSE
  David D., 155

HOSE continued
  Isaac, 155
HOSFORD
  Dudley, facing 422
  Franklin H., 149
  Rachael, facing 422
HOSIER
  Wm. L. (Rev.), 433
HOSKINS
  Julius, 155
  Oscar F., 168
HOSMER
  Eben, 211, 213
  F. L. (Rev.), 277
  H. L., 320, 321
  Oscar L., 180
HOTCHKISS
  _____ (Dr.), 446, 456
  Delbitt C., 135
  DeWitt C., 132
  Nathan, 106
  Noble, 486, 490
  O. W., 490, 505
  Phebe, 409
HOTELLING
  Addison M., 158
HOUCK
  G. F. (Rev.), 305
  Jacob F., 88
  John J., 138
  Michael, 184
  Philip, 159
  William M., 157
HOUGH
  H. A., 285, 288
  O. A., 287
HOUGHLAND
  Samuel, 164
  Wilson, 164
HOUGHTON
  Christopher, 144
HOUK
  A. S., 289
HOULTZ
  H. (Dr.), 282
HOUPT
  Gustave, 160
HOUSE
  Christopher, 169
  Cynthia, 490
  James W., 180
  Jos., 166
  Joseph, 446
  Martin, 152, 271
  R. H., 184
  Reuel, 459
  Ruel, 456
  T. M. (Rev.), 251
HOUSEMAN
  Henry H., 162
  Upton, 162
HOUSTAIN
  Joseph, 325
HOVEY
  Frederick, 321
  Jacob, 324
  James, 302
HOW
  Anna S., 490
  Francis, 511, 512, 513
  Jotham, 490

HOW continued
  Lewis, 512, 513
HOWARD
  _____, 136
  Asa D., 324
  DeWitt C., 128
  Edward, 132
  James, 135
  Mary, 352
  Maurice (Rev.), 264
  Micheal, 113
HOWE
  _____ (Rev.), 420
  Augustus P., 522, 527
  David T., 98
  Elias, 360
  Geo. W., 268, 326
  George W., 206
  George William, 360
  H. S., 490
  Henry, 324
  Henry S., 491
  J., 490
  Jonathan, 491
  Joseph, 505
  Jotham, 490, 491
  Manser, 522
  William A., 86
  William C., 178
  Z. D., 522
  Zara D., 522, 526
HOWER
  G. P., 297
  J. J. S., 257
  Jeremiah M., 184
  Joseph, 100
HOWESWORTH
  Jacob, 160
HOWLAND
  Joseph, 37
HOWLETT
  Henry J., 127
  Thomas, 182
HOWLEY
  _____ (Mrs.),
  Ezekiel, 226, 227, 228, 234
  Fanny, 226, 229
HOWTON
  John, 466, 467
  Polly Judd, 466, 467
HOYT
  _____, 431
  Charles, 307
  D. W., 424
  Daniel O., 323
  Daniel W., 154, 419
  Daniel O. (Dr.), 237
  Edwin, 178
  Frank W., 152
  George, 151, 193
  Henry J., 127
  J. M., 279
  James H., 321
  James M., 328, 361
  John, 308
  O. H., 527
  O. P. (Rev.), 189
  Oren S., 98
  Watson A., 165
HOXIE
  Lamphear, 117

Index of Names continued

HOYER
  Heinrich C., 101
HUBBARD
  _____, 436, 437
  _____(Mrs.), 251
  _____(Rev.), 524
  Aaron, 483
HUBBELL
  Abram, 113
  Augustus B., 116
HUBBARD
  Aaron (Rev.), 251
  Americus J., 150
  Danford, 149
  Daniel, 533
  E. L., 534
  Geo. A., 131
  George A., 214
  Heman H., 104
  Horace W., 288
  Israel, 251
  John, 150
  Jonathan, 52
  Nehemiah, 438
  Nehemiah (Jr.), 37
  R. S., 525
  William, 160
HUBBEL
  Ephram, 239
HUBBELL
  A. B., 405
  A. C., 409
  A. T., 409
  Charles, 133
  Ephraim, 483
  H. S., 286
  J., 287
  Jason, 483
  Jedediah, 482, 483, 429, 529, 530
  Jedediah (Jr.), 429
  Orrin J., 529, 530
  Robert S., 155
  Solyman, 530
  William H., 99
  William N., 89, 127
HUBBY
  F. W., 247
  Frank W., 152
  L. M., 204, 297
  L. M. (Mrs.), 279
  Leander M., 323, 324
HUBELL
  Mary B., 333
HUBER
  John, 171, 500
  Joseph, 155
HUCKINS
  _____(Mr.), 480
HUDDEN
  William, 142
HUDSON
  _____(Dr.), 525
  Albert E., 144
  Asa, 263
  C. W., 100
  Dan, 450
  David, 47
  E. E., 240
  Edward, 126
  Edwin, 147

HUDSON continued
  George L., 157
  Henry (Rev.), 403, 500
  Henry, 511, 512
  James, 117, 144
  John, 155, 208, 295
  L. D., 285
  Priscilla, 513
  Richard, 114, 142
  Robert, 166
  Robert S., 123
  Sheldon C., 179
  Thomas J., 184
  W. H., 201
  W. P., 263
  William N., 214
  Wm., 450
  W. P., 450
HUEKINS
  George N., 122
HUFF
  Lawrence, 492, 494
HUG
  Andre, 137
HUGHES
  _____, 464
  Arthur, 214, 297, 323, 324
  David, 133
  Hazen, 326
  James, 404
  John M., 324
  Isaac, 271
  J. M. (Mrs.), 280
  James, 114
  John W., 118, 340
  M. R., 286, 483
  Thomas, 182
HUGHEY
  Benjamin, 532
HUGILL
  George, 102
  Henry, 138
HUGO
  Micheal, 118
HUHN
  Chas., 423
HULBERT
  E. J., 460
HULET
  Fletcher, 202
  Marshal F., 132
  Wilbur F., 123
HULL
  _____, 192
  Charles L., 152
  Cloyd, 156
  Ferris C., 155
  Gen., 59, 61
  Irving, 165
  John, 115, 491
  Stephen (Rev.), 489
HUM
  Jacob, 419
HUMASTON
  P., 477
  Patrick, 477
  Wm., 478
HUMBER
  _____(Rev.), 465
HUMISTON
  Ranson F.,

HUMLONG
  William, 173
HUMMEL
  Jacob, 102
HUMMELL
  Casper, 157
  John, 93
HUMPHREY
  Charles, 186
  Delia, 369
  Dudley, 498, 499
  F. R., 289
  Fred R., 157
  Harry, 501
  Hiram, 478
  Van R., 211
  William, 498, 499, 501, 525
HUNGERFORD
  Asa, 461, 462
  Horace, 461, 462
HUNT
  Abner, 478
  Charles A., 149
  E., 323
  E. P., 258
  Ebenezer, 411
  Edward P., 152
  Frank B., 165
  Henry A., 152
  James, 85, 92
  John, 133
  Lorenzo D., 99
  Lyman D., 127
  Moses, 412, 413, 415
  O. P., 415
  R. G., 324
  Seymour G., 126
  Westal W., 92
  William, 168
HUNTER
  _____, 52, 97
  _____(Mrs.), 53, 232
  A. A., 97
  Abraham G., 96
  Abram A., 101
  Adolphus, 144
  Frank, 179
  George W., 169
  Samuel, 165
HUNTOON
  Rufus C., 116
HUNTINGTON
  _____, 86, 231
  _____(Judge), 234, 453
  _____(Mrs.), 453
  Geo. C., 322
  John, 244, 325
  O. E. (Mrs.), 282, 283
  Samuel, 47, 48, 49, 53, 54, 56, 60, 62, 210, 211, 214, 230, 317, 418
  W. H., 286
HUNTLEY
  Robert, 293, 294
  Scott F., 100
HUPPENSACK
  Fredrick, 275
HURD
  George W., 159
  S. C., 289
  Seth T., 320, 321

-51-

Cuyahoga County, Ohio

HURD continued
Thomas, 505
HURLBERT
C. M., 291
HURLBURD
L. P., 270
HURLBURT
H. A., 323
HURLHUT
H. A. (Miss), 200
H. B., 257, 279, 300
H. H. (Mrs.), 251
Heman A., 419
Hinman B., 362
John E., 244
R. H. (Rev.), 251
Timothy, 251
HURLBURT
Reuben, 499
R. H., 493
HURLEY
John C., 145
HURST
_____, 442, 464
George, 165
J. N., 439
Josiah, 213, 439, 440, 441
J. R., 463
Samuel, 52
HURT
Franklin, 123
HUSBAND
Wm. A., 321
HUSMANN
F. W. (Rev.), 459
HUSONG
_____, 456
Isaac, 456
HUSONY
Alanson, 157
James H., 157
HUSSEY
James, 173
HUSTED
Thomas F., 491
HUSTON
George B., 153, 154, 207, 208
Joseph C., 184
Kelley N., 153
HUTCHIN
_____, 167
HUTCHINGS
Wm., 434
HUTCHINS
Samuel (Rev.), 255
_____, 363
Jacob, 492
John, 119, 163, 216 F.P., 363
John C., 212
Newton, 155
Stephen, 507
HUTCHINSON
Amos, 204
B. M. (Dr.),
Elizabeth C., 345
George, 149
W. W., 130
William J., 92
William T., 494

HUTCHINSON continued
William M., 132
Wm. W., 321
HUTTON
Annie, 508
J. B. (Rev.), 410
HUY
William C., 137, 138
HYDE
Elisha, 37
G. A., 259, 324
HYLAND
_____ (Rev. Father), 507
HYNDMAN
James, 238
HYMES
T., 266
HYNEK
Anthony (Rev.), 267
HYNES
_____, 201
HYNTON
Edward, 462

I.

IDDINGS
Richard M., 152
IDE
D. M., 191
IMBODEN
_____, 126
INCHES
Chloe, 42, 226
INGALLS
George W., 533
A. W., 490
Harrison, 166
Mehitable, 495
Smith, 511, 512, 513
INGERSOL
Laban, 404, 405
INGERSOLL
_____, 457
Cyrus, 499
David, 437, 439, 440
Geo. L., 258
J. E., 321
M. E. (Mrs.), 284
Nancy, 437
S. B., 499, 500
Theodore W., 100
William, 237
INGERSOLLS
Smith, 511
INGHAM
Albert, 420
Henry, 413, 422
INGLE
Charles, 152
INGLEHART
Smith, 326
INGLIS
A., 290, 294
INGRAHAM
Asa, 166
Frank, 153
George, 162
Henry, 166
Howard M. (Mrs.), 200
T. S., 199

INGRAHAM continued
Timothy, 208, 209, 322, 323
INGRAHM
G. M., 288
H. M. (Mrs.), 283
Howard M., 246
Timothy, 285, 287
INMAN
John H., 159
Sharon P., 160
William, 150
IRISH
C. F. (Rev.), 254
IRISH
Charles, 169
IRVINE
John, 180
Thomas, 133
IRVING
T. M., 253, 282
IRWIN
John, 156
John H., 127
John R., 143, 145
IRWINGER
Loyd W., 169
IRY
William, 114
ISAAC
Guinter, 117
ISENHART
Isaac J., 154
ISHAM
Isaac, 512
Isaac (Jr.), 512
M. H., 434
William C., 85
ISOM
John F. (Dr.), 204
IVES
_____, 461
Erastus, 404, 461
Erastus P., 112
Samuel C., 323

J.

JABOTT
Joseph, 177
JACKMAN
Orvis F., 80
JACKSON
_____, 86
_____ (Rev.), 500
Andrew, 69, facing 414
Benjamin, 99
Benjamin W., 100
C. L., 495
Charles, 212, 213, 495
Christopher, 494, 495
Edsel, 127
F. R. (Rev.), 248
James, 467
John, 188, 466, 468
Joseph L., 165
Lewis, 188
Philip C., 154
Roswell, 154
Stonewall, 127, 136, 167
T. H. (Rev.), 254
Thomas, 177

-52-

Index of Names continued

JACKSON continued
  Valeen, 100
  William E., 120
JACOB
  John, 138
  Price H., 271
JACOBS
  Frank P., 173
  Gilbert M., 102
  H., 470
  Harmon, 470
  Peter, 169
  Thomas J., 158
JACOBY
  John, 152
JACQUES
  Alonzo P., 182
JAEGER
  Adolph, 104
JAGGAR
  T. A. (Bishop), 247
JAGO
  Alfred, 171
  Alfred L., 117, 143
JAMES
  The First, King, 30
  A., 248
  Courtney H., 165
  David, 179
  David E., 294
  David Y., 292
  Edmund, 250, 483
  Francis, 144
  George A., 178
  George B., 179
  H. M., 315
  Harry, 248, 464
  Henry, 294
  Henry M., 258
  Jackson, 60
  Jacob, 116
  James E., 323
  John (Rev.), 270
  John, 60, 502, 504
  Ralph, 249, 500
  Thomas, 292, 419
  W. H. (Rev.), 254
  William, 162, 479
  Wm., 450
  Wm. A., 479
JAMISON
  John, 119
JANES
  Emma, 200
  Jackson, 414
JANKE
  Gustavus R., 152
JANKLAU
  John, 186
JANNEY
  Caspar, 420
JANOWITZ
  L., 296
JANSEN
  George, 185
JARRETT
  George, 149
  John, 135
JARVIS
  Dwight, 205
  George W., 119

JAY
  John, 125
JAYCOX
  Charles A., 127
JAYNES
  Harris, 152
JEFFERSON
  President, 471
JEFFERS
  W. H. (Rev.), 257
JEFFERSON
  Thomas, 49
JEFFREY
  Francis, 179
  Robert, 186
JEFTS
  Harris L., 155
JENKINS
  ____ (Rev.), 465
  Edmund, 156
  Edward, 152, 158
  Geo. W., 99
  Henry, 121
  J. D. (Rev.), 500
  J. F., 246
  John, 412, 413
  Thomas, 168
  William, 155, 158
JENKS
  Benjamin, 492
  Charles, 111
  Daniel B., 101
  L., 470
  Lyndon, 468, 470
  W. O. (Dr.), 205
JENNESS
  B. W. (Mrs.), 283
JENNINGS
  Eli M., 160
  John G., 271
  John H., 143
  Silas H., 150
  Simeon (Mrs.), 422
JENNY
  Ansel, 529
JERMANN
  Frank, 466
  John, 466
JEROME
  A., 495
  A. A., 470
  Ansel, 492
  Alfred A., 99
  Asahel, 494
  Horace, 132
  V., 254
JESSUP
  ____, 236
  Thos. S., 61, 62
JEWELL
  Orrin, 120
JEWETT
  Family, 482
  ____ (Rev.), 507
  A. A., 325, 483
  A. E., 304
  C. P., 280, 290, 301, 483
  Charles, 51
  Charles P., 115
  Enoch, 482
  Homer C., 120

JEWETT continued
  Moses, 212, 321, 483
  S. A., 277, 307
  William, 142
JINKS
  Thomas, 166
JOB
  S., 261
JOHN
  ____ (Father), 514
  ____ (Rev.), 507
  E. W., 408
JOHNS
  E. W., 292
  George (Rev.), 494, 534
  George, 493
JOHNSON
  ____, 428, 436, 440, 456
  A. P., 439
  Abigail, 436, 438
  Abner, 466, 468, 469
  Abram S., 99
  Andrew, 411
  Andrew C., 178
  Asenath, 533
  B. P. (Rev.), 257
  Calvin W., 168
  Charles, 503, 504, 514
  Charles S., 132
  Chipman R., 156
  Daniel, 173
  David, 167, 169, 179
  E. A., 470
  Edward, 102, 113, 139, 157,
    411, 413
  Eliphalet (Rev.), 440
  Erastus, 503, 504, 505
  Frank, 253
  Gad E., 530
  George, 144, 152, 188, 411,
    479, 513, 515
  Geo. G., 257
  George W., 127
  Gertie, 533
  Grace (Mrs.), 250
  H. C., 479, 481, 489
  H. H., 191
  H. P., 439
  Harpin, 238
  Henry, 125
  Henry N., 321
  J. B. (Rev.), 263
  J. H., 333
  J. M., 291
  James, 37, 529, 530
  James M., 184
  Jane Elizabeth, 362, 507
  John, 404, 411, 412, 413,
    500
  John L., 419
  John N., 164
  John W., 165
  Jonathan, 234
  Joseph, 411
  Joseph H., 285
  Joseph P., 156
  L. H., 436, 439
  L. D., 323
  Leverett, 212, 214, 435,
    436, 438, 439, 440, 441,
    442

Cuyahoga County, Ohio

JOHNSON continued
  Levi, 61, 62, 63, 67,
    234, 235, 236, 237, 238,
    239, 310, 324, 363
  Levi (Mrs.), 364
  Lewis, 461
  M. B., 252
  'Margaret, 237
  Matthew, 211
  Mary A., 533
  Orin C., 101
  P. C., 298
  P. L., 326
  R. W., 84, 285
  Robert C., 37
  Rufus, 462
  Samuel, 466, 467
  Samuel H., 234, 235, 289,
    295
  Samuel W., 37
  Seth W., 323, 324
  Silas, 533
  Theo. (Rev.), 409
  Thomas, 103, 143, 411, 461
  Thomas E., 291
  Thos. L., 321
  W., 408
  W. G. (Rev.), 410
  Sir William, 24, 25, 26, 27
  William, 123, 132, 162,
    411, 532
  William B., 165
  William H., 90
  Wm. C., 238
JOHNSTON
  ____, 130, 131, 153, 182
  James, 120, 446, 456
  Robt., 289
  Robert B., 88
  William C., 134
JOHNSTOU
  Thomas A., 145
JOICE
  Geo. A., 85
  Michael, 126
JOINER
  Joseph R., 162
  Lafayette, 179
  Orin, 27
JOKUS
  John, 325
JOLLIFFE
  S. (Rev.), 276
JONES
  ____, 101
  A. S., 460
  Albert, 186
  Benj., 459
  Benjamin, 443, 446, 456,
    459
  Carlos, 152, 417, 419, 422
  Charles, 102, 139
  Charles H., 132
  Cornelius, 250
  Daniel, 236
  David I., 270, 271
  David M., 112
  Edward, 144, 151, 261
  Edwin, 180
  Enoch F., 85
  Evans, 270

JONES continued
  Ezra (Rev.), 251
  Francis L., 95
  Frank, 152, 155
  Franklin, 144
  Fred H., 152
  G. F. (Dr.), 204, 205
  G. W., 323
  G. W. (Mrs.), 230
  George, 144
  Geo. M., 270
  George W., 301
  H. P., 289
  Harry W., 112, 160
  Harvey R., 179
  Herman F., 132
  J., 470
  J. D. (Dr.), 250
  J. H. (Rev.), 262, 263,
    409, 519
  J. M., 212
  James M., 326
  Jason, 415
  Jeniah, 466, 468, 470
  Jeremiah C., 89
  Joel, 446, 450, 456
  John, 135, 173
  John D., 91
  John E., 261, 270, 277
  John P., 312
  Joseph, 480
  Julius, 112
  Lurilla, 449
  M. M., 483
  Mollie, 504
  S. D. (Rev.), 254
  Samuel, 154, 231, 235
  Samuel (Major), 48, 51,
    52, 57
  T. H. (Rev.), 263
  Thomas, 99
  Thomas D., 270, 271
  Thomas (Jr.), 325, 326
  Thomas H., 145
  W. H. (Dr.), 204
  W. H., 291
  W. S., 301
  William, 100, 154
  Wm., 250, 254, 326, 483
  William D., 154
  Wm. E., 270
  William H., 157
  William S., 213, 300
JONGHIN
  Wm., 450
JORAS
  Charles, 186
JORDAN
  Allen T., 134
  Ansel, 135
  J., 442
  John, 438, 442
  L. (Miss), 503
  Mary, 503
  Mary (Mrs.), 506
  Orson, 135
  Polly, 506
  William, 503, 505, 506
  William L., 505
JORNS
  E., 423

JORVU
  John W., 102
JOSEPH
  I., 206
JOSLIN
  John G., 412
JOSLYN
  Harlan P., 185
JOURDON
  H. W., 478
JOVEN
  John W., 137
JOY
  L. D., 295
  Nathaniel, 404
  Peter, 135
JOYCE
  Daniel B., 168
  John, 143, 186
  Patrick, 143
  William, 95
  William H., 152
JUCH
  Justin, 127
JUCHERN
  Joseph, 139
JUCKER
  Jacob, 138
JUDD
  Anson A., 168
  D. S., 466
  Daniel S., 60, 466, 467, 468
  Demetrius, 149
  F., 495
  Frank A., 321
  Freeman, 466
  James, 294
  O. B., 530
  Obadiah B., 519
  Philo, 468
  Polly, 466, 467
  Thomas, 466
  Warren I., 157
  William, 37
  Wm. H., 415
JUDKINS
  George, 289
  William H., 120
JUDSON
  Enoch F., 165
  F., 271
  Geo., 278
  H. S., 260
JUSTIN
  Samuel (Rev.), 254
JUMONT
  George R., 146
JUNG
  Caspar, 119
JUNKER
  Anthony, 105

K.

KABER
  Gottlieb, 158
KAESTLE
  Joseph, 105
KAHL
  Jacob, 159
  Magnus, 104

Index of Names continued

KAHN
  Lizard, 281
KAHOE
  Thomas J., 153
KAIGHIN
  Charles, 152
  George, 152
KAIN
  Albert C., 177
  Geo. S., 326
  T., 290
KAISER
  H., 305
  Herman S., 164
KALBRUNNER
  Frank, 294
  John, 98
KALISCH
  M. (Rabbi), 275
KALLAKEY
  Jacob, 159
KAMERER
  Paul, 125, 182
KANE
  Micheal, 113
KANEEN
  Jonathan, 165
KANEL
  Christian, 105
KARBACHER
  Frank, 93
KARKER
  Jacob H., 145
KARNEY
  John, 151
KARR
  Charles, 180
  Eliab, 154
KASHE
  Adolphus, 247
KASPARS
  Jacob, 138
KASSE
  A. K. (Rev.), 277
KASTENDIECK
  H. F., 199
KAUFFMAN
  _____, 199
  Herman S., 300
KAUFHOLTZ
  F. G., 275, 326
KAUFMAN
  Nicholas, 177
KAVANAGH
  M. E., 291
KAUTZ
  _____, 163
KAVELIR
  John, 267
KAYLER
  Christoph, 102
KEARNS
  James, 164
  William, 146
KEARY
  Christopher, 127
  Joseph, 326
  Peter, 127
KEATING
  A. C., 324, 325
  John, 164

KEAVER
  John, 118
KECK
  David, 147
KEEF
  Dennis, 173
KEEGAN
  Richard, 154
KEELER
  Charles D., 151
  George W., 150
KECK
  Simon, 85
  William, 113
KEELER
  Jacob, 123
  George, 490
KEEP
  John (Rev.), 255, 268
KEESLER
  Hiram, 111
KEETCH
  John W., 276
KEFFER
  J. C., 194
KEHL
  William, 89
KEIFFER
  George, 291, 303
KEILLE
  William, 125
KEISCHNER
  Henry, 273
KEISEN
  George, 159
KEITH
  Calvin, 150
  F. M. (Jr.), 211, 321
  Francis C., 255
  Myron M., 150
  W. H. (Mrs.), 282
KELLER
  Charles A., 89
  Frederick, 89
  Henry, 274
  Martin L., 160
  William, 152
  William D., 160
  William H., 152
KELLEY
  _____, 419
  Addison, 503
  Alfred, 212, 214, 364, 419, 56, 57, 59, 64, 67, 69, 318, 321
  Andrew J., 184
  B. B. (Rev.), 266
  Daniel, 290, 296, 313, 310, 321, 322, 326
  Datus, 212, 436, 439, 502, 503, 504, 505
  Edward C., 134
  Edward M., 112
  Edward T., 89
  Frank H., 321, 325, 326
  George M., 115
  H., 326
  I., 310
  Ira, 502
  Irnd, 322, 326
  James, 147, 179

KELLEY continued
  James H., 322
  Jane, 341
  John, 180, 533
  John F., 114
  Lucerne W., 165, 187
  Madison, 189, 323
  Moses, 208, 211, 214, 323
  Nathan I., 98
  Patrick, 177
  Phillip, 89
  Reuben B., 85
  T., 310
  Thomas, 123, 160, 183, 323
  Thomas M., 211, 214, 208, 365
  W. C. (Rev.), 266
  William, 186, 326, 530
  Wm., 483
  William H., 126, 152
KELLOGG
  Alfred, 419, facing 422, 262, 301, 304, 305, 306
  Alfred (Mrs.), facing 422
  Augustus, 134
  Benoah, 112
  Charles E., 152, 166
  Chas. M., facing 422
  David, 52
  Edward M., 127
  Giles, 415
  Hiram, 469, 493
  Hiram (Rev.), 534
  Horace, facing 422
  James, 246
  Joel, facing 422
  Laura Walker, facing 422
  Leslie H., 154
  Lucy Ann, facing 422
  M. O., 291
  Martin, 205, 419, facing 422
  Martin III, facing 422
  Martin (Sr.), facing 422
  Myron, 153
  N. B., 291
  Rachel, facing 422
  Rechelsea, facing 422
  S. B., 434
  Sanford B., facing 422
  Sidney M., 179
  Pliny, 429
KELLY
  _____, 67
  Alfred, 235, 236, 237
  Datus, 27, 71
  Francis, 95
  Irad, 236, 237
  J. R., 236
  James, 94
  John, 252, 529
  John J., 177
  Joseph R., 237
  Moses, 346, 320, 321, 323
  Patrick, 133
  Thomas B., 152
  Thomas M., 237
  William, 123, 208, 325
KELSEY
  Antoinette C., 350
  Edward E., 91
  George W., 150

KELSEY continued
  Lorenzo A., 324
KELSO
  Andrew, 438
  David A., 182
  George, 438
KELTY
  Samuel D., 150
KEMMER
  F., 286
KEMP
  Samuel, 145
KEMPH
  George, 98
KEMPLIN
  Joseph, 181
KENALY
  Thomas, 127
KENDALL
  _____, 480
  George, 513, 514
KENDALL
  O. W., 490, 491
KENDEL
  A. C., 270
KENELEY
  Daniel, 158
KENFIELD
  Henry, 142
KENNARD
  Henry, 132
KENNEDY
  Arvin, 500
  B. J. (Rev.), 410
  B. J., 469
  E. J., 208, 478
  Earl, 134
  Esther E., 490
  John, 114
  John F., 133, 157
  G. W., 491
  George W., 153
  Herbert O., 153
  J., 491
  J. H., 194
  John, 490, 491
  Patrick, 156
  W. S. (Rev.), 415
KENNELY
  John, 183
KENNEY
  Cassius C., 165
  E. J. (Rev.), 432
  John, 117
KENNY
  A. H. (Rev.), 254
  E. J. (Rev.), 250
KENS
  George, 118
KENT
  A. D., 286
  Edwin A., 142
  Elmer, 166
  Gamaliel, 433
  George, 529
  J. Sidney (Rev.), 248
  Julius, 434
  O. G., 297
  Silas H., 156
  Samuel, 150
KEOGLER

KEOGLER continued
  C., 274
KEOUGH
  James, 180
KEPLER
  John, 113
KERICK
  Mary, 306
KERN
  John, 180
KERNER
  Casper, 152
  Theodore, 135
KERR
  August, 155
KERRUISH
  William, 520, 533
KESSINGER
  Adolph C., 104
KESSLER
  P. L., 321
KESTLER
  Joseph G., 154
KETCHUM
  Albert J., 184
  David C., 126
  George C., 153
  George W., 160
  J. D., 296, 297
  Mason, 144
  Solomon, 440
KEYEAR
  Jacob, 168
KEYES
  Gustave, 180
  Richard B., 165
KEYS
  Elias, 511, 512
  John (Rev.), 256, 483
  Solomon, 511
KEYSER
  William, 500
KEYT
  Gideon, facing 468
  Sally Ann, facing 468
KIBBE
  Andrew L., 177
KIDD
  William, 151, 302
KIDNEY
  A., 152
  Edward W., 184
  Israel, 505, 506
  James, 506
  John, 502, 504
  Peter, 488, 490, 491
  Sarah, 506
  Truman, 125
KIDWELL
  S. B., 113
KIEFFER
  George, 293
KIELY
  James, 134
KILBORN
  Jos. W., 499
KILBOURN
  Almira, 448
  George, 448
KILBURN
  J. W., 500

KILBY
  Jason, 133
  Sally, 533
KILGORE
  Iram, 113
KILLAM
  Benjamin, 96, 98
  Simon W., 184
KILLIAN
  Joseph, 192
KILLIMER
  Conrad, 123
KILLMER
  Henry, 186
KILLOP
  William, 178
KILMER
  Orlando P., 113
KILPATRICK
  _____, 170
  Thos., 277, 297
  Uriah, 488
KIMBALL
  D. C., 495
  Dudley A., 88
  Jesse, 492
  William, 125
  William W., 127, 152
KIMBERLING
  Isaac (Dr.), 294
KIMBERLY
  _____, 108, 109, 111, 123
  David H., 99
  Edward, 183
  Robert L., 111
KIMMEL
  August (Rev.), 275
KIMZLE
  C. (Rev.), 273
KINCAIDE
  James B., 160
KIND
  Peter, 93
KINDLEY
  John, 159
KINESEL
  Jacob, 101
KING
  _____, 86, 191, 310, 366, 367
  Abner C., 133
  Chas. G., 259
  Charles Gregory, 366
  Chester, 178
  Cyrus, 168
  David, 37
  Ebenezer, 37, 149
  Frederick, 449
  G. O. (Rev.), 259, 261
  George, 157, 434
  Geo., 204
  George M., 433
  Henry, 456
  Henry C., 166
  Henry J., 169
  Hezekiah, 235
  Hiram, 155
  Jacob, 148, 152
  James A., 310
  John, 144, 147, 446
  John G., 178

-56-

Index of Names continued

KING continued
  John W., 147
  Joseph, 135, 446, 456, 459
  Julius, 270, 295
  Lucius C., 150
  M. A., 191
  Oliver, 421
  Polydore, 456
  Stephen, 60
  Thomas, 492, 494
  W. H., 295
  William, 461
  Wm., 405
  Zenas, 247, 249, 310, 366
KINGSBOROUGH
  Benjamin, 289
  Lord, 207
KINGSBURG
  C. F. (Rev.), 410
KINGSBURY
  _____, 236, 233
  Abigail, 229
  Almon, 229, 237, 530, 531
  Alonzo, 100
  Amos, 229
  C. T. (Rev.), 432
  Diana, 62
  I. W., 483
  James, 42, 43, 44, 45, 47,
    48, 51, 54, 214, 226,
    227, 228, 61, 63, 229,
    233, 237, 238, 321, 322
  Jas., 483
  John L., 464
  Smith, 160
  William, 228
KINGSLEY
  _____ (Rev.), 533
  E., 268
  H. C., 207
  P., 464
  Phineas (Rev.), 500
KINKAID
  James, 117
KINKEAD
  M. P. (Rev.), 268
KINNAMON
  Martin J., 165
KINNECUTT
  Edwin, 165, 187
KINNEY
  A., 290
  Guy W., 321
  Mary C., 506
  William, 94
KINSEY
  Albert, 165
  Geo. M., 290, 291
KINSLEY
  Hiram (Rev.), 250
KINSMAN
  E. C., 321
  Frerick (Jr.), 126
KINTZ
  Frederick, 152
KINZER
  Joseph, 463
  Joseph (Jr.), 463
KIRBY
  Ephraim, 37
  James, 323

KIRBY continued
  James, 180
  Joseph W., 157
  Moses, 404
  Thomas, 185
KIRCHNER
  Michael, 137
  Thomas, 160
KIRK
  _____, 442
  Franklin J., 159
  Geo., 323
  John, 153, 441, 442
KIRKBRIDE
  Martin, 180
KIRKENDALL
  John D., 113, 114
KIRKLAND
  John, 323, 324, 515
KIRKPATRICK
  Henry M., 120
  Lafayette, 480
KIRKWOOD
  J. A., 209
KIRSCHNER
  William, 132
KIRTLAND
  _____, 484
  Jared Potter (Dr.), 27,
    191, 203, 317, 367, 508
  Turhand, 47, 230
KISSEL
  Valentine, 137
KITCHEN
  H. K. (Rev.), 279
  H. W. (Dr.), 204, 209
KITCHINGHAM
  Harry, 293
KITTREDGE
  James R., 154
KLANER
  William, 410
KLANZINGER
  Gottfried, 500
KLASGYE
  Charles, 180
  William, 180
KLAUS
  Henry, 292
KLAUSTERMEIER
  Ernest, 459
  Henry, 459
KLECKNER
  _____, 464
KLEIN
  _____ (Rev.), 507
  Albert, 274
  D., 296
  George, 147
  Jacob, 118
  John A. (Rev.), 251
  Philip, 500
KLEINHAUS
  _____, 110
KLEINSMIDT
  Adam, 138
KLEINSCHMIDT
  Jacob A., 104
KLEINSCHRODT
  Christ, 273
KLINE

KLINE continued
  E. M. (Rabbi), 275
  G. H., 294
  Philip, 499
KLING
  Benoit, 101
KLINGMAN
  Andrew R., 134
KLOCH
  Ephraim, 153
KLUP
  U. K., 252
KNAPP
  Abel, 123
  Albert D., 132
  Asa, 484
  C. D., 441
  C. H., 480
  Carl, 104
  Charles, 147
  Charles D., 135, 153
  Charles H., 132
  Deborah, 461
  Harvey, 153
  Horace, 117
  Lorenzo, 150
  O. H., 191
  William H., 213, 462, 463,
    464
KNEALE
  John, 534
  Thomas, 529
KNECHT
  C. A., 286
  William, 105
KNEELAND
  Isaac, 479
KNIFFEN
  Moses R., 166
KNIGHT
  George C., 490
  H. B. (Rev.), 254
  James F., 155
  R. H., 439
KNILL
  H. (Rev.), 251
KNIPPLE
  G., 273
KNOPF
  F., 252
  Jacob, 252, 507
KNOPP
  A. D. (Rev.), 253
KNOWLES
  H. M., 309
  Henry, 133
  Marston V. B., 123
  Seth, 182, 532
  T. B., 519
  Warren P., 284
KNOWLTON
  A. P., facing 478, 480
  Augustus (Dr.), 414
  Augusta Snow, facing 478
  A. W. (Rev.), 526
  Constance A., facing 478
  Hannah Dryden, facing 478
  Louis G., facing 478
  Lucinda, 250
  William, facing 478
  William A., 127

KNOWLTON continued
  Wm. (Dr.), 414
  Wm, Jr. (Dr.), 414
KNOX
  A., 434
  Alanson, 429
  James, 186
KOBADE
  Henry, 294
KOCH
  C. G. (Rev.), 273
  Christian, 441, 500
  Conrad, 177
  Fred., 294
  H., 273
  Jacob, 127
  John, 500
  Newman, 178
  Moses, 152
  Peter, 137
KOEHLER
  Henry, 171
KOEHN
  Hugo, 186
KOENER
  Jean Pierre, 104
KOENECK
  C., 274
KOENIG
  G. (Rev.), 273
  John, 267
KOENING
  E. H., 463
KOHN
  Frank, 153
KOHL
  Lewis, 157, 462
KOHLMAN
  Jacob, 290
KOHNER
  George J., 118
KOL
  Joseph, 137
KOLAETZKOWSKI
  Andreas, 105
KOLBE
  Geo. A., 321, 322
  Otto (Rev.), 466
KOLL
  Andrew, 145
KONEMAN
  Henry, 160
KONIG
  G., 273
KOOPMAN
  Gerhard (Rev.), 261
KOPKE
  Ludwig, 294
KOPPERMAN
  Esau, 294
KORIZEK
  Frank, 201
KORNER
  Casper, 157
KOUDELKA
  Joseph M. (Rev.), 268
KRAEGER
  Ernest J., 153
KRAMER
  Christian, 101
  Frederick, 119

KRAMER continued
  J. B., 477
  Louis (Rev.), 265
  Peter, 137
KRAPHT
  Jacob, 462
KRASNY
  Andrew (Rev.), 267
KRATHER
  H., 500
KRAUS
  ———, 199
  ——— (Rev.), 500
  C. W., 292
KRAUSE
  A. (Rev.), 276
  George, 104, 169
KREAGER
  Phillip, 176, 180
KRECK
  George C., 291, 293
KRECKLE
  Anthony, 114
KREESLER
  Franklin, 149
KREHBUT
  J. (Rev.), 251
KREHER
  Joseph, 152
KREIDLER
  Rudolphus M., 184
KRENSCH
  Matthias (Rev.), 265
KRENSCH
  Peter (Rev.), 265
KRESING
  A. (Rev.), 267
KRIEGER
  Andrew, 125
  E. T., 92
KRIEGMAN
  John A., 145
KRIEGSHABER
  Wm., 281
KROEHLE
  Adam, 422, 423
KROLL
  Frederick, 138
KRUG
  William F., 137
KRUM
  Henry, 152
  Myron L., 155
KRUMM
  Francis S., 147
KUHN
  Geo., 273
  J. (Rev.), 268
  John, 265, 267
KRUMWEIDE
  Wm., 276
KUEHN
  H. (Rev.), 458
KUBBAR
  Christopher, 111
KUBLER
  Joseph, 91
KUHBLER
  ——— (Rev. Father), 500, 507, 508
KUHN

KUHN continued
  (Rev. Father), 508
KULLNER
  Michael, 125
KUMBER
  H. (Bishop), 276
KUNTZ
  Henry, 499, 500
  Jacob, 481
  Peter, 126
  Philip, 159
KUNZ
  George, 138
KURTZ
  Jacob, 93
KURZER
  Julius, 192
KUSHMAN
  C., 326
KYCH
  Joseph, 155
KYLE
  A., 505
  Andrew, 505, 506
  C. A., 292
  Hugh, 490
  Susannah, 506
KYSELLA
  Frank, 290
KYSER
  Edwin J., 127, 151
  Peter, 143

L.

LABIER
  James, 113
LACY
  Alanson H., 323
  Alonzo, 152
  E. H., 450
  Elmer G., 120
  William H., 120
LADLEY
  James E., 103
LAEPER
  James, 95
LAFAYETTE
  Felix, 145
LAFLER
  David, 494
LA FOUNTAIN
  Marshall, 113
LAHR
  J. H. (Rev.), 265
LAING
  Geo., 405, 406, 408
LAISY
  Jacob (Dr.), 204, 205
LAKE
  ———, 493
LALIORE
  Eugene, 95
LAMB
  Allen C., 91
  Andrew J., 156, 169
  D. H., 323
  James E., 135
  John P., 142, 143
  Orris P., 156
  Robert, 113

Index of Names continued

LAMBACHER
  George, 122, 462, 463, 465
LAMBERT
  Frederick, 152
  Gustav, 105
  Louis E., 105
  T. C., 152
LAMLY
  John A., 138
LAMOREAUX
  Samuel A., 85
LAMPHEAR
  Lawrence K., 90
LAMPRECHT
  W. H., 326, 288, 301
LAMPSON
  Franklin, 134
  L., 434
LAMSON
  Benjamin, 213, 447
  I. P., 326
  Isaac, 306
  J. H., 407
  T. H., 271, 299
  Thomas, 306
LANAGHAN
  George, 150
  John, 117
LAND
  _____, 463
LANDAU
  B., 296
LANDER
  _____, 86
  Abigail, 493
  Ansel, 493
  Caroline, 493
  J. Q., 495
  John, 152
  M. A., 434, 493
  Mary, 331
  Mary A., 493
  Thomas M., 92
  William, 493, 494, 495
LANDERS
  _____, 123
  Andrew, 168
LANDON
  Jos., 225, 227, 229
  Joseph, 40, 41, 44
LANDPHAIR
  John W., 478
LANDPHEAR
  Hoxie E., 183
LANE
  Chauncy B., 126
  Dexter, 144
  E. B., 296
  John, 158, 424
  John B., 150
  Leander H., 98, 100
LANE
  Myron, 166
  Peter, 169
  Royal W., 133
  Thomas S., 152
  Warren, 133
  William C., 155
LANEY
  Lucius B., 103, 134

LANG
  David, 235
  Frank, 137
  George H., 152
  James, 152
  Robert, 152
  Merrill W., 152
  William, 533
LANGACRE
  Abraham C., 137
LANGDON
  Hassett, 84
  Lewis, 150
LANGELL
  Benjamin, 152, 158
  Stephen F., 285, 288
  William, 112
LANGER
  George E., 114
LANGHORN
  James, 253
LANGSHARE
  S. S.,
LANGTON
  Charles (Jr.), 121
  John, 183
LANKASTER
  Joseph G., 177
LANPHAIR
  H. D., 439
LANTERWASSAR
  William, 93
LAPHAM
  J. H., 260
LAPPIN
  Arthur, 89
LARENZ
  E. (Rev.), 276
LARGEE
  Thomas, 95
LARISH
  Charles, 160
LARKIN
  James, 144
LARNDER
  Robert, 325
LARNED
  Allen H., 100
LAROE
  Alden, 155
LARSMAN
  L., 290
LARTER
  Thos., 285, 287
LARUE
  Cryness, 168
LARWILL
  Joseph, 503, 504
LA SALLE
  _____, 20, 21, 22
LASSLER
  Isaac, 529
LASSNER
  H., 459
LATCH
  William F., 91, 152
LATHAM
  Lucy, 366
LATHROP
  C. L., 257
  Chauncey, 94

LATHROP continued
  Geo., 405, 531
  H. D., 405
  Hazen, 527
  Isaac P., 505
  Susan, 472
  Thaddeus, 472, 522, 526
  W. A., 287
  William, 143
LATIMER
  _____ (Rev.), 519
  E. C., 469
  E. J., 321
  Wm., 256
LATSHAW
  D. (Rev.), 251
LATTAMORE
  E., 493
LATTIMER
  E. C. (Rev.), 534
  Robert, 153
LAUBSCHER
  G. A., 321
  Theobald, 105
LAUCHLEY
  William, 102
LAUGHLY
  William, 138
LAUGHLIN
  G. W., 439
  William H., 179
LAUTERMAN
  John, 59
LAUTRY
  John, 94
LAUX
  Jacob, 103
LAW
  David, 406
  Harvey K., 100
  John, 73, 137, 470
  Oliver, 168
  Rufus H., 179
LAWLER
  D. J., 326
LAWLESS
  Matthew, 118
  William, 144
LAWRENCE
  A. G., 321, 324
  Albert, 132
  Albert A., 116
  David B., 89
  Geo., 254
  Hubbard (Rev.), 415
  J. N., 490
  James, 324
  Joel B., 407
  Joseph (Rev.), 254
  M. J., 192, 195, 287
  O. C., 491
  Sydney, 481
  W. A., 208
  W. C., 520
  Walker E., 176
  William J., 133
LAWSON
  Isaac P., 271
LAWTEY
  Wm., 285
LAY

-59-

LAY continued
  Frederick, 104
  John, 400
  Samuel, 162
LEACH
  Albert C., 85
  C. M., 516
  Edgar, 99
  Isaac, 404
  Sylvester, 100
LEADING
  John, 273
LEAR
  Elijah, 293
LEARY
  Dennis, 173
  Thomas, 180
LEASE
  Jacob, 169
LEATHERS
  E. N., 291
LEAVITT
  John, 47
LECHLEITER
  Daniel, 119
LECKENBY
  C. W., 204
LE CLAIRE
  Herbert, 186
LECOMPTE
  Theodore, 89
LE DUKE
  J., 477
LEE
  _____, 96, 124, 136,
    159, 164, 167
  Alfred S., 166
  Alonzo D., 177
  Arthur, 32
  Charles F., 153
  Elias, 211, 214, 446, 456,
    459
  Ezra B., 150
  Elizabeth (Mrs.), facing 410
  Fitzhugh, 163
  Guy, 60, 446, 456
  I. B., 213
  James, 520, 533, 534
  John, 118, 179
  Jonathan (Rev.), facing 410
  Joseph, 113
  Laura, 534
  Loraine P., 346
  Morgan, 103
  Richard, 143
  S. H. (Rev.), 269
  Solomon H., 120
  William G., 99
LEEK
  T. W., 300
LEEMAN
  James H., 167
LEEPER
  Martin V. B., 184
LEES
  Alfred, 422
LEESE
  Alexander, 132
  Joseph, 505
LEFFINGWELL
  Julius, 123

LEGGETT
  Levi, 120
  William, 165
  William H., 135
LEHMAN
  A. (Rabbi), 275
  Alexander, 113
  Frederick, 208
  Joseph, 101
  Peter, 119
LEHR
  Henry, 93
  William, 419
LEHRMAN
  Paul, 105
LEICHT
  E. (Rev.), 276
LEIDICH
  Philip, 119
LEIGH
  _____ (Rev.), 266
  George, 530
LEIMBACK
  Charles, 147
LEINAKER
  William, 123
  William H., 123
LEITZ
  Theodore J., 126
LE JEUNE
  Stephen, 99
LELAND
  A. P., 483
  Andrew, 165
  C. P., 296
  Major I., 150
LELLIG
  Bernhard, 293
LE MASSON
  Mary (Mrs.), 285
LEMEN
  Kate, 361
  T., 323
  Wm., 322, 323
LEMENGON
  Charles M., 156
LEMMON
  Thomas, 126
LEMNURMANN
  John, 277
LEMOIN
  Benj., 405, 406
LE MOINE
  Father, 19
LEMON
  William C., 162
LEMONS
  George, 103
LENCHAU
  E. (Rev.), 274
LENDER
  Chas. F., 323
LENDY
  John, 273
LENCK
  Frank, 295
LENEK
  Joseph, 295
LENNON
  James, 144
LENT

LENT continued
  Marcus, 148
  Nelson, 145
  Peter, 148
LENTKY
  John, 93
LEONARD
  Austin B., 126
  C. M. (Mrs.), 283
  Charles C., 142
  Ezra, 512
  Frank, 326
  H. L. W. (Dr.), 525, 527
  H. R., 286
  Henry D., 158
  J. F., 462
  John, 461
  Martin, 184
  R. H. (Rev.), 190, 449
  Rowley, 512
LEONARDSON
  A. V. (Rev.), 254
LEONHARDT
  Adam, 104
LEOSCHOT
  Peter, 135
LEPPER
  C. W., 282, 300, 301
  C. W. (Mrs.), 282, 283
LEPPERT
  J., 530
LERCH
  Jessie (Rev.), 274
LESLIE
  Abner M., 149
  Daniel S., 113
  De Witt, 149
LESSER
  F., 515
LESSON
  Henry, 95
LESTER
  S. F., 207
  Samuel, 446
  Sanford W., 153
LESTRANGE
  J., 305
LETT
  William, 98
LEUTKEMEYER
  A. W., 325
LEUTY
  Joseph, 469
LEVAKE
  Wm. S., 323
LEVI
  Gustavus, 281
LEVISSE
  W. (Rev.), 410
LEVY
  I., 275
LEW
  John, 150
LEWELLYN
  Geo., 258
LEWIS
  _____, 310
  A. H., 326
  A. S., 505
  Albert, 142
  Asahel, 530

Index of Names continued

LEWIS continued
  Benjamin, 118
  Burnett, 159
  Charles, 126, 171
  David, 153
  David F., 271
  E., 310
  'E. H., 323, 324
  E. S., 439, 412
  Edgar H., 213
  Edward, 152
  Edwin, 302
  Elisha, 162
  F. C., 505
  F. W., 291
  Franklin, 134
  George, 154
  George W., 208
  Horace H., 155
  Hosea J., 134
  Ira, 258
  J. M. (Dr.), 205
  J. McB., 478
  James, 454
  Mark, 155
  Phillip, 135
  R., 495
  Russell, 123
  S. C., 287
  S. J., 287, 323, 324, 419
  Sanford I., 307
  Sanford J., 290
  T., 249
  Thomas, 179, 181
  Walter, 120
  Wm., 270, 442
  William, 121
  William M., 135
LEY
  John, 102, 139
LEYPOLDT
  Chas., 286
  H. F., 286
LIBBEY
  _____, 458
  John, 404
LIBBY
  _____(Dr.), 191
  E. M., 405
  Ellsworth W., 103
  Edwin S., 125
  Erastus, 401
  Rufus, 405
LIBER
  Andrew, 137
LIDDLE
  Arthur, 165
LIEB
  Alois, 105
LIEBER
  John, 105
LIED
  B., 325
LIEPMAN
  _____(Rabbi), 275
LIGGETT
  Thos., 286, 287, 288
LIGHT
  Charles, 182
LILLES
  John, 179

LILLEY
  John C., 166
  Erastus, 153
LILLIE
  B. F., 410
  William, 160
  M., 273
LILLY
  _____, 442
  A., 439
  A. A., 439, 442
  Albinus, 440
  Austin, 439, 440
  Herbert, 439
  Jesse, 437, 440
LILY
  Jesse, 440
LINCOLN
  _____, 124, 193
  Benjamin (Gen.), 36
  Henry H., 150
LINDEMAN
  E. Z. (Rev.), 441
  I. C. W. (Rev.), 273
  James, 187
LINDEMYER
  J. H., 441
LINDEN
  John, 145
LINDLEY
  John H., 100
  Merrick, 459
  Merritt, 446, 456
LINDSAY
  Edward, 284
  Thomas, 323
LINDSEY
  John W., 155
  T. S., 152
LINDSLEY
  Edward, 152, 287
  Lucas, 469
  Silas, 404
LINEHAM
  Cornelius, 178
LINES
  George F., 296
LINGERA
  George, 143
LINGLER
  Christian, 143
LINK
  Christian, 139
LINN
  Robert, 422, 423
LINSEY
  George, 127
LIPPERT
  Henry, 155
LIST
  T. J., 249
LITCH
  Caleb, 492, 494, 530, 534
  Mercy, 534
  Washington, 99
LITCHFIELD
  John, 142
LITSEL
  John, 180
LITTERST
  Thos. (Rev.), 265

LITTKE
  Paul (Rev.), 500
LITTLE
  Geo. I. (Rev.), 251
  Horace A., 100
  J. J., 519
  Leander, 165, 181
  Theodore, 159
LITZELL
  Conrad, 157
LITZLER
  F., 462
LIVINGSTON
  John, 180
  Henry, 155
  Joseph, 137
  Samuel, 166
LIZER
  Josephus B., 504
LLOYD
  Charles, 290
  Henry C., 178
  James, 179
  James J., 89
  James L., 145
  John, 146
  Joseph, 95
  William B., 214
LOBDELL
  John, 113
LOCHER
  _____(Rev.), 420
  Wm. (Rev.), 507
LOCKARD
  William, 117
LOCKE
  D. R., 193
  Edwin N., 127
  F. J., 304
  Thomas, 162
  William, 132
LOCKHART
  D. F., 292
LOCKWOOD
  _____, 440
  A. J., 410
  Addison, 187
  Ambrose K., 409
  C. B., 263, 326, 519
  Charles B., 214
  Henry B., 133
  I. J., 499
  J. H., 290
  Jason, 112
  Levi, 419
  S. F., 409
  Samuel, 152
  Silvan P., 409
LOEHLIN
  Johann, 104
LOEDER
  Jacob, 103
LOEFLER
  John, 186
LOGAN
  _____, 29, 182
  Andrew, 321
  Henry, 133
  James, 147
  John, 152
  Robert, 135

-61-

LOGAN continued
  S. B., 289
LOGUE
  J. W. (Rev.), 256
  Joseph T., 321
LOHN
  John T., 138
LOHR
  William, 105
LOHRER
  Jacob J., 126
LOJAUKE
  Robert F., 295
LONE
  W. B. (Rev.), 247
LONG
  ———— (Mrs.), 57, 59
  Charles, 150
  David (Dr.), 56, 57, 69, 212, 213, 235, 237, 238, 239, 256, 310, 322, 367
  Edward, 165
  Henry, 177
  Jacob L., 154
  Jesse, 178
  John G., 168
  Juliana, 237
  Samuel K., 154
  William, 173, 187
LONGACRE
  A. C., 289
LONGGRAKE
  Hiram (Rev.), 274
LONGSTREET
  ———, 128, 129, 151, 163, 170, 183
LOOCK
  Ernst, 138
LOOMIS
  C. B., 480
  Eber, 438
  Jerusha, 490
  John A., 126
  Luther W., 88
  M. A. (Mrs.), 272
  N. P., 488, 490, 491
  Newton P., 491
LOPER
  C. F., 248, 249
  David, 95
LORCH
  Philip, 119
LORD
  Ferdinand, 120
  L. D., 295
  Lee, 405, 407, 409
  Richard, 214, 307, 322, 323, 416, 418
  Samuel, 332, 416, 418
  Samuel P., 37, 234
  W. L., 286
LORENZ
  Frank, 93
LORING
  ————, 103
LOSEY
  Harris P., 132
  William F., 142
LOTHMAN
  Charles, 153
LOTTRIDGE

LOTTRIDGE continued
  Wm. M., 321
LOTZ
  Augustus, 117
  Henry, 117
  Jacob, 462
LOUCKS
  Horace, 150
LOUD
  Nelson, 461
LOUDEN
  Almon, 156
LOUIS
  The 14th, King, 20, 21, 22, 26
LOVE
  Benjamin T., 158
  George M., 292
  Henry W., 157
  William, 37
LOVEGROVE
  Joshua, 125
LOVEJOY
  A., 478
  Ammy, 472
  Edwin, 472
  Howard S., 99
  John, 143
  Solomon, 471, 472, 474, 477
LOVELACE
  Leander M., 114
LOVELAND
  George E., 509
LOVELESS
  James, 85, 92
LOVELL
  George, 178
  Philip, 178
LOVELY
  Joseph, 133
LOVETT
  Aaron C., 89
  Albert C., 170
  Benjamin F., 164
  Jabez, 483
LOWE
  C. C., 321
  H., 294
  J. W. (Rev.), 252
  John, 184
  Robert D., 245
LOWDON
  Ira (Jr.), 134
LOWELL
  Benjamin, 505, 506
  Sidney, 506
LOWENSTEIN
  George, 100
LOWES
  Henry, 85
LOWMAN
  Charles E., 135
  George, 186
  J. H. (Dr.), 204, 205, 279
  Jacob, 251, 323
  James L., 148
  Mather J., 152
  Walter J., 127
LOWREY
  Henry E., 145
  John, 91

LOWREY continued
  Joseph, 179
LOWRIE
  David L., 126
  James, 434
  William A., 143
LOWRY
  George H., 134
  Henry E., 126
  Hugh, 152
LUCAS
  ————, 456
  David, 152
  Joseph, 150
  Reeves, 145
  W., 125
  William, 89, 168, 248
LUCE
  Charles, 151
  G. L., 326
  Henry E., 151
  J. H., 495
  Jason H., 494
  Jesse, 493, 494
  John W., 179
  Shelby, 422
  Sophia H., 493
  W. P., 495
  William, 494, 495
LUCK
  Charles, 184, 285
LUDER
  Jacob, 138
LUDLOW
  B. F., 321
LUDWIG
  Charles, 92
  Rev. Father, 507
LUERS
  ———— (Bishop), 265
  ———— (Dr.), 288
LUETKEMEYER
  H. W., 301
LUEW
  John M., 265
LUFFKIN
  Cathrine Taylor (Mrs.), 268
LUFKIN
  Henry C., 99
LUHR
  Henry (Rev.), 265
LUKE
  Lyman H., 120
LUM
  William, 478, 493
LUNDEBERRY
  Nicholas G., 134
LUNN
  Wm., 481
LUOCKE
  H., 441
LUSE
  William P., 289
LUSH
  Henry, 132
LUSK
  Amos B., 164
LUSSENDEN
  William, 132
LUTHER
  Loomis, 37

-62-

Index of Names continued

LUTES
  Samuel M., 156
LUTTON
  William II., 302, 326
LUTZ
  Allison, 149
  Casper, 150
  Charles, 118
  Ernest, 148
  John M., 138
  T. J., 152
LYLE
  Thomas (Rev.), 249, 449
LYMAN
  Charles M., 151
  Charles W., 158
  Darius, 415
  Dorus, 415
  Elijah, 520, 526
  George C., 152
  Harrington, 111
  J., 209
  Joseph, 266
  L. F., 257
  L. J., 257
  Osman A., 111
  Oxman A. (Rev.), 257, 258
  Porter, 526
  William, 37
  William O., 157
LYNCH
  Dennis, 132
  Edward, 98
  Frank, 102, 213
  Geo. W., 322
  John, 143, 152
  William, 112
LYNDE
  G. W., 319
  Geo. W., 321, 322, 323
LYNES
  Charles, 139
LYNN
  W. A., 288
LYON
  Amzi B. (Rev.), 526
  D. S., 522, 527
  Eliakim, 522, 527
  Harvey, 255
  Henry, 531
  John E., 297
  L. L. (Mrs.), 279
  Liakim, 324
  Louis C., 125
  Nathaniel, 530
  Otis, 530
  R. T., 297, 298, 322
  Ralph, 438
  S. S., 301, 322, 324
  W. A., 285, 287, 289
LYONS
  Bartholomew, 514
  Charles, 102
  David, 147
  J. R. (Rev.), 250
LYSTER
  W. N. (Rev.), 245
LYTLE
  J. S. (Rev.), 251
  James, 117
LYTTLE

LYTTLE continued
  Andrew, 209
  James W., 146

M.

MABB
  Andrew J., 84
MACE
  Henry, 177
MACEY
  George H., 152
MACHAL
  M. (Rabbi), 275
MACHEY
  William, 102
MACHNY
  Bonaventure (Rev.), 268
MACK
  Frank, 295
  John, 507
  John C., 164
  John G., 324
  John T., 413
  Patrick, 157
  William, 507
  Wm., 252
MACKENZIE
  Colin (Dr.), 204
MACKEY
  James, 178
  Thomas, 187
MACKEN
  Patrick, 180
MACKINTOSH
  (Dr.), 237
MACOMB
  Alexander, 41
MACY
  George H., 289
MADDEN
  Edward, 266
  Michael, 125
MADIGAN
  James, 152
  Matthew F., 103
MADISON
  William, 152
MAEDER
  Daniel, 291
MAGINNIS
  , 32
  P. (Rev.), 448
MAGRIDGE
  William H., 160
MAHAR
  Thos., 266, 309
MAHER
  , 309
  John, 180
  Thomas, 332
  Tom, 125
MAHLER
  B., 294
MAHONEY
  Charles, 160
  Charles A., 169
  Timothy, 143
  William H., 155
MAHONY
  John, 116, 187

MAIER
  William, 184
MAILE
  William, 509
MAIN
  George W., 122
MAINANS
  Peter, 95
MAJO
  Joseph, 133
MAKEPEACE
  George W., 292
MALCOLM
  David P., 180
MALEY
  Christopher, 139
MALICHUS
  Andrew, 93
MALIN
  J. O., 432
MALLA
  Alexander, 150
MALLET
  R. (Rev.), 433
MALLETT
  Edmund, 492, 494
  Frederick, 494
MALLORY
  Charles, 293
  John H., 88
  George, 178
  Silas, 178
MALLYA
  Joseph, 295
MALONE
  , 457
  John, 95
  Henry, 157
  James M., 164
  Melvin, 186
  Nelson, 186
MALONEY
  J. P. (Rev.), 268
  Micheal, 102, 138
MALOY
  William, 117
MALPAS
  James, 253
MALTBY
  B. K. (Rev.), 191, 250
  G. W. (Rev.), 251
MANARY
  Alexander, 177
MANCHESTER
  C. T., 295
  Charles E., 100
  Darius, 134
  George, 187
MANDEVILLE
  A., 422
  James D., 160
MANGOLD
  Jacob W., 137
MANLEY
  Seth, 179
MANLY
  Delos, 120
  S. E., 160
MANN
  George, 156, 519
  Thomas D., 151

MANN continued
  S., 297
MANNING
  George A., 165
  Peter, 177
MANNY
  Michael, 159
  Patrick, 514
  William, 514
MANOR
  John J., 150
MANS
  Peter, 150
MANSELL
  John T., 123
MANSFIELD
  Fred A., 157
  John, 257
MANZELMAN
  Adolph, 118
  Henry, 118
MAPES
  Calvin, 468
  Edwin, 459, 495
  H. S., 470
  J. D., 494, 495
  John D., 493, 494
  Perry, 134
  Rufus, 468, 469, 470
  Seth, 134, 468, 492
  Solomon, 468
  Thomas, 116
MAPLE
  Henry T., 169
  James M., 134
  John, 117
MARBEL
  H. B., 256
  Asa, 405
  C. A., 290
  C. B., 407
  Calvin A., 116
  Edward L., 91
  Henry, 483
  Levi, 405, 407
  Sullivan S., 162
  Thomas, 405, 409
MARCELLUS
  D. C., 515
  John, 511, 513, 515
  Peter, 251
MARCH
  George, 431, 432
  Henry G., 519
  H. G., 520
MARCY
  Adelbert H., 165
MARESHAL
  (Rev.), 264
MARKEE
  George W., 162
MARKELL
  James D., 132
MARKHAM
  Orlando, 168
  Orrin, 156
  Ozro, 168
MARKLE
  George W., 178
MARKLER
  Russel, 152

MARKS
  ———— (Miss), 482
  ———— (Mr.), 462
  Delos R., 184
  Jacob, 90, 157
  Morris, 306
  N., 483
  Nehemiah, 481, 483
  Samuel, 120
  Thomas, 177
MARKET
  Jacob, 154, 155
MARLETT
  Thos., 494
MARLO
  Christoph, 102, 138
MARMANN
  Joseph, 419
MARMILSTEIN
  Henry, 100
MARONEY
  James, 113
MARONS
  Franz, 104
MARQUARD
  Charles, 186
  Jacob, 186
  Joseph, 186
MARRISH
  Wm., 276
MARSH
  Clarence L., 179
  Cromwell C., 166
  Geo. W., 412, 419
  Joel, 150
  Samuel S., 321
  Shubal S., 155
  Wm. B. (Rev.), 410
MARSHAL
  William, 157
MARSHALL
  ———— (Mrs.), 517
  Alexander, 179
  Daniel, 326
  Geo. F., 246, 289, 322, 323, 324
  G. T., 293
  Humphrey, 115
  Isaac H., 324
  John, 180
  John S., 205
  Joseph, 446, 456
  Julius D., 178
  Oliver, 251
  T., 256
  T. (Rev.), 420
  Thomas, 516, 517
  W. J., 499
  Wm., 322
  William, 460
  William G., 149
  William H., 112
  William J., 500
MARSILLIOT
  ————, 455
  Leonard, 449, 456
MARSILLIOTT
  Leonard, 68, 455
MARTEN
  Christ., 292
MARTHA

MARTHA continued
  Sister, 278
MARTICK
  Edwin, 153
  Eli S., 153
MARTIN
  ————, 332, 375
  ———— (Miss), 364
  A. M. (Rev.), 266
  Abram, 160
  Anthony (Rev.), 459
  Anton, 138
  Benjamin C., 179
  Bryan, 157
  E. C., 478
  Daniel, 297
  E., 294
  Elisha, 132
  Elizabeth, 390
  Jacob, 152
  James, 155, 462
  John, 152, 325
  John S., 289
  Joseph, 146
  Otis, 85, 92
  Peter, 120
  Thomas, 134
  William, 146
MARTLE
  ————, 516
MARVIN
  A. J. (Bishop), 263
  Daniel, 483
  John, 404
  Jonathan W., 150
  Orin, 146
  Smith A., 152
MARX
  ————, 275
  Edward N., 153
  Jacob, 184
  Moses, 153
MARY
  ————, 55
  ———— (Mother Sup), 284
MARYNE
  Joseph, 105
MASCFIELD
  Isaac, 89
MASER
  Frank, 113
MASKALL
  Thomas, 142
MASKELL
  George, 296
MASON
  ————, 171
  F. H., 194
  F. W., 248
  George H., 516
  George W., 179
  H. E., 291
  Hannah, 433
  Jack F., 52
MASSEY
  A. E., 325
  Albert H., 258
  H. A., 304
  William H., 122
MASTERS
  Irwin V., 323, 324, 325

Index of Names continued

MASTIC
 Benjamin, 505, 506
 Francis W., 504
 H. A., 505
 Nellie, 504
MASTIN
 John, 150
MATHER
 Cassius L., 98
 Geo., 450
 S. H., 299
 Samuel (Jr.), 37
 Samuel II., 256, 257
 Samuel L., 245, 296, 298, 321
 William D., 127
MATHEW
 Harriet C., 327
 James, 405
 Joseph, 405
MATHEWS
 F., 441
 Geo., facing 414
 Henry, facing 414
 Joseph (Mrs.), facing 414
 L. O., 323
 Moses, facing 414
MATHISON
 Robert, 179
MATHIVET
 Pierre, 324
MATSON
 Sylvester, 125
MATT
 R., 273
MATTHEW
 Henry, 186
MATTHEWS
 August, 118
 D. A., 321
 Daniel, 155
 E. (Rev.), 254
 Elijah G., 134
 George, 513, 515
 Ira H., 177
 Jason, 427
 Joseph, 135
 L. C., 264, 286
 Orson C., 112
 Roswell E., 91
 Stanley, 96
 William, 150
 William G., 159
MATSON
 James, 180
MATTISON
 Andrew, 113
 Archie M., 203
 D. D. T., 478
 Israel (Rev.), 490
 T. C., 478, 481
MATTOCK
 Joseph (Rev.), 420
MATTOCKS
 James, 156
MATTOX
 Abraham, 454
 Abram, 446, 456
MAULE
 Lewis, 158
MAURER

MAURER continued
 Martin, 292
MAURICE
 T. W., 240, 242
MAXAM
 Alonzo A., 164
MAXOM
 Philip S. (Rev.), 259
MAXWELL
 Brothers, 457
 James D., 205
 John, 461
 Robert, 155
MAY
 _____, 330
 John, 422
 Thomas P., 322
 Wm. H., 405
MAYBERRY
 John, 146
MAYER
 I. (Rabbi), 275
 L., 292, 293
 O., 152
MAYHEW
 John, 428, 429, 434
 John W., 127
MAYLOR
 D. C., 323
MAYNARD
 Alleyne (Dr.), 280, 314
MAYTHAM
 Y., 290
MEACH
 Jedediah, 412
 N. T., 290
MEACHAM
 Elleridge, 91
 Issac, 478
 N. D., 478, 480
 Norman D., 120, 162
 S. E., 480
MEACHEM
 Levi A., 125
 Reuben, 169
MEACHER
 Thomas, 513
MEAD
 A. N., 259
 Alfred N., 149
 Chauncey, 490, 491
 Henry, 165, 187
 J. W., 295, 499
 John, 117, 499
 John T., 126
 Levi, 112
 M. L., 420
 Moses B. (Rev.), 416
 W. W., 441
 William, 125
 William W., 491
MEADE
 _____, 136, 167
 Charles C., 164
 Chauncey W., 134
MEADER
 Andrew, 191
 Vincent, 93
MEANS
 Albert, 127
MEARS

MEARS continued
 Byron L., 151
 Edward (Rev.), 267
 Frank A., 284
MEDHURST
 Charles, 293
 G. W., 293
MEDILL
 Joseph, 194
MEE
 James, 168
MEECH
 N. T., 483
MEEKER
 _____ (Mr.), 457
 _____, 472
 Charles, 148
 Clarence H., 166
 Enoch, 445, 446, 456
 Ephraim, 472, 473
 J. O., 450
 R. C., 450
 Stephen B., 446, 456
 Walter T., 134
MEEKINS
 Edgar G., 91, 99
MEGERTH
 Philip, 289
MEHAN
 John, 182
MEHLING
 C., 463
 Charles, 466
MEIER
 Christian, 139
MEIGS
 Return J. (Hon.), 61, 62
MEILAENDER
 J. H., 465
MEINICKE
 A., 286
MEISTER
 Theodore, 150
MEIZENER
 D., 469
MELAY
 Edward, facing 472
MELCHEOR
 Amsler, 137
MELCHER
 _____ (Father), 459
 Ernest, 459
 John, 105
MELCHOR
 Ernest, 460
MELIBICH
 Wm. (Mrs.), 81
MELIA
 Peter, 135
MELL
 Thomas, 323
MELLEN
 John, 146
MELLIN
 Elliott T., 156
MELLINGER
 Charles, 164
 William, 164
MELTON
 H. L., 302
MEMPLE

-65-

MEMPLE continued
    Charles, 464
MENDALL
    George H., 154
MENDENHALL
    Geo., 323
    J. K., 493
    J. K. (Rev.), 534
MENEN
    Jacob, 148
MENIER
    Solomon (Rev.), 420
MENNEVILLE
    Marquis de Duquesne, 23
MENOMPSY
    (Hobsy), 50
MERCER
    John W., 103
    L. P. (Rev.), 276, 507
MERCHANT
    A. J. (Rev.), 251
    Aaron, 213, 324, 505
    Ahaz, 213, 322, 446, 456, 458, 459
    F. R., 292, 321
    J. H. (Rev.), 410
    S., 307
    Silas, 206, 325
MEREDITH
    Anthony, 144
    James F., 153
MERIAM
    ———, 308
    E., 439
    J. B., 257, 282, 309
    Wm. M. (Mrs.), 283
MERKEL
    Gottlieb, 420
    J., 464
    Matthias, 93
MERKLE
    George, 465
MERNA
    John, 132
MERRIAM
    Howard H., 152
MERRICK
    A. W., 323
    Henry W., 527
    Joseph C., 85
    William H., 152
MERRIH.
    Ebenezer, 527
MERRILL
    ———, 464
    Edwin H., 255
    Erskine, 520
    Moses, 421
    R. R. K., 519, 520
    Rollin R., 153
MERRITT
    Charles E., 153
    John, 149
    Joseph C., 132
MERRY
    Ebenezer, 502, 504
    Horace, 519
MERUR
    Wm., 261
MERWIN
    ——— (Col.), 28

MERWIN continued
    George, 502
    George B., 321, 323, 326
    Minerva, 237
    N. H., 237, 311
    Noble, 63, 65, 71
    Noble H., 237
    Tod, 168
MERZ
    Karl, 198
MESMER
    Andrew, 146
MESSENGER
    A. C., 323, 324
MESSER
    Henry M., 159
    John, 153
MESSINGER
    William, 184
MESSNER
    Charles, 105
METCALF
    George, 92
    Joseph (Rev.), facing 410
    Joseph (Mrs.), facing 410
METZ
    A. (Dr.), 204
METZGER
    Timothy, 133
MEWMARK
    S., 275
MEYEL
    ———, 192
MEYER
    Anselm, 148
    E. S., 209
    G., 441
    Gottlieb, 119
    Henry E., 152
    Jacob, 159
    John, 177, 419
    Karl, 104
    Michael, 500
    N., 301, 305
    Nicholas, 158
    Philip, 105
    Seraphim, 136
    William, 160, 302, 304
    William F., 164
MEYERS
    Frank, 186
    Henry, 177
    Herman, 103
    Jacob, 150
MIER
    John, 112
MIDDLETON
    George W., 173
MIESSE
    Geo. W. (Rev.), 274
MIGHTON
    F., 410
MILES
    ———, 127
    ——— (Mrs.), 234
    Anson A., 483
    Charles, 502, 503, 504, 505
    Chas., 483
    Charles F., 166
    D., 310
    Daniel, 65, 238

MILES continued
    Eben, 483
    Erastus, 211, 212, 213, 238, 322, 483
    Erastus F., 525
    Fanny, 229
    Fanny B., 42, 57
    Henry P., 527
    James, 485
    Lester, 525, 527
    T., 310
    Theodore, 42, 61, 212, 213, 238, 483
    Theodore (Mrs.), 226, 232, 321, 322
    Thompson, 483
MILFORD
    Wm., 323, 326
    William, 297, 298
MILGATE
    Richard A., 152
MILLARD
    and Smith, 442
    Alfred, 440
    Anna, 506
    J. M., 293
    John D., 68
    Philo, 526
    R., 505
    Royal, 505, 506
MILLEN
    L. F. (Mrs.), 282
MILLER
    ——— (Rev.), 526
    ———, 190
    ——— (Rev. Father), 428, 507, 508
    A. C., 288
    A. C. (Dr.), 204
    Adam, 509, 113, 135
    Albert W., 114
    Anna, 509
    Asher, 37
    August, 294
    C. W. D., 528
    C. W. L., 480
    Charles, 148, 419
    Charles F., 132
    Daniel H. (Rev.), 433
    Frank, 93, 152
    Fritz, 168
    George W., 159
    Gottlieb, 500
    H. T., 282
    Hamlin, 513
    Harvey T., 162
    Henry, 180
    J. C. (Rev.), 433
    J. E., 294
    J. F., 463
    J. H., 209, 290
    J. K. (Mrs.), 279
    Jacob, 149, 169, 102
    Jacob A., 159
    James, 114, 127, 160, 461, 462, 465
    James P., 123
    John, 126, 127, 145, 146, 186, 527
    John F., 180
    John H., 120, 157

Index of Names continued

MILLER continued
  John S., 478
  John T., 152, 156
  Joseph, 89, 462, 465
  Joseph K., 323
  Julius, 152
  Katurah, 500
  Lewis, 511
  M. W., 194
  Madison, 213, 289, 323
  Mary, 465
  Milton, 114
  Mitchell, 113
  Maynard, 292
  Orrin, 413
  Ralph, 165
  Richard, 177
  Robert, 151
  Samuel, 125
  Sebastian, 103
  T. C. (Dr.), 204
  Theodare, 180
  Theodore, 93
  Thomas, 162, 204
  Thomas D., 120
  Truman D., 179
  W. C., 249
  William, 199
MILLERT
  Anton, 137
MILLETS
  _____, 480
MILLIGAN
  J. W., 288
MILLIKEN
  George W., 168
MILLIMAN
  Nicholas, 159
MILLMAN
  W. H., 409
MILLS
  A. R., 321
  Anson K., 100
  Artemus T., 133
  Chas. F., 249
  Frank, 186
  G. B., 421
  J., 51
  J. P., 478
  J. R. (Mrs.), 283
  James P., 122
  John R. (Rev.), 252
  Joshua, 323
  Oliver, 515
  Orrin, 153
  P. L., 205
  Stephen, 89
  William, 494
MILLSPAUGH
  Cornelius, 492
MILROY
  _____, 153
MILTMAN
  August, 105
MILVEY
  Bernard, 95
MINAHAN
  Cornelius, 158
MINER
  _____, 461
  Clymintia, 533

MINER continued
  Daniel, 502, 503, 508
  Francis, 514
  George N., 143
  Samuel, 533
  W. A., 470
  Wells, 460
  Wm., 470
  William D., 155
MINGUS
  Jacob, 60
MINNIG
  Henry, 199
MINOR
  Ansel, 180
  Charles E., 125
  Daniel A., 512
  F. C., 157
  Frederick, 181
  George G., 164
  H. K., 490, 491
  Irving B., 169
  John, 47
  Jonathan, 112
  Marion, 450
  Seth, 450
  Verneuil, 157
  Wells, 460
  William, 166
MITCHELL
  _____ (Mrs.), 251
  Eliza (Mrs.), 279
  Eugene D., 148, 149
  Fred., 93
  Jacob, 324
  James S., 98
  John, 144, 178
  John N., 145
  Joseph, 145
  O. M., 176
  Reuben, 117
  William, 178, 180
  Wm., 351, 422
MITCHELM
  L. F., 92
MITTLEBARGER
  W. (Mrs.), 282
MITTELBERGER
  William, 297
MIX
  _____ (Rev.), 469
  L. D., 434
  L. D. (Rev.), 250
  R. D., 321
  R. E. (Rev.), 266
  R. E., 321
MIXER
  Albert K., 135
MOATS
  Henry, 177
MODERWELL
  _____, 171
MOE
  Frederick, 178
  Marcus, 526
MOFFATT
  R., 409
MOFFETT
  J. A., 262
MOFFIT
  R., 409

MOGLER
  Lewis, 144
MOHAWK
  John, 53, 54
MOHONY
  T. M., 267
MOHR
  John, 118, 137
MOIDEN
  Frank, 181
MOLEY
  C. A., 480
  C. W., 478
  Joseph, 127
MOLLEN
  Christopher, 324
MOLLER
  Frank, 144
MOLLETT
  Edmund, 530
MOLTER
  Henry, 100
MOLYNEAUX
  _____, 87
  Joseph B., 88, 152
MONAGHAN
  Joseph (Rev.), 266, 267
MONCRIEF
  Hugh, 117
MONEY
  Jacob, 144
  William H., 123
MONEYSMITH
  James, 117
MONGER
  John G., 99
MONKS
  Charles, 489
MONROE
  Allen, 185
  Felix, 117
  J. H., 289
  J. M. (Rev.), 262
  James H., 254, 289
  William N., 164
MONTAGUE
  Henry, 100
  Thomas, 514
  George, 159
  Torrence, 179
MONTAYNE
  John, 133
MONTEITH
  John (Rev.), 257
MONTEVERDI
  Samuel, 152
MONTGOMERY
  J., 405
  Joseph, 143
  Marcus W., 258
MONTREAL
  Anthony, 113
MOODY
  _____ (Rev.), 533
  Ephraim, 510
  Frederick R., 165
  W. B., 489
  William, 411, 489, 514
MOON
  _____ (Dr.), 466
  Corwin, 150

Cuyahoga County, Ohio

MOON continued
  Dallas, 125
  Herman (Rev.), 494
  T. M. (Dr.), 469
  Washington, 139
MOONEY
  Daniel, 178
  John, 145
  Thomas, 157
MOONSHINE
  Joseph, 95
MOORE
  ———, 147
  ——— (Rev.), 526, 533
  Charles H., 98
  Franklin, 145
  George, 121
  Isaac S., 133
  John, 184, 446, 456
  John M., 160
  John R., 156
  Jonathan, 85, 92
  Marius, 212, 439
  Nicholas, 116
  Peter, 145
  Robert, 531
  Roswell B., 120
  Solomon, 467
  Sylvester F., 99
  Theodore, 156
  Van Ness, 441
MORA
  Daniel, 404
MORAN
  Anthony, 183
  John, 116
  Thomas, 179
MORE
  Herman (Rev.), 276
  Mary A., facing 416
  Robert, 100
  William, 152
MOREHEAD
  Nathaniel, 169
MOREY
  Leman J., 169
  Joseph, 186
MORF
  C. F. (Rev.), 252
MORGAN
  ———, 163, 172, 187, 308
  A. W., 483
  Alonzo J., 88
  Ashbel, 239
  C. H., 287
  Caleb, 239
  Charles, 100
  Charles H., 98, 99
  Chas., 412, 413, 414
  Consider, 412
  E. P., 299, 300, 309
  Eli, 297
  Eli P., 256, 257, 282
  Elias, 37
  Ervin, 164
  G. W., 115
  George C., 160
  Geo. E., 125
  George W., 162
  Geo. W., 325, 326

MORGAN continued
  Guilson, 505
  Harris, 412
  Henry, 289, 323, 324
  Henry C., 115
  Isaac M., 211, 212
  Isaac M. (Dr.), 412, 413, 414
  J. A., 277, 288
  J. J. A. (Rev.), 247, 248, 249
  John, 37, 127, 171, 175, 183
  John B., 239
  John J. (Jr.), 321
  Mortimer E., 150
  James S., 170
  Moses I., 412, 414
  S. O. (Dr.), 464
  Y. L., 483
  Sylvester, 169
  Thomas G., 157
  William, 126, 151, 158, 297, 309
  William J., 112
  Y. L. (Jr.), 483
  Youngs, 239
MORISON
  David, 287, 326
MORISSEY
  T. S., 480
MORITZ
  Charles, 104, 105
MORLEY
  ———, 442
  E. W. (Dr.), 204
  J. H., 257
  William, 182
MORMON
  Peter, 125
MORRELL
  George S., 513
  Henry W., 127, 169
MORRILL
  Alpheus (Dr.), 517
  Geo. W., 324
  John, 419
  R. T., 292
MORRIS
  ———, 174
  Abraham L., 455
  G. G., 434
  George C., 158
  H. L., 249
  James, 514
  James L., 168
  John, 88
  Josiah, 126
  L. R., 290
  W. A., 326
  Warren, 158
  William, 152
  Wm., 251
MORRISON
  ———, 191
  Albert, 168
  Allen, 158
  Charles A., 133
  Eugenia A., 202
  George, 121, 146
  Henry E., 152
  Justin, 289

MORRISON continued
  William P., 178
MORRISSEY
  John, 441
MORROW
  J. M., 478
  James S., 119
  John, 102
  Robt. T., 321
  Thomas I., 208
  Thos. J., 294
  W. C., 209
MORSE
  ——— (Mrs.), 519
  ——— (Rev.), 465
  B. F., 326
  Charles D., 127, 152
  Daniel, 519
  Edwin C., 184
  Elbridge, 493
  F. A., 288, 289
  F. H., 297
  Fred H., 178
  George, 410, 450
  H. C., 152
  James M., 154
  Jay C., 152
  Joel, 116
  John, 44, 452, 454, 516, 519
  John H., 178
  Prudence, 519
  Sarah S., 433
  T. W., 246
MORTON
  A. D. (Rev.), 250
  Charles E., 434
  Clark, 461
  Daniel, 461
  David Z., 299
  Luther, 156
  Samuel, 404, 461
  Silas, 461
  Thomas, 461, 505
  William, 461
MOSBLECH
  P. W., 203
MOSBY
  ———, 167
MOSES
  C. W., 460
  Charles, 455, 456
  Chas., 460
  Francis, 85
  Henry, 460
  John, 462
  John (Rev.), 254, 257
  Joseph, 113
  Nelson, 456, 460
  Philo, 323
  William, 462
MOSLEY
  Oliver R., 98
MOSS
  Ephraim W., 120
  J. J. (Rev.), 409
  L. A., 281
  Simeon, 59
MOSSIER
  Ananias, 144
  Joseph, 144
MOSUR

Index of Names continued

MOSUR continued
  John, 157
MOTE
  James, 132
MOTREY
  Frederick, 100
MOTT
  ———— (Rev.), 465
  Henry, 134
  Jackson A., 164
  M. D., 291
  Oliver, 166
  William A., 188
MOTTAGE
  William, 152
MOULTON
  A. K. (Rev.), 262, 433
  Andrew J., 144, 151
  Jeremiah C., 155
MOUNT
  S. P., 295
  Seeley, 159
MOVIES
  James, 165
MOWER
  ———— (Rev.), 252
MOWRY
  Pliny, 237, 310
MOWER
  S., 478
MUCHLER
  Alex, 125
  William, 132
MUDGE
  Birdsey D., 150
  S. R., 199
MUEHLEMANN
  Bernhard, 104
MUELLER
  ————, 136
  A. (Rev.), 273
  Albert, 139
  B. L. (Rev.), 273
  Charles, 136, 148
  Chas., 286, 423, 424
  George, 102, 138
  J., 301
  Jacob, 210, 214, 324
  Jobst H., 137
  John, 138
MUENCH
  Chas. (Rev.), 272
MUERMAN
  C. A., 286
MUEST
  John, 293
MUHLINE
  Abraham, 186
MULCAHY
  Daniel, 266
  Dennis, 266
MULGREW
  Bernard, 91
MULLEN
  Edward, 89, 118
  John, 85
  Miles, 138
MULLER
  Joseph, 102, 137
MULVERHILL
  Daniel, 115

MULVERHILL continued
  Michael, 169
MUNGER
  David, 186
  Thomas, 186
MUNN
  Obadiah, 505, 506
MUNSELL
  Chas. W., 252
  Royal A., 126, 127
MUNSON
  ————, 39
  H. M., 512
  Thomas, 95, 180, 186
  William B. (Dr.), 464
  Wm. B., 462
MUNTZ
  Gottlieb, 102, 138
  John, 93
MURFET
  E., 495
  E. (Jr.), 495
  Edward, 207, 495
MURPHY
  Arthur, 144
  Edward, 143
  Edward J. (Father), 499
  Ervan, 157
  John, 179
  Luke R., 184
  Martin H., 183
  Patrick, 115, 122, 143
MURRAY
  ————, 238
  E., 459
  Elias, 56, 235
  Enoch, 213, 445, 459
  Harvey, 213, 235, 321
  Harvey C., 56, 59, 61
  James, 113
  James B., 150
  Patrick, 145, 148
  R. S., 256
  Robert E., 126
  Robert M., 152
  William E., 126
MURRY
  Enoch, 455
MUSE
  J. H. (Rev.), 271
MUSSEY
  H. E., 300
MYER
  Lawrence, 123
  William, 158
MYERS
  ————, 332
  Charles, 180
  Cyrus, 123
  Elbridge, 103
  Franklin, 144
  Frederick, 150
  George, 103
  Jacob, 159
  James T., 91
  John, 419
  John W., 173
  Levi, 91
  R. P., 259, 297, 299
  Rudolph, 186
  William, 117

MYGATT
  George S., 111
  Geo., 214, 255, 258, 298
MYLCHRIST
  R., 272

MC.

MC AFEE
  Daniel, 520
MC ALVEY
  John B., 121
MC ARTHUR
  ————, 463
  A., 499, 500
  H., 462
  Harry, 462
  Orange, 462
  Peter, 404
  Rial, 460, 461, 462
MC AVOY
  Michael, 150
MC BANE
  Alex, 291
  Charles A., 143
MC BRIDE
  ————, 457
  Alex., 480
  Alexander (Dr.), 475
  James, 95
  Sterling (Rev.), 433
  William, 152
  William E., 126
MC CABE
  James, 91
  Peter, 119
MC CAFFREY
  William, 145
MC CANN
  J., 305
MC CANNA
  Hugh, 98
  Patrick, 168
MC CANNON
  Joseph, 91
MC CARNEY
  Edward, 311
MC CARR
  M. (Rev.), 506
MC CARTHY
  John, 534
MC CARTNEY
  Andrew, 127
  Charles, 94
  Mary, 408
MC CARTY
  Edson H., 153
  Patrick, 145, 490
  R. G., 439
  Thomas, 170
MC CASKIE
  ———— (Rev.), 507
MC CASKEY
  ———— (Rev.), 252
  Geo. (Rev.), 250
MC CAULEY
  Daniel, 132
  John, 176, 180
  John G., 102, 137
MC CAUNE
  Micheal, 89

-69-

MC CLAFFIN
 E. M., 91
MC CLAIM
 Alfred, 152
MC CLAIN
 Alexander, 95
 Joseph, 88
MC CLANE
 John, 494
MC CLARIN
 Alfred H., 155
MC CLASKEY
 David, 288
MC CLAY
 Harrison, 135
MC CLELLAN
 ———, 87, 96, 124
 Reuben, 157
MC CLELLAND
 John, 260
MC CLINTOCK
 Calista (Mrs.), 433
 Dexter, 519
 Freeman, 517, 519
 John, 510
MC CLYMONDS
 John, 300
MC COMBER
 Elbridge J., 152
MC CONKEY
 Bold, 235
 Elijah, 169
 Isaiah, 169
 William, 60
MC CONLEY
 Wm., 501
MC CONNEL
 ——— (Dr.), 525
 J. B. (Dr.), 249
 J. S. (Rev.), 256
 William, 319, 321
MC CONNER
 Terry, 171
MC CONNOR
 F. B., 408
MC CONOUGHEY
 William J., 153
MC CONNOUGHY
 Jarvis, 519
MC CONOUGHY
 Faustina, 433
 James, 519
 S. P., 519
 William J., 520
MC COOK
 ———, 84, 122, 141, 174, 181
 Dan., 116
MC CORMICK
 John, 102, 138
 John H., 135
 John L., 125
 Peter, 186
 Robert, 158
 Roderick, 155
MC CORT
 James, 143
MC COWEN
 Henry, 177
MC COY
 Wm., 271

Cuyahoga County, Ohio

MC CRACKEN
 P., 295
MC CRARY
 Andrew, 413
 David H., 160
 Richard, 505
MC CREA
 ——— (Mrs.), 442
 ——— (Rev. Mr.), 442
 James, 297
 John (Rev.), 440
MC CREARY
 David, 412
 Joseph, 412, 413
MC CRODEN
 John, 478
 T., 479
 Wm., 479
MC CUAIG
 P. D., 295
MC CUE
 Edward, 122
MC CULLOUGH
 Neal, 122
MC CURDY
 ———, 301
 John G., 322
 Samuel W., 165
 W. H., 296
 William H., 206
MC DALE
 W.J.H. (Rev.), 254
MC DERMOT
 John, 145
MC DERMOTT
 J., 477
 M., 477, 479, 481
 Thomas, 160
 Wm., 477
MC DOLE
 ———, 253
 Henry W., 293
 Nathan K., 323
MC DONALD
 Donald W., 173
 Ed. J., 125
 Frank, 111
 H. A. (Rev.), 256
 James, 143
 William, 95
MC DOUGAL
 Allen, 95
 Samuel, 152
MC DOWD
 James, 146
MC DOWELL
 ———, 87, 468, 469
 C. J., 291, 293
 Charles J., 152
 Daniel, 468
 David, 470
 Fred G., 89
 James, 154
 William T., 144
MC EACHARN
 William, 114
MC ELDONY
 J. (Rev.), 254
MC ELHANEY
 Robert G., 119
MC ELROY

MC ELROY continued
 ——— (Rev.), 245
 Samuel, 100
 Samuel D., 148, 150
MC FARLAND
 Allen, 149
 Andrew, 446, 456
 Duncan, 457
 James, 457
 Johnson, 405, 409
 L. B., 434
 Milton, 187
 Scott, 165
 Thomas, 457
 Wm., 285
 William C., 214
MC FERNS
 John, 293
MC GARRY
 Thomas J., 289
MC GATH
 Lyman, 117
MC GAUGHY
 Edwin, 170
MC GEE
 James, 85
MC GEHAN
 Wm., 291
MC GHEE
 Andrew F., 184
MC GILL
 ——— (Rev.), 256
 Frederick, 171
 Leander, 165
MC GILLICUDDY
 F. O., 191
MC GINNESS
 F. E., 326
 James, 127
 James T., 143, 145
MC GINNISS
 Franklin (Rev.), 459
MC GLASHAN
 William, 427
MC GLOAN
 James, 119
MC GOULDRICK
 Bernard, 122
MC GOVERN
 Thomas, 183
MC GRATH
 B., 289
 John H., 153, 156
 James, 326
 Martin, 93
MC GRAW
 Barney, 302
MC GREE
 Patrick, 160
MC GREGOR
 A., 205
 Andrew, 127
 James, 115, 158
 John, 115
 M. P., 287, 288
MC GRUN
 Andrew, 157
MC GRUVY
 Daniel, 181
 William, 182
MC GUCKIN

Index of Names continued

MC GUCKIN continued
  Hugh, 143
MC GUE
  Michael, 157
  Micheal, 103
  Peter, 125, 186
MC GUIER
  John W., 321
MC GUINNESS
  Frederick H., 152
MC GUIRE
  Bernard, 95
  Charles, 135
  Cornelius, 166
  James, 115, 144
  Jane (Mrs.), 269
  John, 180
  John H., 152
  P. J. (Rev.), 266
  Patrick, 122, 134
MC GURK
  John, 142
MC HENRY
  _____ (Rev.), 253
  Henry, 147
MC ILRATH
  _____, 443, 444, 453, 455
  A., 459
  Abigail, 448
  Abner, 446
  Albert, 134
  Alex., 459
  Alexander, 450
  Andrew, 446, 448, 454, 455, 456
  Andrew (Jr.), 446, 456
  Cassius C., 178
  Elizabeth, 448
  H., 450
  Hiram, 450, 459
  Isabella, 448
  M. S., 459
  Michael, 446, 456
  Michael S., 459
  Oliver P., 144
  R. C., 321
  R. S., 460
  Samuel, 212, 214, 446, 455, 456, 459
  Samuel H., 446, 456
  Samuel A., 460
  Thomas, 60, 443, 445, 446, 448, 453, 454, 456, 459
  Thomas (Jr.), 456
  Thos., 460
  Thos. (Jr.), 446
MC ILVAINE
  _____ (Bishop), 247
MC INTIRE
  James (Rev.), 420
MC INTOSH
  Alexander, 157, 324
  Alexander II., 152
  David (Dr.), 68
  Donald (Dr.), 238, 287
  Duncan, 294
  J. A., 291
  J. L., 325, 326
  James, 143
  John L., 152
MCINTYNE

MC INTYNE continued
  Leander, 152
MC INTYRE
  John, 122
MC KANE
  William, 158
MC KAY
  George, 207, 208
  Frederick A., 112
  George A., 88
  James, 292
MC KEAN
  J. (Rev.), 440
  John (Rev.), 440, 506
MC KEARNEY
  Thos. B., 321
MC KEE
  Archibald, 321
  James T., 177
  John, 531
MC KEEN
  John, 132
  Richard, 179
MC KEEVER
  Henry H., 95
MC KENNA
  John, 116
MC KENZIE
  Cyrus P., 179
  H., 296
  James, 152
  John D., 132
  Roswell, 153
MC KIBBEN
  John W., 168
MC KILLIP
  George, 491
MC KINNEY
  Meredith, 100
MC KINNIE
  W. J., 206, 296
  William J., 206
MC KINNON
  Henry, 145
MC KINSTRY
  J. M., 326
  Thomas, 325
MC KINTY
  John, 177
MC KINZE
  William, 292
MC KINZIE
  Roswell, 159
MC KUTCHEN
  James, 117
MC LAIN
  Willis F., 89
  Wm. (Rev.), 420
MC LANE
  Edward, 147
MC LANG
  Alex., 324
MC LAREN
  _____ (Bishop), 193
  _____ (Rev.), 256
  W. E., 245
MC LAUCHLIN
  W., 294
MC LAUGHLIN
  Daniel, 178
  James, 156

MC LAUGHLIN continued
  John, 135, 155
  Patrick, 127
  Peter (Rev.), 263
MC LEAN
  J. (Rev.), 250
  James, 169
  M. B. (Rev.), 256
  Wm. (Rev.), 254, 311
  William, 154
MC LELAND
  Jackson, 151
MC LEOD
  Hiram N., 151
MC LLRATH
  J. P., 97, 98
  Philip C., 99
MC MAHAN
  _____, 106, 107
  James, 108, 109, 110, 114, 157
MC MAHON
  _____, 106
  Charles E., 118
  F., 506
  James, 114, 291
  John, 116
  John P., 152
  Walter W., 152
  Wm. (Rev.), 266
MC MANN
  J. P., 302
MC MANNIS
  James, 116
  William, 132
MC MARY
  William J., 151
MC MATH
  J. H., 212
MC MILLAN
  George W., 152
  Jefferson J., 154
  John B., 462
  O. P., 462
MC NAIRY
  A. C., 287, 288, 289
MC NALLY
  Andrew, 266
  William G., 152
MC NAMARA
  John, 180
  John D., 95
  Patrick, 101, 155
MC NEELEN
  James W., 151
MC NEIL
  _____ (Mrs.), 522
  Charles, 301
  Duncan, 133
  R. W., 209
  William, 152
MC NEMAR
  Richard, 532
MC NESS
  F., 288
MC PHERSON
  _____, 102, 131, 182
  Jeremiah T., 103
MC QUEEN
  Isabella, 302
MC RAYNOLDS

Cuyahoga County, Ohio

MC RAYNOLDS continued
  Wm., 321
MC REYNOLDS
  _____(Rev.), 465
  Anthony, 321
  Charles W., 126
  John K., 120
  Wm. (Rev.), 256, 269
  William, 152
MC SWAN
  Daniel, 187
MC VEIGH
  A., 494
  T. M., 495
MC WILLIAMS
  James M., 132
  John, 143

N.

NACHTRICH
  Christian (Rev.), 252
  Gottlieb (Rev.), 252
NACHTRIPP
  C. (Rev.), 507
NACHTRUB
  C. (Rev.), 251
NAFF
  J. W., 422
NAGLE
  George, 178
  John, 145
  William C., 133
NAIGLE
  Jacob, 146
NALY
  William, 113
NANCK
  Frederic, 148
NARMORE
  Chester, 412
NASBY
  Petroleum V., 103
NASH
  Andrew W., 92
  Charles P., 155
  Jeremiah W., 184
  Henry T., 127
  Harvey B., 134
  Orrin, 434
  R. R., 479
NASON
  Joel, 311
NAST
  Abram (Rev.), 432, 507
  Albert, 203, 252
  Wm. (Rev.), 203
NAU
  Jacob, 138
NAUERT
  Chris. A., 291
NAY
  Thomas, 113
  William H., 289
NEAGLE
  William C., 158
NEAL
  Thomas, 152
NEASE
  Shubal, 111
NEAT

NEAT continued
  Thomas, 294
NEBAUER
  John, 186
NEED
  George W., 123
NEEDHAM
  Benjamin, 112
  George E., 154
  John, 462, 464
NEEF
  Henry, 159
  John S., 159
NEELEY
  W. P., 152
NEFF
  W. A., 287
  William A., 244
NEGELE
  C. F. (Rev.), 273, 274
NEGGLI
  Kayden, 133
NEIGLER
  Nicholas, 157
NEIL
  J. P., 290
  William, 299
NEIMANN
  J. H. (Rev.), 273
NELAHER
  Peter, 166
NELLIGAN
  Michael, 168
NELSON
  _____, 106, 175
  A. A. (Mrs.), 283
  Abner, 490
  Abner N., 480
  Catherine, 490
  H. S., 290
  Harry N., 200
  Herbert S., 153
  Hugh, 117
  J. C., 407, 410
  Joel, 405
  John, 117, 290
  Newell, 491
  Robert, 149
  S. N., 290, 301
  Sumner W., 490
  Sylvester, 490
  Thomas, 530, 532
  Walter J., 155
NERACKER
  Frank, 186
NERAEHER
  William, 185
NESBITT
  _____(Mrs.), 440
NESHIT
  John, 286
  Wm., 440
NESPER
  Christian, 92
NETTLETON
  J., 489
  Samuel, 428, 494
NEUCHTER
  Michael, 507
NEUMOUR
  Bartholomew, 160

NEVILLE
  George, 152
  James, 290
  John, 112
  John J., 159
  L. J., 458, 460, 133
  Richard, 113
  Robert, 134
  William, 95
  Wm., 470
NEVIN
  Edwin H. (Rev.), 270
NEVINS
  John, 152
  W. R., 152
NEW
  I., 275
NEWBERRY
  _____, 214, 215, 219
  George B., 176, 178
  Henry, 241
  J. S. (Dr.), 81, 83, facing 476
  John, 292
  Roger, 37
NEWBURG
  Charles, 114
NEWCOMB
  James F., 112
  O. W., 413
  Theodore B., 152
  William, 177
NEWELL
  Edward J., 94
  Nathaniel, 178, 179
  Milford N., 178
  Rufus, 412, 414
NEWHALL
  Hart, 160
NEWLAND
  _____, 465
NEWMAN
  _____(Dr.), facing 472
NEWLAND
  A., 462
  Amos, 461
  Emanuel, 101
  Geo., 276
  James, 507
NEWMARK
  S., 296, 298
NEWNHAM
  Charles, 143
NEWSON
  Francis, 173
NEWTON
  _____, 109
  _____(Rev.), 440
  Abial, 405
  Caroline A. (Mrs.), 253
  Charles, 114
  D. M., 101
  James L., 152
  James E., 149
  George W., 162
  John (Judge), 411
  Sarah, facing 468
  T. G., 295
  T. S., 269
  W. H., 424, 269, 290
  Wm., 478

Index of Names continued

NEWTON continued
  William H., 165, 323
NEYLAND
  William, 103
NEYTHEUS
  Henry, 139, 137
NICELY
  John, 135
NICHARSON
  Sage, 146
NICHOLAS
  Charles, 126
  David J., 162
  Deter, 144
  Jesse, 497, 498
  Joseph, 479
  Martin, 91
  Mehurad, 508
  O. F., 499
  Oscar, 125
NICHOLS
  Charles W., 166
  Dyer, 502, 504, 505
  E. N. (Rev.), 448
  Edward, 147
  Ezekiel, 187
  Fannie M., 506
  G. F., 521
  Geo., 406
  Humphrey, 530
  J., 478
  James, 521, 526
  James P., 160
  Jesse, 152, 499, 501
  Joseph, 478, 479, 480
  Julius, 133
  O. F., 499
  U., 478
NICHOLSON
  Ezra, 503, 507, 508
  James, 503, 504, 505, 506, 507
  John, 135
  Lewis, 505, 506, 508
  W. D., 295
  W. J., 192
  William, 145
NICKEL
  John, 159
NICKERSON
  D. P. (Bishop), 262
  Charles, 531
  Charles H., 123
  Lewis W., 173
NICKET
  L. W. (Rev.), 433
NICKSAW
  ____, 53, 54
NICOLA
  Felix, 213, 321, 322, 419
  Frederic, 117
NICOLAI
  P. (Rev.), 273
NIECE
  Charles B., 133
NIEDING
  Augustus, 113
NIGGLE
  Keyton, 95
NINGBRA
  George, 186

NITSCHELM
  Charles F., 185
NIXON
  J. H., 287
  M. B., 421
NOAKES
  B. T. (Mrs.), 283
  B. T. (Rev.), 240
  George, 214
  John, 162
NOBLE
  C. D. (Rev.), 277, 278
  C. W. (Dr.), 204
  Chas., 257
  C. W., 321
  Chas. W., 321
  Conway W., 151
  D. (Rev.), 507
  H. L., 246
  Henry L., 322, 323
  Leonard, 90
  R., 285
  R. D., 324
  Roland D., 212
  Stephen I., 212
  T. K. (Rev.), 271
  W. W., 478, 480
  William, 153
NOBLES
  Elijah, 403
NOBSY
  (Menompsy), 50
NODINE
  Jacob, 133
NOKES
  Geo., 478
  George, 477, 478, 480
  J. C., 478
  John C., 478
NOIK
  Jacob, 93
NOLAN
  C. D., 208
  James, 168
  John, 159
  Micheal, 122
  Thomas W., 173
NOLL
  Philip, 145
NOLTE
  J. H., 273
NORRIS
  ____ (Miss), 444
  ____ (Mr.), 444
  ____ (Mrs.), 444
  Abigail, 448
  Abraham L., 444, 454
  Abram L., 448
  A. L., 443, 448
  Geo., 260
  Henry L., 138
  Norman L., 92
  Sherman R., 92
NORSWORTHY
  Wm., 287
  John, 287
NORTH
  Allen C., 151
  C. W., 325, 326
  W. C. (Mrs.), 279
  W. C. (Rev.), 253, 293

NORTHROP
  Amaziah, 492
  Augustus, 475
  Benjamin, 524, 525, 527
  Cornelius, 431
  Henry, 491
  Henry B., 132
  James, 475
  Lewis, 492
NORTHRUP
  Benjamin, 211
  Thomas G., 170
NORTHWAY
  ____, 167
NORTON
  Albert, 493, 534
  Arunah, 121
  Asa, 511, 512
  Asher, 498, 499, 501
  Belah, 412, 413, 415
  Bela, 499
  Benjamin, 498, 499, 501
  C. H., 253
  Carlos, 153
  E. M., 499
  Elijah H., 127, 152
  Elisha, 49, 52, 231, 233, 326
  Erastus M., 152
  Francis, 513
  Freeman, 513
  Henry, 52
  John A., 152, 209
  John H., 289
  Herman, 152
  Herman G., 154, 156
  Richard, 324
  Samuel, 511, 512
  Samuel J., 512
  Simon, 519
  Spencer C., 160
  W. A., 324
  Walter, 184
NORVILL
  L., 416
NOTT
  H. J. (Rev.), 276
  William, 459
  Wm. D., 323
NOTTINGHAM
  Henry, 206
NOWACK
  D., 530, 531
  James M., 321
NOYES
  Samuel, 60
NUFER
  N. (Rev.), 252
NUFFER
  ____ (Rev.), 507
NUGENT
  Geo. W., 122
  Patrick, 179
NUHFER
  N. (Rev.), 251
NULL
  Henry, 157
NUTCHELL
  John (Rev.), 253
NUTTING
  Reuben (Prof.), 518

NYE
  Webster K., 165, 187
  Wetherby, 403, 404, 405

O.

OAKLEY
  John H., 171
OAKES
  Caleb, 412
  Calvin, 412, 413
  Cary, 411, 412, 413, 415
  Cary (Jr.), 412
  Francis, 412, 413
  Geo., 412, 413
  Henry, 412
  Henry M., 414
  Isaac, 412
  Jonathan, 440
  William, 412, 413, 415
OAKLEY
  _____ (Mrs.), 252
  Thos. H., 252
OAKS
  Gardiner, 95
  James L., 149
OATES
  J., 294
OBER
  George, 432
  John, 432
OBERLAY
  John, 150
OBERLEY
  Charles L., 158
OBERMALLER
  H. (Rev.), 265
OBOCHT
  George, 104
O'BRIAN
  Daniel, 412
  _____ (Rev. Father), 501, 507
  Andrew, 142
O'BRIEN
  Daniel, 132
  James M., 114
  John, 143
  John P., 200
  Michael, 116, 125
O'BRYAN
  Micheal, 112
O'CALLAGLAN
  E. M. (Rev.), 266, 267
O'CONNOR
  _____ (Rev.), 266
  Alanson, 446, 456
  James, 160
  John, 169
  Lawrence, 446, 456
  Thomas, 134
ODELL
  A. H., 321
  Arthur, 152
  C. E., 293
  George, 157
  Jan, 257
  Joseph M., 184
  Samuel, 285
  Theodore, 127
O'DONOVAN

Cuyahoga County, Ohio

O'DONOVAN continued
  Michael, 144
O'DWYER
  P. (Rev.), 263
ODY
  George, 102, 138
  William, 125
OETTINGER
  Christian, 93
OFFERMANN
  Gutt, 276
  Peter, 276
OFFOLDER
  Dars, 142
OGDEN
  Benjamin, 60
  John T., 99
OGLE
  Josiah, 187
OGRAM
  J. W., 449
  Johnson, 459
O'HALLEM
  William, 95
O'HALLIGAN
  James, 123
O'HARRA
  Patrick, 123
O'HEARN
  Patrick, 181
OHL
  Casper, 145
O'KEESLER
  Peter, 186
O'KELLY
  Thomas, 95
OLCOTT
  Abraham, 155
  Charles B., 169
  George, 155
  Leverett, 300
OLDER
  Henry, 113
  Silas S., 168
OLDFELDER
  _____, 423
OLDHAM
  Albert, 125
OLDS
  Benjamin B. (Dr.), 522, 523, 526
  C. N., 522
  Edson B., 522
  G. G. (Mrs.), 522
  G. L., 522
  James, 99
  John, 166, 187
  Joseph, 522, 526
  L. W., 522
  Thomas, 117
O'LEARY
  Patrick, 94
OLGA
  Constatine, 125
OLHOFF
  Adam, 181
OLIVER
  A. W. (Dr.), 407
  Geo. W., 85, 92
  W., 449
OLKER

OLKER continued
  John, 152
  Otto, 152
OLMSTEAD
  Charles H., 487
  Aaron, 37, 484, 487
  Charles, 118
OMAR
  _____, 461
O'MARA
  John, 144
OMIC
  John, 57, 58
  Old, 57, 417
O'MORROW
  Micheal, 118
O'NEAL
  John (Rev.), 432
  Micheal, 123
O'NEIL
  James, 95
  John W., 126
  P., 305
  Zachariah, 150
O'NEILL
  Edward, 146
  John, 101
  Stuart, 169
ONTERKIRK
  Isaac, 155
OPDYCKE
  _____, 147
  Emmerson, 146
OPERT
  Lewis, 181
ORANGE
  Fisher, 111
ORBORNE
  Ozro, 408
O'REILEY
  _____ (Rev.), 268
  James K., 94
  Jas. K., 326
  Richard, 113
  Thos., 266
ORENDORFF
  Perry, 169
ORINDORFF
  Hezekiah, 169
ORMSBY
  Henry, 151, 164
ORNIC
  John, 232
O'ROURKE
  Richard, 94
ORR
  James, 404, 405
  John, 114
ORSCHEKOWSKI
  Augustus, 247
  Wm., 247
ORTH
  Jacob G., 151, 155
  H., 461
ORTLI
  F., 325
ORTON
  _____, 215
ORWIG
  _____ (Rev.), 465
  W. W. (Rev.), 274

-74-

Index of Names continued

OSBORN
  A. T. (Mrs.), 262
  Alanson T., 152
  Asahel, 489, 491
  Eli, 412, 413, 414, 473, 477
  Elisha A., 133
  Merritt, 477
  Reuben, 439, 440
  Robert E., 156
  Sarah, 432
  Selden, 440
  Sherman, 440
  Timothy, 427
  Timothy W., 432
  Zina, 473
OSBORNE
  Chauncey, 405
  L. F., 408
  Orwin, 112
  Wm. H., 321
O'SHEA
  T. P., 326
OSGOOD
  Joseph S., 116
  Reuben E., 168, 169
OSMUN
  George, 323
OSTERHAUT
  Abram, 168
OSTERHOLD
  Sam, 321
OSTRANDER
  C. H., 287, 288
  Hiram, 404
OSWALD
  Commissioner, 29
  Conrad, 105
  John, 133, 291
OSWALT
  John, 138
OTIS
  Chas. A., 325, 326
  Charles A., 299, 310
  Eliza P., 397
  W. F., 297
  W. L., 297
  W. S. C., 257, 310
  Waldemar, 296, 297
  Waldemer, 321
  William A., 299
  William H., 243, 244, 256
OTT
  Adam, 157
  Jacob, 90
OTTE
  Fred, 260
OTTENHEIMER
  H. S., 281
OTTER
  John, 104
OTTINGER
  Adam, 158
  Christian, 85
OUTHWAITE
  John, 251, 323
OVERACKER
  Geo., 324
OVERHALT
  J., 272
OVERMINE

OVERMINE continued
  Homer, 156
OVEROKER
  Adam, 468
  Michael, 468
OVERTON
  _____, 428
  Joshua, 427
OVIATT
  D. M., 324
  Hiram P., 166
  John, 427
  Joseph L., 155
  L. M., 315
  Lewis D., 127
  Lyman, 155
  M., 287
  Martin, 420
  Morris N., 185
  O. M., 297
  Sherman, 186
  William, 113
OWEN
  Christian, 178
  John, 160
OWENS
  Silas, 482
  Stephen, 271
  Wm. (Rev.), 261
OYLER
  _____, 464
OZANNE
  Julia L. (Mrs.), 258
OZMUN
  Daniel L., 134

P.

PACK
  G. W., 257
PACKARD
  Isaac, 412, 413, 414, 462
  John, 213, 462
  Joseph, 188
PACKETT
  John (Rev.), 254
PADDOCK
  Delia, 506
  Elias (Mrs.), 503
  J. G., 291
  Mortimer F., 163
  Mortimer L., 180, 181
  T. S., 83
  T. S. (Mrs.), 280
  Thomas, 324
  Thomas S., 151
  Wilber F. (Rev.), 247
  Zachariah, 407
PAELTZER
  C. V., 292
PAGE
  _____ (Rev.), 410
  Benj. (Rev.), 448
  Benjamin (Rev.), 500
  C. E., 289
  Daniel, 438
  E. D., 285, 288, 289
  E. S., 247
  Edward S., 127, 152
  E. W., 211
  Henry S., 152

PAGE continued
  Isaac, 446, 456
  J. M., 449
  Lartes B., 132
  S. B. (Rev.), 259, 260
PAGUE
  James O., 123
PAIER
  Frank, 295
PAIGE
  James H., 157
PAINE
  _____, 461
  Alfred H., 152
  Almira, 411
  Edward, 40, 46, 47, 54
  Edward, 425, 426, 225
  Franklin (Jr.), 119, 120
  George S., 126, 151
  Hannah, 415
  Jas. H., 321
  Oliver N., 411
  Orriana (Schoolteacher), 414
  R. F., 204
  Robert F., 212, 268
  S. White, 411
  Seth, 411
PAINTER
  J. B., 301
PALLER
  Fredrick, 277
PALMER
  _____, 463, 484, 531
  A. S., 421
  Alanson, 157
  C. H., 286
  C. W., 321, 323, 324
  Charles W., 290, 212
  David, 169
  George W., 164
  H. H., 410
  Henry H., 164
  H. R. (Rev.), 254, 287
  J. B., 269
  James C., 156
  J. D., 302
  J. Dwight, 151, 324, 325
  James F., 96, 446, 456
  Jesse, 324, 446, 456
  John, 113
  Joseph B., 323
  L. A., 214, 505, 506
  Lou, 504
  Martin, 178
  Michael F., 149
  Randall B., 92
  Stephen B., 152
  Thomas, 118, 456
  W., 324
PALMITER
  Asahel, 483
PANCOAST
  Lester, 183
PANCROST
  W. W., 321
PANDER
  _____, 215
PANGBORN
  Almeron, 126
PANNELL
  James, 300

PAOL
  William, 139
PAPE
  E. C., 251, 281, 282
  E. C. (Mrs.), 251
  Theodate S., 277
  Wm., 256
PAPWORTH
  Robert R., 152
PARCELL
  Newton, 166
PARDEE
  David A., 133
  H. A., 434
PARISH
  Hugh L., 478
  Hugh L. (Rev.), 514
  Joseph, 113
PARK
  Jerome A., 166
  Othello, 186
PARKE
  E. J., 410
PARKER
  A. W., 195
  Albert M., 153
  Benjamin, facing 476
  Cardee, 403
  Charles W., facing 476
  C. W., 481
  Daniel, 52, 233
  David G., 102
  E. C., 191
  Elisha, 150
  Elizabeth Sherwood, facing 476
  Eunice, 485
  George D., 114
  Henry, 480, 481, 525
  Henry (Dr.), 475, facing 476
  Henry E., facing 476
  Horace, 186
  Isaac, 95
  James, 187, 325
  James E., 153
  James M., facing 476
  Lloyd G., 126
  Mary Ann, 404
  Melinda Harvey, facing 476
  Harris, 152
  Mercy, 451
  "Mother", 464
  _____, 431, 482
  Solomon, 140
  Th. (Dr.), 281
  W. H., 288
  W. W., 289
  Wellington, 169
  William, 103
  William E., 150
  William M., 145
  Zenas, 144
PARKHURST
  Amos, 533
  Sarah (Mrs.), 254
PARKINS
  Benj. (Rev.), 251
PARKINSON
  Reuben, 405
  Watson J., 125
PARKMAN

PARKMAN continued
  _____, 13, 18, 25, 27
PARKIS
  Arthur J., 120
PARKS
  E. N., 297
  Eliphalet C., 271
  Joseph, 449, 450
  Robert, 324, 326
  Sherwood, 132
PARMALEE
  Edward A., 98
  Henry C., 102
PARMELEE
  Martha E., 379
PARMENTER
  Albert, 118
  Wilbur, 180
PARMER
  Charles W., 152
PARMETER
  _____ (Mrs.), 482
  Cyrus, 482
PARR
  Ferdinand G., 134
  Jonathan, 460
  John H., 157
  Stephen S., 156
PARRISH
  Edwin B., 152
  H. L. (Rev.), 252, 253
  Jaspar, 51
  Stephen M., 179
PARRY
  George, 166
PARSCH
  Anthony H., 150
PARSHALL
  Jonathan, 503, 508
  Susanna, 507
PARSONS
  Benjamin, 482
  George F., 142
  J. Benton, 151
  H., 290
  J. B., 286
  John, 150
  John G., 80, 152
  Jos., 507
  Luther M., 238
  Oscar N., 153
  R. C., 192, 296, 303, 313
  Richard C., 193, 211, 214, 324, 369
  Robert, 151
  Rufus, 492
  Stephen J., 178
  T. C., 251
  Tamzen, 340
PARTRIDGE
  George, 113
  William, 113
PARTY
  John, 186
PASSOLD
  Christopher, 102
PATCH
  A. D. (Rev.), 262
PATCHEN
  George A., 149
PATCHIN

PATCHIN continued
  John (Rev.), 489, 490
PATE
  _____, 201
  Wm. (Jr.), 201
PATERSON
  Alexander, 157
PATRICK
  Amanda, 519
  Charles, 298, 324
  Johnson, 412
  Joseph G., 516, 519
  Samuel, 410
  Thomas, 412, 413, 415
PATTER
  A. H. (Mrs.), 284
PATTERSON
  _____, 475
  _____ (Rev.), 432
  Caleb, 474
  DeWitt, 142
  George M., 184
  H. M., 296
  Jonathan, 474
  John S., 185
  T. B., 405
  W. D., 303
  William, 493, 534
PAUL
  H. D., 321
  John, 292
  Theodore, 422
PAULIS
  Anthony, 186
PAULUS
  C. F., 203
PAYNE
  _____, 141
  Amasa, 456
  Ashahel, 456
  Geo. M., 404, 405, 406, 407, 409
  H. B., 244, 300, 304, 309, 323, 324
  H. W., 321
  Henry B., 296, 206, 211, 214, 320, 370
  Luther D., 166
  N. P., 299
  Nathan P., 152, 314, 325, 326
  O. H., 308, 310, 206
  Oliver H., 140, 142, 206
  Perry W., 321, 322
  R. F., 211
  Samuel B., 143, 145
  V. A., 259
PAYSON
  George W., 177
PEABODY
  Avery, 120
  Leonard, 526
PEACOCK
  Henry B., 181
PEAKE
  George, 436, 502
  George (Jr.), 502
  Henry, 502
  James, 502
  Joseph, 502
PEARCE

Index of Names continued

PEARCE continued
   J. W., 333, 249
   Thomas, 112
   W. H., 199
PEARSE
   Boardman, 483
   Jonathan, 482, 483
PEARSON
   J. A. (Rev.), 254
   James, 489
   Thomas A., 152
   S. F., 422
PEARSONS
   Oscar, 117
PEASE
   Asia, 505
   Augustus, 410
   C., 439
   Calvin, 439, 440, 504, 505
   Enos, 111
   G., 442
   G. T., 505
   George, 237, 311
   George W., 160
   James, 112, 439
   Luther M., 152
   Oscar, 151
   Osceola R., 154
   Royal E., 177
   S., 405
   Seth, 37, 39, 41, 42, 44, 52, 452, 223, 226
   Sheldon, 297
   Solomon, 505
   Sylvester, 322
PEASNELL
   James, 133
PEAT
   William, 139
PEATE
   John (Rev.), 251
PEBLES
   _____, 474
PECHIN
   E. C. (Mrs.), 279
PECK
   Aaron Jr. (Rev.), 257
   Adoniram, 446, 456
   Anton, 295
   B., 477
   Buel, 477
   Buell, 490
   Charles F., 149
   Clarence M., 154
   E. M., 323, 300
   Edward T., 249
   E. S., 484
   Edmund T., 152
   Edward, 118
   George, 180
   Geo. F., 321
   J. B., 484
   Loyal, 488
   Mariah, 408
   Ralph, 150
   S. S., 410
   Sherman, 238
   T. D., 321, 322
PEDRICK
   William E., 165, 166
PEEBLES

PEEBLES continued
   E. D., 199
   Rensselear R., 90
PEET
   _____ (Mrs.), 250
   David (Rev.), 255
   Elijah, 250, 322
   Jesse, 291
   Lewis, 482, 483
PEET
   Stephen (Rev.), 448
   Stephen, 446, 456
PEFFERS
   Henry R., 119
PEGRAM
   _____, 128
PEINTESS
   S. M. (Rev.), 261
PEIRCE
   William C., 202, 203
   W. C., 481
PEISKER
   Louis, 162
PEIXOTTO
   Moses L. M., 135
PELHAM
   Richard, 532
PELL
   George M., 121
PELTON
   _____, 506
   Bradley, 160
   Brewster, 271
   E. D., 400
   F. S., 419
   F. W., 213, 246, 287, 288, 285, 291, 301, 419
   Francis S., 419
   Frederick W., 325
   Frederick William, 371
   H., 241
   Jonathan, 454, 455, 456
   Joseph, 455, 456, 460
   Jos., 460
   Parker, 455, 459
   R., 420
   Russell, 419
   S. D., 458, 459, 460
   Seth D., 454, 455, 456, 458, 459
   S. N., 434
   T. S., 291
PENDLETON
   Eugene A., 182
   James, 102, 138
   John, 114, 253
   William, 102, 138
PENFIELD
   A., 189
   Austin C., 321
   Nathan E., 166, 187
   Wakeman, 456, 459
PENN
   Geo. W., 99
   William, 54
PENNELL
   John, 113
PENNIMAN
   _____, 189
PENNINGTON
   B. L., 152

PENNINGTON continued
   S. E., 152
PENNRICH
   Frank, 152
PENNY
   Henry H., 149
PENSER
   Augustin, 137
PENSTAL
   John, 135
PENWICK
   J. F., 293
PEPOON
   Joseph (Rev.), 415
   Lawrence T., 121
PEPPERDAY
   William H., 126, 145
PERCHEK
   John, 156
PERCIVAL
   Elijah, 149
   H. F., 285, 288
   Jerome, 134
PERDUE
   E. R., 194
PEREW
   John, 158
PERKINS
   Anna Maria, 327
   Ansel, 134
   Charles, 152
   Charles E., 150
   E. R., 298, 299
   Edwin R., 257
   Enoch, 37
   Frank, 186
   J., 299
   Jacob, 372
   James W., 114
   Jason, 202
   Jerome T., 151
   John, 153, 449
   Joseph, 207, 257, 279, 280, 283, 300, 306
   Lafayette, 154
   Myron B., 165
   Riall, 152
   Simeon, 47
   Simon (Gen.), 60, 61
   William C., 134
PERLEY
   J. S., 289
   Victor, 93
PERO
   Joseph E., 147
PERNIE
   Abram, 159
PERRIN
   Henry, 421
   Levi, 135
PERRINE
   A., 152
   Henry, 152
   James, 186
PERRIGO
   Frederick, 150
PERRISVILLE
   Martin, 155
PERRY
   _____, 174, 235
   _____ (Mrs.), 235

PERRY continued
  Abigail, 237
  Abraham, 456
  Betsey, facing 414
  Commodore, 62, 63
  Daniel, 438, 439
  ,Daniel H., 123
  D. H., 441
  Desire, 449
  Gideon B. (Rev.), 246
  Henry, 177
  Horace, 68, 212, 213, 234, 237, 310, 321, 322
  John, 116
  John F., 205
  Joseph, 132
  Mary Anne, 449
  Nathan (Major), 55
  Nathan, 56, 112, 234, 322, 373
  Nathan (Jr.), 234, 237
  O. H., 480
  Oliver H., 151
  Paul, 159
  Pauline, 237
  S. W., 478
  V. W., 478
  Wm. H., 462
PERSHING
  I. C. (Rev.), 253
PETER
  H., 273
  John, 114
  Mary, 273
  William, 138
PETERMAN
  David, 100
PETERS
  Asahel B., 184
  David, 155
PETERSON
  Anton, 105
  Carl, 160
  Joseph C., 152
PETET
  J. (Dr.), 204
PETRAE
  Frank, 295
PETTENGILL
  Charles B., 206
PETTEY
  George W., 152
PETTIBONE
  Albert A., 168
  Augustus, 519, 520
  Elijah, 516
  Francis, 519, 520
  William, 99
PETTINGER
  (Rev. Mr.), 465
PETTINGILL
  C. B., 296
  Chas. B., 325
  George H., 159
  Horace S., 152
PETTIS
  Albert, 180
  Edward H., 180
  Edwin L., 152
PETTY
  Zenas B., 166

PFAFF
  Matthias, 177
  George, 147
PFAHL
  Christian, 104
  William, 93
PFEFFER
  Casher, 247
PFEIFFER
  Joseph, 306
PFISTER
  Lawrence, 157
  Samuel, 102, 138
PFLUEGER
  Valentine, 148
PHELPS
  Abraham J., 187
  Aruna, 412, 473
  Cyrus, 494
  George M., 115
  George W., 120
  John, 145
  John A., 173
  Oliver, 37, 51
  S. D., 422
  Spencer, 187
  Stephen D., 286
  Walter, 508
PHEUFFER
  J. G. (Rev.), 273
PHIFFER
  John, 180
  Philip, 180
PHILE
  Henry E., 157
PHILIP
  Henry A., 125
PHILLIPS
  , 458
  Benjamin, 294
  C., 490, 491
  Chester, 490, 491
  C. P., 491
  D. L., 462
  David, 113
  Henry, 127
  Henry L., 178
  Isaac W., 150
  J. J., 289
  J. L. (Rev.), 410
  John, 91, 462
  Jos., 450
  Loring J., 164
  Lucien L., 180
  Philip, 153, 437, 441
  Porter S., 164
  Richard, 260
  Thomas, 446, 456
  W. A. (Dr.), 204
  William, 149
  Wm. S., 433
  W. W., 434
PHILLY
  J. J., 289
PHILPOT
  J. T., 322
PHILPOTT
  John, 261
  John T., 130, 133
PHINNEY
  H. F., 505

PHINNEY continued
  Benjamin, 505
  Calvin, 439, 440
  Edwin W., 157
  Sylvannus, 437, 440
PICK
  Louis W., 85
PICKAND
  Henry S., 135
PICKANDS
  Henry S., 131
  J. D. (Rev.), 269
  James, 127, 140, 141, 142
PICKARD
  A. J., 489
  J., 478
  Jonathan, 162, 478
  Jacob, 151
  Newman, 491
PICKERING
  Timothy (Col.), 36
PICKETT
  (Lt.), 62
  William, 120
PIDGEON
  William H., 165
PIEPER
  John, 133
PIERCE
  Calvin, 115
  Charles, 158
  G. B., 462
  George L., 287, 294
  Gideon, 533
  W. C., 478
  William C. (Rev.), 478
PIETSCH
  August, 148
PIGOTT
  George, 147
PIKE
  E. B., 495
  George, 125
PILE
  Elizabeth, 509
  Isabella, 509
  Michael, 509
PILLET
  Francis, 465
PILLSBURY
  Daniel, 529, 530
  Isaac N., 289, 446, 450
  J. W., 324
  William, 516, 519
PIMPTON
  Billings O. (Rev.), 250
PINCH
  (Rev.), 494
  John (Rev.), 433, 276
PINKER
  Samuel, 157
PINKERTON
  John B. (Rev.), 262
PINKNEY
  Charles, 126
  Jefferson, 188
  John T., 126
PINNEY
  Alfred (Rev.), 259
  O. C., 321
PIPER

Index of Names continued

PIPER continued
  Edgar W., 132
  J., 274
  S. S., 116
PITKIN
  Daniel, 159
  L. M., 270
PITROFF
  Johann, 104
PITT
  M. (Rev.), 276
PITTENGER
  (Rev.), 248
  J. McK. (Rev.), 415
PITTS
  John, 502, 504
PIXLEY
  L. C., 422
PLAH
  R. B., 323
PLAISTED
  Ivory, 152, 321
PLAISTER
  Samuel, 125
PLANK
  Samuel, 151
PLATO
  Henry A., 149
PLATT
  H. P., 321
  Salmon E., 149
PLETCHER
  Henry, 157
PLIMPTON
  J. M., 506
  Jonathan, 505
PLOWMAN
  James, 164
PLUMB
  _____, 231
  Joseph, 55
PLUMMER
  Thomas I., 103
PLUSS
  William, 102, 138
PLYMPTON
  _____, 497
  Billings O. (Rev.), 522
POAK
  Lycurgus M., 149
POE
  Adam (Rev.), 420
  A. W., 418, 420, 422, 423
  Andrew A., 178
  J. M., 422, 423
  Joseph C., 321
  Joseph M., 214, 419
  Jos. M., 321
POESA
  H., 275
POLHAMUS
  William H., 164
POLLARD
  R., 491
  Richard, 491
POLLOCK
  D., 256
  W. J., 152
  William J., 157
  George W., 165, 187
POLLYBLANK

POLLYBLANK continued
  George, 152
POMERENE
  H., 297
  J. G., 201
  Joel (Dr.), 204
  Julius G., 211
POMEROY
  _____, 474
  A., 481
  A. H., 481
  Alanson, 480, 527
  Ansel, 156
  Alson H., 527, 528
  Asahel, 411
  C. S. (Rev.), 209
  Calvin, 525
  Chas. S. (Rev.), 256, 257
  Ebenezer, 523, 526, 527
  Elizabeth C., 528
  Harlan, 528
  Hollis C., 528
  Hollish L., 528
  James, 135
  John, 412
  Kezia Pope, 528
  L., 478
  Lemuel, 411
  Libbcus, 477
  Lorency, 528
  N., 478
  Nelson, 478
  O. D., 481
  Orlando D., 527, 528
  Otis, 415
  Perlina M., 528
  Vienna, 528
  Violaty, 527
POND
  Albert, 516, 517
  C. N. (Rev.), 271
  Chas. J., 499
  David, 500
  William I., 173
PONTIAC
  _____, 25, 26, 27
PONTIUS
  J. K. (Rev.), 274
POOL
  Ira H., 116
  Samuel, 429, 434
POOLE
  John (Mrs.), 279, 280
  Thomas J., 133, 184
POOLER
  Reuben, 120
POPE
  _____, 87, 102, 167, 121, 176, 431, 480
  A., 206
  Ansel G., 522
  A. J., 526
  D. S., 431
  E. C., 477
  I. W., 431
  Jonathan, 522, 525, 526, 528
  Kezia, 528
  Philander, 527
  Peter, 186
  S. I., 431
  S. L., 431

POPE continued
  Stanley G., 525, 123
  T. J., 478
  Thomas W., 525
  Wesley, 515
POPLOWSKY
  L., 291
POPOWSKY
  A., 292
POPP
  Gottlieb, 93
POPPLETON
  Houston H., 373
  Samuel (Rev.), 374
PORTER
  _____, 436, 438, facing 440
  _____ (Mrs.), 435, 436, 438, facing 440
  A. G., 439
  A. H., 310
  A. H. (Mrs.), 283
  A. S., 439, 441
  Albert, 152
  Amaziah, 455
  Andrew, 152
  Angelina, 438
  Asahel, 435, 436, 438, 439, 504, 505
  Augustus, 37, 39, 40, 223, 225
  Bela W., 115
  Catherine H., facing 440
  Charles H., 162
  Charles O., 166
  Chipman, 521, 526
  D. W., 439
  D'Arcy, 309, 310
  David C., 321
  Ebenezer, 437
  Edwin, 521
  Elden, 148
  Francis K., 455
  Franklin, 166
  Gilbert, 143
  Hannah, facing 440
  James C., 153
  Jemima, 438
  John, 438, 440, facing 440
  Joseph, 438, facing 440
  Joseph (Mrs.), facing 440
  L. G., 439, 440, 441, facing 440
  Lemuel R., 178
  Leonard, 438
  Lydia, facing 440
  Melville, 166
  Melville C., 122, 123
  Morris, 460
  Nehemiah, 437, 440, facing 440
  N. G., 439
  Orlando, 144
  Peter, 40
  Rebecca, 438, facing 440
  Samuel, facing 440
  W., 439
  W. L., 152
  W. S. (Mrs.), 283
  Wells, 322, 323, 324, 419, 439, 440, 441
PORUSS

PORUSS continued
  Fredrick (Rev.), 272
POST
  Levi D., 178
  N. L., 450
POSTANCE
  Daniel, 287
POTTER
  _____ (Dr.), 27, 28
  Albert, 183
  Benjamin, 181
  Edwin R., 181
  Geo. W., 127
  Gordon H., 120
  James, 505, 507, 508
  James A., 153, 504
  Mayne, 324
  Robert, 151
  Silas W., 117
  Stephen, 499
  Thomas, 520
POTTS
  P., 483
POULETTE
  David, 160
POWELL
  _____, 488
  Albert, 323, 324
  Alfred H., 152
  Bennett, 486
  Charles W., 89
  E. G., 253
  Edward G., 123
  H. H. (Dr.), 204, 279
  James, 142, 145
  John, 246
  Lorenzo C., 152
  Perry, 439, 441
  Theodore S., 519
  Thomas, 122
  William A., 145
POWERS
  B. F., 263
  Edwin, 155
  James H., 120
  Stephen C., 407
  Thomas, 112
  William, 112
POWNAL
  _____, 22
POYNER
  E. D., 294
PRAHST
  Ernst, 294
PRARD
  Charles, 52
PRASSE
  Frank H., 138
  Frederick, 102, 138
PRATHER
  J. S. (Mrs.), 283, 204
PRATT
  _____, 109, 431
  A. H., 261
  Artemus, 162
  Cotton J., 494
  Ephraim, 162
  F. B., 314, 323
  Frederick D., 152
  H. S., 483
  Harvey H., 256

PRATT continued
  Henry A., 89
  Hiram, 461, 463
  Job, 464
  Judson, 285, 291
  Norman B., 151
  Theodore W., 85, 92
  W. B., 295
  William, 427
PREBLE
  Charles E., 89
PRECHTER
  Michael, 277
PREDNER
  Betsey, 408
PRELL
  John, 119
PRENDLE
  Cyrus (Rev.), 534
PRENTICE
  Robert, 60
  Walter (Dr.), 290
PRENTISS
  _____, 506
  Betsey, 529
  Chauncey, 152
  Chloe, 357
  Cyrus, 529
  F. J., 321
  Frederick J., 212
  James, 529, 530
  James (Jr.), 529
  John, 529, 530
  L., 299
  Liberty, 478
  Loren, 212, 322, 260, 281, 282
  Loren (Mrs.), 280
  Luther R., 529, 530
  Mendon L., 151
  Noyes B., 211
  Perry, 152, 160
  Robert, 529, 530, 531
  Samuel B., 212
  Samuel M., 529, 530
  Willard C., 84
PRESCOTT
  James S., 532, 533
PRESING
  Leonard, 112
  PRESLEY
  Geo., 286, 325
PRESTAGE
  John H., 89
PRESTON
  B. (Rev.), 254
  C. M., 270, 295
  E. C., 321
  Frederick M., 127
  J. C. (Dr.), 205
  James, 527
  John C., 258
PRETZER
  Albert, 276
PREYER
  J. J., 447
PRICE
  A. A. (Rev.), 254
  Charles, 166
  Charles J., 152
  Edgar A., 100

PRICE continued
  H., 495
  Henry, 495
  John, 113
  Peter, 145
  T., 489
  William, 114, 160
  William B., 519
  W. H., 204, 299
  William H., 463
  William H. (Jr.), 291
PRIDAY
  _____, 455
  Henry, 458
PRIDEAUX
  _____ (Gen.), 24
PRIEFER
  Gustav, 137
PRIEST
  Francis A., 119
PRIMAT
  James, 507
PRINCE
  James, 148
  Larton, 180
  Paul, 150
PRINDLE
  Cyrus (Rev.), 254
  Ebenezer, 524
  H. E., 310
  John A., 310
  Lewis, 133
PRINGLE
  Artemus, 455
  C. (Rev.), 250, 251
PRITCHARD
  Benjamin F., 430
  Edward H., 187
  Edward T., 178
  Geo. B., 120
  Jared, 212
  John, 322
  Robert, 414
  Solomon, 125
  W., 478
  Wm., 478
PROBECK
  _____, 464
  Philip J., 158
PROBERT
  _____ (Rev.), 261
PROCTOR
  _____, 63
  A. T., 192
  Artemus T., 184
  Caleb, 479
  Frank A., 165
  Harvey E., 111
  Haskell F., 142, 145
  John, 180
  Myra, 479
  William, 91
PRONTING
  J., 450
PROPER
  John G., 530
"PROPHET"
  56
PROSSER
  Dillon (Rev.), 250, 251, 252, 253, 254

-80-

Index of Names continued

PROSSER continued
  Dillon (Mrs.), 253
  L. D. (Rev.), 410
  Lorenzo D. (Rev.), 534
PROTIVA
  Frank, 295
PROTZMAN
  F., 201
PROUDFOOT
  John P., 152
  Mary, 375
PRUSSEK
  John, 295
PUCHOLA
  John, 130
PUFFER
  Henry, 134
  Jabez G., 134
PULLMAN
  Samuel R., 92
PULVER
  Chester C., 85
PUMPHREY
  Walter F., 151
  William, 123
PUNDERSON
  E. F., 246, 289
PURCELL
  ——— (Archbishop), 264, 265
  Charles, 152
  Thomas, 325, 326
PURDEE
  A., 256
PURDY
  C., 408
  M. A., 408, 410
  Nelson, 301, 302
PURINE
  Benj. F., 120
PUSLEY
  Geo. (Mrs.), 282
PUTNAM
  George, 148
  Israel, 24, 26, 27, 28
  John, 147
PUTT
  Richard, 144

Q.

QUACK
  Jesse, 113
QUAID
  George, 103
QUALE
  James, 321
QUANTRELL
  ———, 163
QUAY
  J. J., 289, 424
QUAYLE
  ———, 332, 375
  A., 534
  Albert K., 132
  George S., 126
  James K., 530
  John, 134, 290
  Samuel H., 142
  T., 478
  T. J., 478

QUAYLE continued
  Thomas, 324, 374, 375, 534
  William, 157
  William H., 152
QUEDONFELD
  Louis, 104
QUELLMAN
  J., 152
QUIGGIN
  Charles, 126
  John J., 115
  O. W., 483
QUIGLEY
  ——— (Rev. Father), 500, 507
  P. F. (Rev. D. D.), 420, 421
  Joseph, 438, 439
  R., 251
  William, 143
QUILLIAMS
  William T., 177, 450
  Wm., 450
  Wm. T., 450
QUINN
  ——— (Rev.), 191
  A. H., 295
  Arthur, 114, 143
  Arthur H., 151
  John (Rev.), 266
  John, 95
  Martin, 146
  Patrick H., 158
  William, 169
QUINLAN
  James, 146
  John C., 184
QUINTREL
  G. C., 292
QUINTRELL
  A. G., 119, 321
QUIRK
  C. W., 424
  Thos., 422, 424

R.

RABON
  David G., 289
RABONE
  James, 259, 276
RABSHAW
  Gideon, 169
RACE
  Andrew, 459
RADCLIFF
  James, 531
  John T., 530
  John (Jr.), 530
  Minos, 147
  T. J., 531
  Thomas, 529, 534
RADCLIFFE
  ——— (Rev.), 493
  James (Jr.), 534
  W. H., 326
  William H., 149, 152, 285, 288, 302
RADEL
  Albert, 146
RADEY
  John, 180

RADWAY
  A. L., 483
  Ada, 103
RAEDLER
  Charles B., 178
RAFFENSPERGER
  E. B., 192, 258
RAHRIG
  George, 139
RAINERIOUS
  ——— (Father), 466
RAINES
  John, 293
RAKOWSKI
  John, 119
RALPH
  Isaac, 152
  Isaac T., 155
RAMALIA
  Abraham, 85, 92
RANCH
  George, 145
RAND
  Benjamin F., 114
  Elmer H., 181
  True, 91
RANDALL
  ———, 455
  Adolphus M., 90
  Alexander W., 531
  Charles, 113
  Chas. H., 257
  Courtney, 151
  Frank, 90
  G. A., 290
  James, 150
  Joel, 459
  John, 168, 412, 414, 500
  Tristram, 513
RANDERSON
  G., 325
  Joseph, 325
RANDOLPH
  Beverly (Hon.), 36
RANNALS
  Arasis A., facing 414
RANNEY
  Charles H., 89, 144, 155
  Charles P., 507
  Chas., 245
  Comfort, 122
  Edward G., 122
  H., 259
  H. C., 247, 285
  Horatio, 322
  John R., 209, 321
  R. P., 191
  Rufus P., 211, 397
  S., 298
  W. P., 421
  Wm. J., 290, 291
RANSOM
  C. S., 324
  George F., 134
  J. R., 294
  James G., 297
  Joseph, 325
  Oliver, 529, 530
RAPKE
  Albert, 169
RAPPE

-81-

Cuyahoga County, Ohio

RAPPE continued
 Amadeus (Bishop), 264, 266, 267, 278, 280, 281, 284, 305, 306, 507, 514
RAQUETT
 George, 158
RAQUETTE
 George, 93
RAS
 Louis, 138
RASENWASSER
 M. (Dr.), 281
RASER
 Augustus, 144
RASH
 Frederick, 186
RASHLEIGH
 Frank, 186
RASP
 Henry, 138
RATH
 Christopher, 127
RATHBONE
 E., 483
 George, 483
 G. S., 483
 Sarah F., 331
RATHBUN
 (Mrs.), 482
 DeWitt G., 179
 Edmund, 482
 Erastus, 482
 G. S., 434
 George, 429, 482
 Geo. W., 103
 Joseph, 482
 Milton, 482
 Saxton R., 494
 Warren, 116
RATHBURN
 Geo., 460
RATTLES
 William H., 112
RATTLE
 Wm. (Mrs.), 280
RAUCH
 Henry, 506
RAUE
 Julius, 112
RAWLINGS
 John, 113
RAWSON
 Edward B., 152
 E. B., 295
 L. O., 199
 Lemuel O., 127, 151
RAY
 Benj. F., 160
 George, 157
 James, 419
 John, 143
 William D., 133
RAYEN
 William, 143
RAYLA
 J. J., 262
RAYMOND
 Henry N., 255
 James W., 91, 153
 Jerome, 475, 478
 Samuel, 204

RAYMOND continued
 William L., 173
RAYNELS
 Samuel (Rev.), 534
RAYNER
 David, 271
RAYNOLDS
 Henry K., 325
RAYNOR
 Andrew J., 160
READ
 Charles M., 324
 Washington G., 149
 H. A. (Rev.), 269
READER
 Charles E., 159
READING
 George, 178, 450
REAMES
 Jonathan, 155
REANNOURD
 Geo. C., 100
REARDEN
 Timothy H., 127
REARDING
 Arthur, 169
REARDING
 John, 169
REBBECK
 H. H., 302
REBBER
 Jacob G., 156
 John, 93
REBMAN
 Christian, 138
RECHLEY
 Frank A., 177
REDDITT
 James, 169
REDECAR
 Henry, 144
REDERUP
 Thomas, 513
REDFIELD
 Joseph H., 149
 Nathan, 41
REDHEAD
 Henry W., 184
REDINGTON
 J. A., 323, 419
RED JACKET
 , 38
REDMAN
 W. M., 200
REDNEP
 William, 143
REDRUP
 William, 152
 Wm., 469
REECE
 James, 276
REED
 Albert D., 168
 Benj., 439
 Benjamin, 439, 441, 442
 Calvin T., 519
 C. C., 437
 Collins, 519
 David, 60
 F. K., 253, 266, 290
 E. H., 527

REED continued
 G. C. (Rev.), 415
 Harmon, 134
 H. L., 290
 Howard W., 165
 James L., 185
 James P., 153
 John H., 145
 John S., 438
 John W., 165
 Joseph, 168, 489
 Richard, 144
 Russell P., 181
 W. A., 480
 William A., 142, 143
 William L., 145
REEDY
 John, 94
REES
 Dewitt, 148
 James, 406
REESE
 (Rev.), 273
 Chas. S., 314
 F. L., 126
 Florence, 151, 152
 Jacob, 276
 John, 185
 Niles, 180
REEVE
 Edwin F., 182
 John, 419, 423
 Thomas A., 310
 Thomas R., 308
 William, 114
REEVES
 (Rev.), 533
 C. C., 292
 Herman M., 162
REGAN
 Daniel, 114
REHBURG
 H., 276
 Saupe, 276
REHM
 C. (Rev.), 273
REHWINKEL
 Friederick H., 104
REI
 John, 146
REICH
 Conrad, 122
REICHER
 (Rev.), 507
REICHERT
 George, 145
REICHLIN
 C. (Rev.), 268
REID
 , 109
 Duncan, 90
 F. K., 296
 Isaac N., 157
 William P., 152
REIDEL
 Geo., 420, 424
REIGLER
 Albert, 177, 178
REILEY
 Robert, 285
REILINGER

-82-

Index of Names continued

REILINGER continued
  Theodore, 101
REILLEY
  Robert, 324
  Thomas, 326
REILLY
  John, 155
  Peter, 150
REINDFLEISCH
  Fredrick, 277
  Henry, 277
REINER
  John, 120
REINHART
  Ferdinand, 150
  Jerry, 132
  Leonhart, 137
REINKAL
  H. H., 441
REINTHAL
  L., 275
REIS
  Nicholas, 158
REISE
  L. M., 152
REISINGER
  Joseph, 145
REISLAND
  August, 125
REISSE
  Christian, 93
REITE
  Wm., 291
REITER
  Geo. (Rev.), 252, 507
REITZ
  Geo., 505
  Peter, 507
REMINGTON
  _____, 482
  Harrison H., 185
  Justus, 404, 405, 406, 483
  Sylvester, 323
  Stephen G., 184
REMLEY
  Joseph R., 114
RENAOEHL
  A. L., 321
RENFERT
  J. H., 192
RENINGTON
  Frank (Rev.), 261
RENNER
  Jacob, 113
RENO
  Henry C., 150
RENOLD
  Charles, 104
RENSCHKOLL
  Charles, 123
RENSCHLER
  Michael, 160
RENTON
  D., 256
RENTZ
  Friedrich, 119
  Solomon, 93
REPP
  P. H., 291
RETTBERG
  Geo., 325

REUBLIN
  _____, 442
  E., 478
  Edgar M., 120
  G., 439, 442
  John R., 135
REUSS
  Gottlieb, 143
REUTTER
  William H., 155
REVIS
  J. (Rev.), 267
REYNOLDS
  _____, 136, 506
  Asa, 413, 414
  Edward B., 133
  Edwin M., 147
  George, 504
  Lewis, 499
  S., 493
  W. H., 208
  William, 533
REX
  Thomas H., 119
REZNER
  Wm. B., 324, 325
  William B., 167
RHINEHART
  Adam, 135
  Francis, 152
  Solomon, 158
RHOADS
  J. H., 519
RHODE
  Charles, 120
RHODES
  Alvin B., 135
  C. S., 244
  Charles D., 135
  Charles L., 323
  D. P., 304, 323
  Daniel P., 206, 301, 314, 375
  Frederick, 90
  Isaac N., 169
  J. F., 301
  J. H. (Rev.), 433
  Jacob, 186
  R. R., 301
  Robert, 152
  Seth L., 99
  W. J., 290
  William J., 289
RIBBLE
  J. M., 290
RIBOLD
  John, 186
RICE
  _____, 189
  _____ (Rev.), 489
  Aaron, 412, 413
  Aaron (Jr.), 413
  Abraham J., 113
  Aiken, 412
  Alva A., 99
  Ansel, 438
  Charles A. W., 285, 291, 293
  Dexter, 412
  Ebenezer, 412, 413
  Ebenezer (Jr.), 412

RICE continued
  Harvey, 72, 82, 212, 214, 298, 303, 311, 312, 313, 319, 321, 322, 323, 324
  Harvey (Mrs.), 280
  James P., 153, 491
  Jonas F., 153
  Joseph, 415
  L. L., 194
  Moses, 412
  Myron, 412
  Nahum, 490
  Orson W., 183
  Peter, 412
  Seth, 412
  Silas, 412, 413
  William, 412
RICH
  C. P., 413
  Charles, 93
  W. B., 291, 295
  Wm. A. (Rev.), 246
RICHARDS
  David M., 271
  Frank O., 153, 155
  George, 166
  Henry, 186
  Joseph M., 151
  M. L., 286
  Moses J., 153
  Orville W., 98
  Richard (Rev.), 270
  Simeon, 154
  Uriah, 489
  Wm., 246
  William, 212, 213, 527
  William G., 149
  William R., 519
  William W., 516, 519
RICHARDSON
  A. H., 178
  A. M., 270
  Daniel, 468
  H., 420
  H. H., 152
  Harvey, 153
  Henry, 99, 117, 207, 208, 286, 424
  J. H., 422
  John H., 289
  Joseph, 117
  Luther, 112
  Michael, 158
  Omar S., 126
  Thomas, 280, 292
  W. C. B., 258, 324, 326
  W. R., 324
  W. W., 253
  William, 208
  William W., 149
RICHELL
  Thomas, 89
RICHLER
  Gustave, 160
RICHMAN
  Edwin H., 156
  Samuel, 126
RICHMOND
  Benjamin F., 157
  C. L., 321
  Edmund, 456, 519

RICHMOND continued
  Elihu, 456, 459
  G., 462
  James, 133
  Lester J., 178
  Levi, 456
  Lyman B., 178
  Samuel, 151
  Thomas, 147
  Thomas C., 156
  Virgil, 112
  W. J., 111
  William, 456
RICK
  Andrew, 85, 93, 157
RICKEY
  John M., 152
RICKOFF
  Andrew J., 314, 315
RICKS
  A. J., 211
RICKSECKER
  William K., 519
RIDAKER
  John, 132
  Theodore, 132
RIDDALL
  J., 310
  John, 322
RIDDLE
  A. G., 212
  Albert G., 211
  Charles, 180
  John, 237
  Jos. F., 321
  Thomas C., 91
RIDER
  L. J., 324
  M. I., 285, 286
  O. L., 291
RIDGEMAN
  John W., 157
RIELEY
  Frank, 326
RIEHM
  Christoph, 138
RIEMENSCHNEIDER
  Carl, 203
RIGDON
  Sidney, 427
RIGG
  J., 290
RIGHTER
  Amy, 255
RICHTOR
  _____, 402
RILEY
  _____, 427, 518
  Robt. (Jr.), 288
  Robt. (Sr.), 288
  Smith, 185
RINCAR
  Augustus, 400
RINEAR
  Harmon M., 177
RING
  _____, 463
  Daniel, 169
  David, 412
  Jonathan, 125
  L. E., 414, 415

RING continued
  Wm., 461
RINGELL
  James (Rev.), 265
RINNER
  John L., 93
RIPLEY
  Ward, 113
  Warren L., 113
RIPPIN
  George (Rev.), 433, 494
RISKMEIER
  J. H., 152
RISLEY
  Chester, 529, 530, 531, 532
  Clarissa, 532
  John, 185
  Luke, 307, 322
RISSER
  Peter, 117
RITCHIE
  William, 93
RITH
  John, 186
RITLICKER
  Henry, 113
RITTER
  Louis, 321
  Reuben, 143
  William, 122
RIVERS
  Adam, 150
RIXINGER
  Joseph, 118
  Lawrence, 118
ROACH
  Richard (Rev.), 507
  William (Rev.), 433, 494
  P., 305
  W. R. (Rev.), 276
ROADHOUSE
  Henry, 158
ROATH
  Jacob, 125
ROBB
  _____, 485
  Madison, 485, 500
ROBBE
  James H., 168
ROBBINS
  Alfred D., 519
  Archibald, 427, 518, 519
  Bennett, 434
  Eleanor, 515
  Frank O., 185
  I. (Rev.), 254
  Jason, 515, 516, 518, 519
  Jason II, 517
  John, 517
  Samuel, 456
  W. T., 287
  Walter W., 515, 519, 520
  William, 152, 457
  William R., 519
ROBERTS
  A., 325
  Almanza, 499
  Ansel, 213, 245, 308, 377
  Charles O., 132
  Daniel, 127
  Dudley, 499

ROBERTS continued
  Eugene, 85
  F. H., 295
  George, 166
  George W., 165
  Hazen L., 180
  Henry, 160
  L. D., 291
  Lewis, 422, 499
  Lucas O., 168
  M. J., 495, 519
  Samuel, 461
  Thomas J., 166
  W. L., 295
ROBERTSON
  John B., 505
  J. L. (Rev.), 257
  John, 261, 274
  William, 166
ROBESON
  J. P. (Rev.), 262, 263
  Wm. (Rev.), 263
ROBINETTE
  Allen, 407, 409, 462
ROBINSON
  _____, 422
  Amelia, 506
  B. F., 277
  Benjamin, 502, 503, 504
  C. J., 292
  Charles A., 182
  Charles H., 211
  Chas., 422, 513
  Clay, 178
  Daniel, 404
  Darius, 412, 413, 414
  D. D., 405, 409
  Ebeneezer, 404
  Esther Taft (Mrs.), 269
  Ezra, 404
  G. H., 285
  George, 151
  Geo. C., 91
  H. A., 434
  H. L., 321
  Harris, 166
  Helen Lucy, 354
  Hinman, 408
  Isaac, 404
  J. E., 286, 302
  J. P., 244, 325, 407
  J. P. (Dr.), 407, 409
  James A., 289, 290
  John, 404, 405
  John T., 152
  Lester, 156
  Lewis N., 148
  M. I. (Miss), 333
  M., 285
  Mary, 409
  Milford, 125
  Nathan, 404
  Nathaniel, 404
  Newman, 404, 407, 410
  Oliver B., 404
  Samuel, 404
  Stephen, 404
  Thomas, 162, 321, 492
  Wm. (Rev.), 409
  Wm. W., 192, 258
ROBISON

Index of Names continued

ROBISON continued
  H. D., 286
  J. P., 206 F.P.
  J. P., 300
  John P., 206, 214, 378
  Peter, 483
  *W. S., 199
  William, 212
ROCHE
  Frank, 143
  James, 143
  Patrick, 120
ROCK
  Henry A., 154
  John, 274, 304
  Peter, 165
  William, 104
ROCKEFELLER
  Franklin G., 90
  John D., 281, 300, 308
  William, 308
ROCKWELL
  Benj. F., 150
  Charles H., 149
  Elihu, 458, 459
  Elisha, 446
  Horace, 156
  Joab, 412
  Lewis, 505
  Merrick, 513
ROCKWOOD
  Robert, 179
RODGERS
  T. L. (Rev.), 261
  Thomas, 125
  Thomas J., 149
  William C., 525
  William P., 114
RODIG
  Albert, 159
  Herman, 168
RODWAY
  Edward, 261
  Richard, 483
ROE
  William, 150
ROEDER
  Philip, 325
  P. (Mrs.), 279
ROEHRER
  Wm., 295
ROGERS
  A. H., 434
  Augustus H., 134
  C. T., 269, 527
  Charles C. (Jr.), 153
  Elias, 101
  Epetary, 52
  Ethan, 307
  G. B., 434
  Isaac N., 149, 154
  J. Porter, 152
  James C., 95
  Lorenzo, 493
  Oliver, 150
  Richard, 149
  Robert, 24, 25, 26, 29
  William, 145
  Wm. B., 479
  William S., 119
ROGGEN

ROGGEN continued
  Edward P., 155
ROHLMANN
  Adolphus, 93
ROHR
  John, 92
ROHRBACH
  Conrad, 500
ROHRBUCK
  Matthias, 186
ROHRHEIMER
  J., 281, 296
ROHRIG
  Henry, 152, 157
ROIAKKERS
  Joseph, 125
ROK
  Frederick, 137
ROLF
  Fr., 459
ROLLING
  Louis, 133
ROMARIE
  Michael, 155
ROMENGOBURG
  Carrollton, 144
ROMP
  Henry, 491
  Peter, 490
  William, 488, 490, 491
  William E., 132
ROMUN
  Frederick, 133
ROOD
  Olive B. (Mrs.), 435
  Riley L., 143
ROOF
  Charles M., 179
  Joseph W., 151
ROOT
  Addison A., 100, 155
  Edwin C., 185
  Elias S., 213
  Ephraim, 37
  Francis J., 179
  Frank M., 178
  George H., 185
  James, 50, 235, 237, 311
  Jesse, 522
  John P., 532, 533
  Joseph, 438
  Lemuel, 155
  Lyman, 437, 438
  R., 408
  Samuel B., 422, 424
  William W., 119
RORABECK
  John, 461
ROSA
  L. K., 204
  Storm, 204
ROSBOROUGH
  James A., 177
ROSCOE
  Abel P., 111
  Edward W., 90
  Ransom, 186
ROSE
  _____, 432
  Andrew K., 143
  B. F., 257

ROSE continued
  Benjamin, 323
  Edwin, 253
  Harry, 455
  Henry, 154
  J., 439
  John, 440
  John H., 126
  Joseph, 461
  William G., 379
  Wm. G., 321, 326
  Wm. H., 321
ROSECRANS
  _____, 101, 106, 107, 116,
    145, 161, 174, 185
  William S., 96
ROSECRANZ
  Cornelius, 252
ROSEKRAUS
  D., 158
ROSENFELD
  Sigmund, 138
ROSENKRANS
  D., 152, 158
ROSHOTTE
  Henry, 93
ROSKOPH
  Isidore, 321
ROSS
  _____, 482
  B. J., 410
  Benjamin, 324
  Charles E., 148
  Davis, 490
  John P., 206
  Henry A., 153
  J. C., 293
  James W., 152
  John, 410
  Milo, 186
  Moses, 323
  Prentice B., 404, 405
  Sam, 321
  Thadeus A., 99
  Thaddeus G., 96
  Theodore, 288, 289
  William, 132
ROSSELER
  Richard, 148
ROSSER
  _____, 163, 164
ROTH
  George, 102
  Gottlieb, 159
  Henry, 185
ROTHEN
  William, 133
ROTHENBERGH
  L., 295
ROTHER
  John, 105
ROTHERMAH
  A., 464
ROTHERMEL
  Frank, 138
  John, 137
ROTHGESY
  Joseph, 138
ROTHMAN
  Henry, 105
ROTHSCHILD

Cuyahoga County, Ohio

ROTHSCHILD continued
  Elias (Rabbi), 275
ROTHWEILER
  J. (Rev.), 251
  _____, 478
  Jacob, 480
  Jacob (Rev.), 202, 203
ROTHWELL
  Noah, 250
ROUNDS
  Hiram L., 111
  John J., 155
ROUPP
  N. (Rev.), 265
ROURKE
  Michael, 144
ROUSE
  B., 279, 280
  B. (Mrs.), 81, 279, 280
  Benj., 322, 323
  Benj. F., 259
  E. C., 279
  Edwin C., 152
ROUSH
  Thomas, 154
ROWAN
  John, 462
ROWE
  _____, 432
  Francis, 495
  George, 294
  John, 92
  Joseph, 85, 92
  S. W., 289
  W. J., 293
ROWELL
  Thomas, 289, 292, 294
  Thomas G., 154
ROWLAND
  D., 469
  J. D., 294
ROWLEY
  M. K., 419
  Martin K., 419
  Patrick, 155
  Philo, 419
ROY
  Joseph, 120
ROYCE
  Lucius, 321
  S. R. (Rev.), 254
  Abner, 286
RUBICON
  James A., 92
RUBY
  Augustus, 134
RUCKER
  George, 93
RUCKLE
  Philip, 120
RUDD
  Benjamin M., 168
  Horace, 495
  John, 168
  Milo, 470
RUDDICK
  C. E. (Rev.), 450
  Chas. E. (Rev.), 253, 271
  John, 135
RUETENIK
  H. J., 198

RUDGERS
  Michael, 415
RUDOLPH
  Charles, 186
  James K., 99
  Joseph, 99
RUEDY
  John J., 152
RUEHLE
  John, 290
RUETENICK
  H. J. (Rabbi), 275, 276
RUFF
  William, 186
RUFSENDOR
  Peter, 291
RUGG
  George W., 155
RUGGLES
  A. R., 483
  Almon, 52
  Benjamin, 56, 61, 211, 235
  C., 408
  Charles S., 154
  Cyrenus, 483
  George, 483
  H. C., 483
  I. G., 483
  J. G., 483
  J. S., 483
  L., 408
  Oscar B., 154
  P. S., 483
  Philo S., 483
  Seymour, 115
RUHL
  Henry, 138
RUKENBROD
  Michael D., 158
RULISON
  Nelson S. (Rev.), 247
RUMAGE
  Thos., 238
RUMFIELD
  A., 478
RUNALS
  J. D., 288
RUNDELL
  Harrison, 169
RUNNELS
  J. D., 483
RUPLE
  _____ (Mr.), 443
  Alexander C., 166
  Alex C., 187
  Alma, 449
  B., 489
  Charles, 157
  Cyrus, 446, 456
  Darwin, 150
  "Deacon", 454
  John (Deacon), 454
  Dudley, 157
  H. L., 449
  Hannah, 449
  Harvey, 157
  J. R., 491
  James B., 150
  Jas., 455
  John, 443, 444, 446, 448,
    449, 453, 454, 456, 459

RUPLE continued
  John H, 446, 456
  L. C., 449
  Lawrence, 456
  Mina, 449
  S., 459
  Samuel, 443, 444, 455, 456, 459
  Samuel II, 456
  William, 456
RUPPENDER
  Frank, 138
  Martin, 139
RUPPRECHT
  _____ (Rev. Mr.), 441
  E. (Rev.), 441
RUSCO
  Stephen, 409, 410
RUSH
  Charles D., 165
  Mathias, 446, 456
  Peter, 456, 459
RUSHER
  Jacob, 114
RUSS
  George, 186
  Giles H., 116
  John F., 123
RUSSCLE
  Geo., 271
RUSSELL
  A. S., 321
  Abigail, 532, 533
  Adaline, 532
  Albert, 111
  Bingley, 134
  C., 470
  C. A., 323
  C. B., 470
  C. L., 246, 321, 322, 323, 324, 326, 419
  Candace P., 532, 533
  Charles M., 158
  Charles W., 152
  Cornelius L., 152
  David, 91, 209, 289
  Ebenezer, 529, 531, 532
  Edw., 323, 324, 325, 326, 532
  L. A., 321
  Elijah, 529, 532
  Elisha, 529, 532
  Emma H., 532
  Esther, 532
  Eunice, 532
  G. E., 290
  George, 186
  H. W., 470
  Henry, 134
  Huldah, 532
  Jacob, 529
  Jerusha, 532
  Johnson, 91, 158
  Lydia, 532
  Mary E., 532
  Melinda, 532
  Phebe, 532
  R. E., 433
  Rachael, 533
  Ralph, 519, 529, 530, 532
  Ralph E., 429, 434

Index of Names continued

RUSSELL continued
  Return, 529, 532
  Rodney, 529
  Samuel, 532
  Sanford, 111
  Wilbur F., 143
  William, 93
  Wm. P. (Rev.), 269
  Y. N., 209
RUST
  _____ (Mr.), 366
  Edward, 412, 413, 415
  L. T., 415
RUTENICH
  Nathaniel (Rev.), 276
RUTH
  John, 119
RUTHERFORD
  Ira, 494
  M., 256
RUTHRAUFF
  C. C., 199
RUTTER
  _____ (Mr.), 464
RYAN
  Albert, 166
  James, 145
  James C., 127, 152; 159
  John, 113
  John A., 159
  Joseph, 125
  Martin, 100
  Micheal, 100, 144
  Peter, 155
  Roger, 118
  Thomas, 90, 266
  William, 113, 148
RYDE
  Jacob, 143
RYDER
  Alanson K., 167
  Henry C., 123
  James E., 152
  Peter, 135
RYLANCE
  J. H. (Rev.), 247
RYMERS
  Henry W., 155

S.

SAAL
  George, 302
  Gottfreid, 274
  John (Rev.), 507
SABIN
  B. W., 480
  H. W., 526
  Levi, 525
  Myron, 525
  Rodolphus, 133
  Wm., 324, 325, 326
  Wm. (Mrs.), 279, 283
SACKETT
  Levi A., 152
  M. A. (Rev.), 459
  H. W., 152
SACKRIDER
  N. P., 208
SADLER
  O. L., 321

SADLER continued
  Samuel, 90
SADDLER
  William, 90
  Wm., 439
SAELTZER
  Chas., 292
SAFFORD
  Chas. M., 422
  Geo. H., 286
SAFLER
  Isaac, 492
SAGE
  E. R., 434
  Harlow P. (Rev.), 489
  John, 455, 459
  N. B., 490
SAGER
  George, 166
SAILE
  Florain, 104
ST. ANGE
  Mitchell, 90
ST. CLAIR
  Arthur (Gen.), 35, 36, 46, 48
  J. J. (Dr.), 525, 527
ST. JOHN
  Ezekiel, 455
  John R., 301, 323
  Orson, 321
ST. GEORGE
  Peter, 180
  S., 190
  Samuel (Dr.), 203
SAINT JOSEPH
  (Mother Sup), 281
ST. LAWRENCE
  Edward, 89
SAIZER
  Martin, 85, 92
SALA
  Benjamin, 85
  James M., 85
SALAM
  J. F. (Rev.), 266
SALENN
  Francis (Rev.), 459
SALISBURY
  Benjamin, 489, 491
  C. B., 381
  C. H., 326
  James Henry (Dr.), 379
  William, 188
  William W., 156
SALLMAN
  C. H. (Rev.), 466
SALMON
  George, 150
SALSBURY
  Vincent, 405
SAMPLINER
  H., 275
SAMPSON
  Benjamin L., 185
  Leonard, 434
  Samuel, 112
SAMSBRUG
  Wilhelm, 104
SAMSON
  Benj., 405

SAMSON continued
  John Q. A., 160
SANBORN
  Charles R., 157
  E. M., 111
  H. R., 293
  Wm., 324
SANBURN
  C. W., 481
SANDER
  George, 181
  John, 118
SANDERS
  A. W., 489
  John, 138
  Wm. B., 321
  William H., 530
SANDERSON
  A. T., 527
  Henry, 114
  Matthew, 173
  Thomas, 412
  Thomas W., 166, 170
  William, 152
SANFORD
  _____, 301, 329
  A. J., 321
  A. S., 301, 324
  Alfred H., 149
  Daniel, 323
  S. N., 246
SANDS
  George, 168
  Matthew, 135
SANDY
  John, 118
SANFORD
  A. S., 208, 209
  Benjamin, 152
  Charles W., 151
  E., 208, 209
  E. H., 190
  E. H. (Mrs.), 190
  Junius R., 111, 148, 149
SANGER
  George E., 152, 156
SANGSTER
  James, 178
SAPP
  L. W. (Dr.), 205
SANTEMAN
  William, 146
SANTEUR
  Alexander, 114
SANTIMAN
  William, 169
SARGEANT
  Charles E., 134
  John H., 301, 324, 325, 419
  Levi, 245
  J. H., 419
SARLES
  Hiram, 514
  L. S., 513, 514, 515
  William, 513
  Zara, 512, 513
SARTWELL
  Levi, 280
SAUL
  J. S. (Rev.), 278
SAUMENIG

SAUMENIG continued
, 201
SAUNDERS
, 163
Benj., 285
George, 146
James R., 162
John C. (Dr.), 204
William H., 178
SAURADET
A. (Rev.), 266, 268
SAUSMAN
A. L., 424
SAVAGE
W. D., 253
Watson D., 178
SAVOY
John, 121
Joseph, 179
SAWTELL
(Mrs.), 251
Benj., 419
Benjamin, 419, 456
SAWTILL
Benjamin (Jr.), 456
Ira, 152
James, 250
Levi L., 178
E. M. (Rev.), 280
SAWYER
Abel W., 153
Benj., 290
Benjamin, 529
' David, 150
E. D., 326
George, 178
Israel, 511, 512
L., 405
Margaret, 533
Martin, 153
Mercy, 532
Noah, 404
P. H. (Dr.), 205
Prudence, 532
S. T., 208
Spencer A., 112
W. H., 410
William H., 98
SAXTON
Henry, 127
J. C., 213
Jehial, 403
John, 165
SAY
Lord, 31
SAYER
John, 150
William, 150
SAYLER
David, 492
SAYLES
Julius A., 323
S. W., 322, 323
Scott W., 419
William, 173
SAYWELL
Harry, 293
SCALES
(Mrs.), 485
Isaac, 485
SCAMMON

SCAMMON continued
E. Parker, 96, 97
SCAN
Frederick, 85
SCANEY
Michael, 152
SCANLON
Robert, 187
SCARR
Annie (Mrs.), 333
James, 132
SCHAAB
John, 102, 138
SCHACTERLE
John, 160
SCHADE
A. E. (Rev.), 276
Conrad, 127
SCHADLER
Emanuel, 118
Franz, 85, 92
SCHAEFER
A., 292
SCHAEFFER
John, 104
SCHAFER
David, 103
Vincent, 292
SCHAFF
Conrad, 461
SCHAFFER
Frederick W., 138
George, 290
SCHARF
Fred., 294
SCHAUB
David D., 123
Herman, 93
SCHEELHAS
George, 105
SCHEFFT
Augustus, 466
SCHEHRAN
Theodore, 290
SCHELDT
Julius, 104, 105
SCHELKE
Henry, 105
John, 105
SCHELLENTRAGER
A. B., 292
C. C., 292, 326
SCHEMERER
, 273
SCHEMERMANN
John, 292
SCHENCK
, 83, 176
G. C., 301
Henry C., 173
J. C., 302
Julius C., 104, 214
Theodore C., 152
SCHERLER
C. F., 465
SCHERMERHORN
Abram, 462
SCHERZER
John A., 276
SCHEUERMAN
Gottlieb, 292

SCHEUERMANN
L. (Rev.), 273, 274
SCHIEFFTERLING
Bernhard, 104
SCHILDHAUER
A., 292
SCHILL
Franz, 137
SCHILLING
Benedict, 182
Robert, 201
SCHILLINGER
Joseph, 153
SCHIMPFF
Rudolph H., 139
SCHINCKEL
Ernest L., 152
SCHINDLER
Geo., 321
SCHINKEL
Frederick, 93
SCHIRSSLER
John, 85
SCHLATTERBECK
G. A., 286
George A., 213
SCHLATTMEYER
Henry, 93, 118
SCHLEE
Charles, 105
SCHLEGEL
Ferdinand, 93
SCHLOMAN
Henry, 160
SCHLOSSER
Kilian (Rev.), 267, 268
SCHMEHL
Geo., 424
George, 177
John, 138, 419
SCHMELTZ
F. (Rev.), 479
SCHMIDT
Adam, 104
August (Rev.), 273
Fred H., 93
Gerhardt, 177
Gustav, 321
Gustavus, 91, 301
H., 274
Henry, 93
Jacob, 465
Jacob W., 325, 326
John, 105, 118
Martin, 138
Micheal, 85, 92
Oscar, 275
Rudolph, 294
Wm., 286, 441
Wm. (Rev.), 273, 274
SCHMITT
Conrad, 247
Jacob W., 302
Wm. (Rev.), 272
SCHMITZ
Bernard, 98
Nicholas, 147
SCHNABEL
John, 116
SCHNEDKER
Frederick, 531

Index of Names continued

SCHNEEBERGER
  George, 105
SCHNEERBERGER
  Jacob, 65, 92, 166
SCHNEIDER
  , C. (Rev.), 276
  Frederick, 104
  Henry, 147
  J., 422
  J. H., 321
  Jacob, 155, 419
  John, 118, 137, 186, 461
  John S. (Rev.), 252
  Joseph, 291
  Louis, 123
  Morris, 159
  N. (Dr.), 204
  N. S., 210
  P. F. (Rev.), 203, 251, 478
  Theodore, 132
  W. F. (Rev.), 196
SCHNERRER
  Henry, 142, 148
SCHNIBS
  John, 93
SCHNITZER
  Christian, 186
SCHNURER
  Jacob, 122
SCHNURLINE
  Jacob, 153
SCHOCENCY
  Patrick, 159
SCHOCK
  Conrad, 114
SCHODER
  Henry, 101
SCHOENEWEG
  Julius, 102, 138
  Louis, 139
SCHOENHOLTZ
  Henry, 144
SCHOFFER
  William H., 182
SCHOFIELD
  Benjamin, 522
  John, 462
SCHOLLER
  Jacob (Rev.), 277
SCHOLLES
  Peter, 139
SCHOOD
  Jacob, 157
SCHOOLEY
  John, 404
SCHOONMAKER
  John D., 119, 120
SCHOPP
  John, 120
SCHORR
  John, 102, 139
SCHORSTEN
  Henry (Rev.), 272
SCHOTT
  Adam, 152
  Jacob, 101
  John, 92
SCHRAIN
  B. D., 462
SCHRAMM
  B. D., 465

SCHRAUER
  John, 158
SCHRECK
  Franz (Rev.), 507
SCHREIBER
  Gerhard, 306
  Gehart H., 137
  John, 180
SCHREINER
  Christian, 137
SCHRING
  Alfred, 160
SCHRINK
  Ferdinand, 138
  John, 138
SCHROB
  Nicholas, 208
SCHROEDER
  Frederick, 133
  Jacob, 321, 324, 325
  Louis, 89
SCHROH
  Nicholas, 177
SCHUBERT
  William, 142
SCHUCK
  John R., 103
SCHUE
  H. S., 292
SCHUELRE
  Paul (Rev.), 276
SCHUERER
  L., 274
SCHUETHELM
  P., 274
SCHUFF
  John, 103
SCHUG
  Jacob, 292
SCHUH
  D. (Rev.), 273, 289
  David, 289
SCHULER
  F. (Rev.), 203
SCHULIEN
  Gustav, 105
SCHULTE
  E. H., 273
  John T., 92
SCHULTZ
  Charles, 133
  Gottlieb, 148
  John, 105
  L., 479
SCHULZ
  Herman, 294
SCHURSSLER
  John, 92
SCHUSTER
  John, 150
SCHUTTE
  , 86
SCHUYLER
  A., 478
  Aaron, 202, 203, 480
  Clara E., 203
  Henry, 134
  Robert, 134
SCHWAB
  Charles, 160
  Daniel, 159

SCHWAB continued
  Frederick, 159
  Lewis, 499
SCHWAN
  Pastor, 465
  S. A., 321
  H. C. (Rev.), 273
  L. M., 211, 321
  Paul (Rev.), 273
  Peter, 186
SCHWANDT
  William, 118
SCHWANTZ
  Basil, 105
SCHWARTZ
  Christian, 160
  Gottlieb, 102, 138, 143
  Phillip, 138, 186
SCHWARZ
  A., 292
  F., 252
SCHWATZ
  J. P. (Rev.), 273
SCHWEMLER
  Adam, 159
SCHWENCK
  John, 93
SCHWERTLE
  Matthias, 105
SCHWINGHATNER
  David, 118
SCHWIND
  Joseph J., 152
SCHWINGHATNER
  Fred, 37, 39, 118
SCHYLANDER
  Augustus, 137, 139
SCOBIE
  Charles L., 85
SCOFIELD
  Edward, 513, 514
  Levi T., 134, 314
SCOTT
  , 504
  Absalom, 168
  Archibald, 95
  Ashley D., 152
  C. Q., 292
  Charles, 151, 157
  Charles D., 120
  David E., 100
  E. S. (Rev.), 448
  George D., 207
  G. W. (Rev.), 410
  J. H. (Rev.), 260
  John, 181
  John W., 103
  Lucas, 149
  M. B., 207, 279, 297
  Martin B., 152
  Shepard, 114
  Stillman S., 153
  T. S. (Rev.), 449
  Thomas, 165, 187, 412
  W. B., 295
  W. I. (Dr.), 278
  W. J. (Dr.), 204, 205
  William Johnson (Dr.), 382
  William K., 185
  X. C. (Dr.), 204
SCOTTEN

SCOTTEN continued
  William F., 152
SCOVILL
  Andrew J., 89
  Edward A., 148
  Enoch, 462
  Nelson, 501
  Philo, 212, 214, 237, 239,
    241, 280, 300, 322, 323,
    418, 419
  Philo (Mrs.), 237, 279
  Rufus, 498, 499
  Thomas J., 90
SCOVILLE
  Charles W., 177
  John, 133
  Thomas J., 133
SCRIBNER
  Patrick, 100
SCRIPPS
  E. W., 201
SCRIVENS
  James, 155
SCULBY
  John, 126
SEABER
  Alfred N., 144
SEACHRIST
  Daniel, 137
SEAGER
  W. R., 286
SEAL
  Lord, 31
SEAMAN
  Annis, 112
  Truman S., 100
SEAMON
  H. S., 321
SEARIGHT
  Edwin, 180
SEARL
  John R., 100
SEARLE
  Roger (Rev.), 245
SEARLES
  Irvin A. (Rev.), 409
  P. A., 286
SEARLS
  Flarilla, 251
SEARS
  _____, 431
  Amanda, 506
  Charles, 431
  James, 418, 419
  Samuel, 419, 423
SEATON
  John H., 256
SEAVERS
  Anton, 179
SEBASTIAN
  John J., 152
  Julius J., 137
SEBINS
  N. C., 470
SEEKINS
  H. G., 486
SEELEY
  Isaac B., 117
  Jonathan, 438
  Merritt, 230
  Morrell E., 133

SEELIG
  M., 281
SEELYE
  T. T. (Mrs.), 279
SEFTLING
  Martin, 178
SEGMEIER
  Jacob, 142
SEGUR
  George W., 152, 326
  Henry G., 152
  James D., 133
SEHRT
  William, 185
SEIB
  _____ (Rev.), 465
SEIBEL
  Joseph, 93
SEIFERT
  George, 148
SEIFRIED
  Benj., 277
SEIGNEUR
  George, 147
SEILER
  Edward, 105
SEIP
  J. D. (Rev.), 273, 274, 275
SEITH
  S., 275
SEITHARD
  Louis, 101
SEIVERT
  Frederick, 117
SEIZER
  _____ (Mr.), 307
SELBACH
  Frederick, 93
SELBY
  John, 154
SELDEN
  R. C., 419
  R. H. (Miss), 283
  Robert C., 305
SELDON
  N. D., 470
SELIG
  Augustin, 137
SELKIRK
  _____, 40
SELLER
  Wm. T., 261
SELLERS
  David, 145
SELOVER
  Theodore, 143
  William H., 142
SELZER
  Daniel, 423
SEMO
  _____, 57
SEMPLE
  John L., 133
SENACA
  (Stigwanish), 53
SENAT
  _____, 62
SENCABAUGH
  J. T. (Rev.), 276
SENGHAS
  Frederic C., 158

SENTER
  G. B. (Mrs.), 283
  Geo. B., 324, 325
SERDINSKY
  Leopold, 104
SERVICE
  Thos., 254
SESSIONS
  Aaron, 52
  Alex. B., 164
  John (Rev.), 255
  S. W., 271, 306
SEUFFERT
  William, 90
SEVERANCE
  _____ (Mrs.), 57
  Isaac W., 126
  L. H., 308
  Louis H., 151
  M. H. (Mrs.), 279
  Manley C., 149
  Solon L., 258, 282
  T. C., 298
SEVERS
  Jacob, 101
SEVEY
  Benj. L., 91
SEWARD
  _____, 414
  Joel, 519
  John (Rev.), 519
SEWER
  Edward, 126
SEXTON
  Amos C., 143
  Dennis, 114
  Edwin, 166
  Henry, 256, 311, 322
SEYDLER
  Gustav, 148
SEYMOUR
  A., 299
  Alexander, 324
  Belden, 290, 301
  Henry C., 135
  C. H., 259
  John, 171
  Joseph, 164
  William, 154
SHACKLEFORD
  _____, 127
SHACKLETON
  P., 424
  Parker, 293
  James, 295
SHADRICK
  Parker, 60
SHAEFFER
  David, 114
  J. K., 469
SHAFE
  Mark, 126
SHAFER
  John, 151
  George, 160
SHAFFER
  David, 170
  Joseph, 150
  Justice, 460
  Samuel, 171
SHAILER

Index of Names continued

SHAILER continued
  Israel (Rev.), 465
SHALER
  Isaac (Rev.), 415
SHANE
  , M. A., 290
  Marion A., 152
SHANER
  Russell M., 154
SHANKS
  Henry, 483
SHANLEY
  William, 143
SHANNON
  John B., 173
  Wilson A., 152
SHARKEY
  James, 114
  John, 166
SHARP
  Andrew (Rev.), 448
  B. F. (Rev.), 465
  B. F., 464
  Clayton, 491
  Daniel J., 168
  John, 293, 500
  Lewis, 168
  W. J., 409
SHARPE
  Samuel, 169
SHARPCOTT
  Henry, 160
SHATTUCK
  , 482
  Francis R., 154
  Frank R., 292
  Harrold, 115
SHAUB
  Jacob, 146
SHAUGHNESY
  David, 127
SHAUGHNESSEY
  David, 143
SHAW
  , 443, 440, 453
  (Mrs.), 444, 448
  Delos, 134
  J., 459
  James R., 491
  John, 212, 213, 443, 444, 446, 448, 453, 454, 455, 456, 459
  John R., 119
  Sarah, 448
  Thomas, 429, 434
  William S., 160
SHAY
  James, 147
SHEA
  John, 157
SHEARER
  John, 461
SHEARS
  William, 173
SHED
  John R., 249
SHEEHAN
  William, 118
SHEETS
  John R., 154
SHEFFER

SHEFFER continued
  George, 120
SHEFFIELD
  A. A., 208
  E., 434
  Ephraim, 434
  George W., 134
  H. A., 432
SHEHAN
  Dennis, 168
SHELDON
  , 475
  Benjamin, 323, 494
  C. H. Buxton (Mrs.), 269
  David, 493
  Dwight J., 179
  George, 164, 166
  George J., 132
  H. O. (Rev.), 420
  H. O., 471
  Henry O. (Rev.), 474, 478, 506
  Henry O., 478
  J., 478
  Julius J., 116
  Justus, 478
  Mitchell H., 91
  Parley (Jr.), 154
  R., 209
  Reuben, 298
  S. H., 269
  S. H. (Mrs.), 282
  W., 478
  Wm., 478
SHELHOUSE
  G., 59
SHELLEY
  John (Mrs.), 81
SHELLHORN
  John, 178
SHELLY
  John, 245, 289, 296
SHELTER
  O. (Rev.), 274
SHEPARD
  , 225
  (Dr.), 452
  Aaron, 238, 405, 483
  Abel, 424, 520
  Cassius P., 152
  D. A., 299
  E., 200
  Edw., 246
  Elias, 288, 483
  Elvert M., 143
  George W., 132
  Gordon H., 181
  J. H., 483
  Jason, 404, 405
  John, 510
  John C., 169
  Melvin L., 143
  Phineas, 237, 238, 245
  Ralph H., 143
  S. E. (Dr.), 226, 263
  Theodore (Dr.), 37, 41, 43
  Warham, 41, 42
  William, 41
  William H., 119
  William P., 152
  Wilson, 115

SHEPHARD
  Elias, 404
  Simeon T., 519
SHEPHERD
  D. A., 300
  Daniel, 470
  George W., 132
  Henry, 134
  J. I., 291
  John, 95
  Phineas, 321
SHEPLEY
  Henry J., 169
  Thomas, 89
SHEPPARD
  J. L., 291
  Joseph, 138
  W. J. (Dr.), 271
SHERART
  George G., 150
SHERIDAN
  , 98, 163, 164, 167
  Dennis, 266
  Henry, 186
  John, 95
SHERMAN
  , 84, 85, 102, 104, 109, 116, 117, 121, 130, 131, 147, 153, 170, 175, 176, 182, 185, 309
  (Gen.), facing 476
  Albert S., 159
  Andrew, 111
  Anthony, 468
  Daniel, 144
  David S., 309
  Dwyer, 531
  Geo., 288
  H. S., 211
  Isaac, 322
  Ira, 426
  J., 470
  John, 158, 181
  Joseph I., 155
  L. W., 295
  M., 461, 463, 464
  Madison, 456
  Nathaniel, 492
  Phineas W., 182
  Roger A., 51
  William, 149
SHERRICK
  Jacob D. (Dr.), 205
SHERRY
  Daniel, 104
SHERWIN
  A. (Jr.), 321, 322
  Ahimaaz, 321, 322, 446, 450
  J. N., 294
  N. R., 214, 326
SHERWOOD
  Aurilla, facing 476
  Edward D., 151
  Elizabeth, facing 476
  James, 90
  Sebastian, 180
  Sullivan, facing 476
  Thomas C., 89
  Vanness, 181
  Wm. E., 321, 326

SHESLER
  Conrad, 165
SHEVLIN
  Micheal, 115
SHIELDS
  _____, 82, 86, 123
  J. C., 325
  James, 86, 469
  Joseph C., 183, 184
  Mark, 147
SHIER
  John, 323
SHIERER
  Benjamin F., 168
SHIFFERT
  Allen, 154
  Amos, 154
SHIPHERD
  Henry, 456, 459, 460
SHIPMAN
  _____ (Rev.), 489
  Nathaniel A., 121
  S. B. (Rev.), 272
SHIPPEN
  George Mortimer, 189
SHIRLEY
  Charles M., 180
  Frank B., 114
  Jacob, 113
SHIRRINGER
  John, 530
SHISLER
  Eli, 114
SHIVELY
  George, 91
SHOEMAKER
  Charles, 113
  Jacob, 154
  M. K., 290
SHOLES
  Stanton, 61
SHOLL
  Jacob, 144
  Wm. H., 324
SHOOK
  John, 145
SHORT
  G. W., 302
  George W., 165, 206, 254, 286, 208, 297
  John, 533
  Lewis, 491
SHORTS
  D. W., 257
SHOTTER
  S. L., 249
SHOVAR
  Frederick, 156
SHREAT
  Frederick, 123
SHRIER
  Frank, 135
SHUART
  L. P., 470
SHUBERT
  Daniel, 155
SHULL
  J. B., 290
SHULTE
  H., 198
SHULTS

SHULTS continued
  Harry, 487
SHUMWAY
  Jeremiah, 446, 456, 459
SHULTS
  J. H., 315
SHUNK
  A. H. (Mrs.), 280
  Abraham H., 258, 280
SHUR
  C. H., 274
SHURTLIFF
  Gordon, 145
  Nelson, 145
SHUTE
  Thomas, 293
SIBER
  Edward, 104
SIBLEY
  Rufus, 134
SICHLEY
  H. S. F. (Rev.), 274
SICK
  J. (Rev.), 277
SICKEL
  William, 529, 530
SICKELS
  Sheldon, 288, 289
SICKLES
  _____, 158
  James, 134
  William B., 155
SIDE
  Charles, 158
SIDLEY
  H. R. (Rev.), 266
SIEGEL
  Toney, 127
SIGEL
  _____, 136
SILBERG
  Fred, 323, 324
SILBURN
  John, 134
SILCOX
  Josiah, 125
SILL
  _____, 174, 176
  H. L., 408
  John C., 406, 516
  Mary Ann, 408
  William R., 519
SILLFLEISCH
  Rhinehard, 148
SILLSBY
  Frederick, 530
SILSBY
  F. P., 450
  Fredk. P., 450
  Myron, 178
  Sylvester, 178
SILVER
  Ruel W., 150
  William, 132
SILVERNAIL
  Anson H., 149
SILVERTHORN
  _____, 28, 502
  Augustus, 150
SIMLOE
  William, 116

SIMMONDS
  Geo. H., 90
  George H., 180
  Oscar, 160
SIMMS
  Joseph, 146
SIMMONS
  E. G., 483
  Enoch, 166
  George, 117
  Geo. W., 90
  George W., 135
  Henry B., 168
  John, 159
  John W., 119
  Oliver, 123
  Sanford D., 151
  Theodore, 297
  Thomas, 289
  Wm., 252
SIMON
  John, 105
SIMONDS
  _____ (Rev.), 410
SIMONS
  Elbert B., 185
  Henry, 112
  Lester, 439
  S. W., 439
SIMPKINS
  Eli H., 184
SIMPS
  William, 95
SIMPSON
  _____, 235
  J. W., 263
  John, 147, 188
  Robt., 285
  Sylvanus L., 492
  William, 112
  William S., 179
SIMS
  E., 246
  Edward, 100
  Elias, 300, 301, 304, 383
  Olivia, 383
  William, 152, 159
SINCLAIR
  Sidney F., 157
  William, 187
SINGER
  Joseph, 286
SINGLETARY
  Cyrus, 113
SIPE
  Adam, 142
SIPHEN
  H. G., 291
SIPLER
  Marshall H., 100
SIPPY
  Hiram, 120
SIRINGER
  Jacob, 419
SITES
  David, 439
SIXT
  William, 505
SIZER
  _____ (Mrs.), 250
  Joel, 250, 287

Index of Names continued

SIZER continued
  Joseph, 502
SKALL
  S., 275
SKED
  , William U., 180
SKEELS
  A. K., 413
  J. C., 290
  Frederick, 159
  Frederick A., 152
  Spencer, 151
  Theron, 405
SKEENE
  John, 118
SKINNER
  , 460
  Archibald, 111
  David, 461
  David P., 461
  Gates, 461
  Henry, 152
  Ichabod L., 461
  J. L., 461
  James, 165
  James A. (Rev.), 258
  Jas. R., 321
  Orrville B., 322
  Jared, 404
  Joseph, 404
  M. A. Buxton (Mrs.), 269
  O. B. (Mrs.), 282
  Orville H., 213, 245, 288
  Prentice, 461
SLACK
  Henry, 143
  O., 291
SLADE
  A. T., 212, 324
  A. T. (Mrs.), 280
  Albert T., 152
  E. P., 212
  H. N., 408, 519
  William (Jr.), 214
SLAGHT
  A. D., 456
  Abraham, 383
  Abraham D., 459
  Abraham E., 459
  Edgar, 322, 323
  Jos., 450
  Joseph, 302
  Sarah, 334
SLATE
  Harriet, 251
SLATER
  Henry, 134
SLAWSON
  J. H., 325
SLEINEI.
  William, 146
SLEY
  William, 188
SLINEY
  William F., 179, 180
SLOAN
  R. R. (Mrs.), 283
SLOCUM
  James W., 173
  John S., 179
  Oliver, 112

SLOSS
  J., 206
  Jonas, 153
SLOSSEN
  F. S. (Dr.), 257
SLOSSON
  , 457
SLUSSER
  Lewis (Dr.), 205
SLY
  John, 151
SMALL
  George, 103
  Joseph, 497, 498, 501
  Lois, 498
  Thos. (Rev.), 253
SMALLEY
  Herbert L., 89
SMART
  Romanzo, 123
  Romanzo E., 150
SMEAD
  , 343
  H. F., 132
  T. H., 189, 190
SMEADLEY
  J., 464
SMEDLEY
  J. S., 478
  James S., 479, 480
  Jas. S., 478
SMELLIE
  Emerson W., 112
SMESEK
  Frank, 295
SMITH
  (Mr.), 438, 442, 474
  (Mrs.), 251, 440
  A., 494
  A. D., 287
  A. M., 519
  A. P., 439, 441
  Abner, 440, 503
  Abner (Mrs.), 442
  Abram D., 321, 322
  Addison, 111
  Alanson, 493
  Albert, 178
  Albert A., 151
  Albert B., 152
  Albert M., 153
  Albina G., 382
  Alfred E., 92
  Alfred W., 89
  Alba, 113
  Alva J., 326
  Ansel P., 418
  Archibald M. C., 323
  Asa, 99
  Anthony, 157
  B. F., 84, 297
  Benj. H., 127
  Benj. W., 151
  Betsey, 438
  C. R., 294, 519
  Carlos A., 89
  Charles, 114, 133, 145, 180, 186
  Charles H., 102
  Charles L., 178
  Charles P., 98, 99, 158

SMITH continued
  Charles W., 89
  Chauncey, 165
  Christopher, 144
  Clark, 439
  Clayton G., 164
  D. (Rev.), 251
  D. B. (Dr.), 204, 279
  D. R., 492, 494
  Daniel, 134, 169, 468
  Daniel R., 492, 530
  Daniel W., 148
  David, 431, 438, 466, 467, 478
  E. T., 439
  Edward C., 126
  Edwin, 205
  Elam A., 142
  Elbridge, 494
  Elliot, 477, 485, 487, 490
  Emanuel, 155
  Eugene D., 158
  Erastus, 285, 322, 530, 534
  Ezra, 531
  Ezra B., 455
  F. N., 208
  Frank E., 165
  Frank W., 127, 144
  Franklin A., 132, 133
  Fred A., 291
  Frederick, 133
  Frederick S., 212
  G. T., 249
  Geo., 460
  George, 169, 438, 460
  George A., 150
  George F., 186
  Geo. P., 442
  George R., 153
  Geo. T., 322
  George W., 460
  H. A., 207, 519, 520
  H. B., 439
  H. L., 204
  H. N., 450
  Hamilton S., 191
  Hannah, facing 440
  Henrietta, 493
  Henry, 427
  Henry B., 185
  Henry H., 149
  Hiram, 405, 439
  Hiram (Jr.), 153
  Ira, 432
  J. A., 290, 483
  J. Edwards (Dr.), 204
  J. W., 434
  J. Hyatt (Rev.), 259
  J. J., 252
  J. R. (Dr.), 279
  J. Jackson, 326
  J. Wylie, 290
  Jackson, 118
  Jacob, 480
  James, 519, 521, 526
  James (Mrs.), 420
  James M., 151
  James N., 530, 532, 534
  James V., 144
  James W., 142, 151, 321
  Jeremiah, 155

SMITH continued
  John, 93, 437, 439, 440,
    456, 459, 511, 512,
    519, 521
  John A., 321
  John B., 324
  John C., 144, 145
  John F., 439, 456
  John L., 164
  John V., 434
  Jonathan, 437, 440, 438
  Joseph (Rev.), 427
  Joseph, 99, 437
  Joseph W., 513, 515
  Josiah M., 182
  Julia A., 374
  Kellum, 179
  L., 479
  L. B., 457
  Lucius (Rev.), 415, 526
  Lucius, 460
  Lucy, 503
  Lyman F., 156
  Lyman I., 127
  M., 408
  Martin, 143, 323
  Mary, 534
  Michael, 152
  Michael C., 162
  Nathan, 251
  O. P., 489, 491
  Orpheus, 153
  Orris B., 519, 520
  Ozias C., 143, 177
  Pardon B., 184, 213
  Patrick, 162, 325
  Peltiah, 186
  Perry H., 92
  Peter C., 186
  R. C., 408, 409, 410
  Ransom L., 182
  Reuben, 135
  Reuben F., 255, 279, 287
  Robert, 519, 530, 534
  Robertson, 184
  S. C., 300
  S. F. (Mrs.), 282
  S. H., 519
  S. J., 494
  S. M. (Dr.), 205
  S. W., 478
  Samuel B., 145
  Samuel E., 446, 456
  Samuel F., 148
  Samuel S., 154
  Sidney (Rev.), 409
  Sidney, 405, 106, 409
  Solon W., 478
  Simon, 168
  Stephen, 440
  Stephen A., 92, 168
  Sylvanus, 435, 438
  T. E., 470
  Thomas, 123, 155, 464
  Thomas H., 100
  Thomas J., 100
  Tracy E., 470
  Tryon, 122
  W. F., 187
  W. K., 321, 322
  W. W., 528, 530

SMITH continued
  Walter, 113
  Warner E., 153
  Wellington, 125
  William, 134, 166, 169,
    459, 494
  William B., 505
  William E., 91, 112
  William F., 169
  William H. H., 187
  Wm. K., 294, 295
  William N., 160
  Wm. T., 259, 289, 298,
    299, 324
  William W., 490
  Z., 494
  Zenas, 494
SMITHNIGHT
  Louis, 185, 208
SMYTH
  Anson (Rev.), 258
  Anson, 315
  T. (Rev.), 268
  Wm., 323
SMYTHE
  Anson, 211
  Anson (Rev.), 500
SNAJDR
  Vaclav, 201
SNAPE
  Wm., 249
SNELL
  John, 276
  William, 489
SNETHEN
  Bridgeman, 114
  John, 114
SNIDER
  Adolph, 89
  John, 150, 173
  M., 271
SNOBALL
  Sebastian, 158
SNODGRASS
  Alfred P., 180
SNOW
  A. J., 413
  Augusta, facing 478
  B., 499
  Barzilla, 499
  Calvin R., 160
  H. H., 413
  Justin H., 270, 288
  L. B., 287
  Leander, 499
  Leonard, 499
  Palmer, 499
  Russ, 413
  W. H., 209
SNYDER
  _____ (Rev.), 507
  Benjamin N., 114
  Charles E., 152
  Christian, 135
  Harriet, 533
  Israel, 480
  Jacob, 138, 181
  John, 177
  John A., 181
  Joseph, 132
  Michael, 103

SNYDER continued
  William, 152
SOHL
  George, 92
SOLDERS
  Geo., 321
SOLOMON
  Philip, 186
SOMERBY
  William, 148
SOMERS
  A. L., 291
  E., 277
  Edger I., 164
  Franklin H., 162
  George, 186
SOMMERHOLDER
  John, 101
SOMMERS
  _____, 465
  Conrad, 92
  George, 464
  John, 326
  John W., 305
SORGE
  William, 124, 126
SORLER
  Pearson B., 186
SORTE
  Wilbur F., 470
SORTER
  Alex, 153
  Alexander, 186
  C. N., 470
  Charles, 469
  Chas. N., 470
  Elijah, 153, 469
  Harry, 214, 469, 470
  Isaac, 469
  W. F., 470
SOULE
  Nathan, 159
  Theron C., 159
SOUTHERN
  Elizabeth, 255
  James, 255
  Joseph, 506
  William, 506
  William P., 133
SOUTHWELL
  William, 90
SOUTHWICK
  Wm. A., 470
SOUTHWOOD
  James, 178
SOUTHWORTH
  Albert, 525
  Alice, facing 410
  Apollo, 522
  Elizabeth, 250, 254
  Henry, 505
  Henry Y., 153
  W. P., 298, 299
SOWERS
  Edgar, 322
SPACTH
  John, 118
SPAFFORD
  _____, 233, 234
  Adolphus, 55
  Albert, 166

Index of Names continued

SPAFFORD continued
  Amos, 37, 39, 41, 44, 47,
    48, 50, 52, 54, 55, 214,
    223, 224, 228, 229, 230,
    321, 322
  Anna, 231
  John B., 126
  William J., 185
SPAIN
  Jacob, 135
SPALDING
  Rufus P., 320
SPALLER
  John, 294
SPANGLER
  _____, 239
  B. L., 322, 324
  Basil L., 145
  Basil S., 127
  George, 127, 152, 157
  M. M., 322, 323, 324
  Michael, 239
  Miller M., 213
  Milton, 301
  Peter, 144
SPARKS
  Jared, 238
SPATHOLTZ
  John, 119
SPAULDING
  _____, 219
  Geo. S., 103
  Homer, 114
  Rufus P., 211, 245, 287
SPEAR
  _____, 191
SPECHT
  Robert, 118
SPECK
  Gordian, 139
SPENCE
  G. O., 295
SPEDDY
  George, 173
  Joseph, 126, 179, 302
  Thomas H., 152
SPENCE
  Martin W., 166
  Smith, 166
SPENCER
  _____, 193
  A. J., 290, 300
  A. K. (Dr.), 204
  A. K., 207, 257, 300,
    326, 442
  Albert H., 132
  Amos B., 504
  C. F., 152
  Emeline, 490
  F. J., 509
  Frank B., 321
  Frank J., 504
  Frederick, 91
  George E., 80
  H. G., 527
  Hannah L., 504
  Henry B., 504
  J., 439
  J. A., 191, 192
  J. W., 509
  J. W. (Mrs.), 507

SPENCER continued
  Jonathan, 439, 504
  Jonathan L., 145
  John, 125, 135
  John E., 260, 295
  John P., 504, 505
  John W., 183, 504, 509
  Mary R., 504
  Orson, 490
  P. M., 300, 326
  Ralph, 173
  Reuben, 146
  T. P., 208
  Timothy P., 323, 326
  William, 513
SPERRING
  G. B., 412
SPERRY
  _____, 437
  _____ (Mrs.), 438
  Amos, 153, 435, 437, 438
  A. R., 439
  Amos R., 438, 439
  Amos Ransom, 437
  Geo. O., 91
  Junia, 437, 439, 441, 442
  Junius, 153
  Sherman, 144
SPEYER
  _____, 136
SPICKERT
  George, 105
  Jacob, 105
SPIER
  Joseph, 152
SPIES
  Philip, 105
SPILKER
  William, 292
SPINK
  Fred U., 178
  Jefferson T., 164
SPLATE
  Henry, 137
SPINDLER
  W. R. (Rev.), 262
SPOFFARD
  Hiram, 404, 405, 517
SPOHN
  John, 105
SPONSELLER
  Samuel, 113
SPOTZ
  Philip, 168
SPRAGUE
  Avery, 526
  Calvin, 169
  David, 456, 511, 512
  Edmond C., 122
  Knight, 511, 512
  M. A., 480, 481
  Warren L., 169
  Wm., 442
  Wm. H., 321
  William T., 153
SPRANKLE
  J. R., 298, 302
SPRENG
  G. F. (Rev.), 273, 274
  Samuel P. (Rev.), 274
SPRING

SPRING continued
  Edward V., 98
  Omar, 456
  Rudolphus L., 167
  Virgil, 456, 460
SPROULBURY
  Henry, 150
SPURR
  Edward, 293
SQUARE
  Warren, 100
SQUIRES
  George B., 156
SQUIRE
  Lawrence, 100
  Thomas, 95
STABLER
  Christian, 144
STACEY
  Lorenzo, 180
STACKHOUSE
  Charles A., 179
STACKPOLE
  Mary, 277
STACKS
  Lewis F., 180
  William H., 180
STACY
  Arthur, 186
STAFFORD
  _____, 233, 236
  Abram H., 134
  Abel, 492
  Edmund F., 181
  Jonathan, 178
  Nathaniel, 462, 464
  O. P., 505
  Oliver, 125
  Orlando, 149
  Theodore, 263
STAGER
  H. W., 296
STAGMIRE
  John, 144
STAHL
  Adam, 101
  Alexander, 186
  Charles, 98, 186
  John, 137
STAIR
  John, 255
  Martha, 255
STALKER
  Norman H., 178
STANARD
  B. A., 317
  J. P., 259
  Walter D. (Rev.), 433
STANDARD
  Timothy, 418
STANDART
  Charles W., 290
  E. C. (Mrs.), 200, 283
  N. M., 244
  Needham M., 322, 323
  William E., 177
  W. L., 208
STANDEN
  George, 153
  John A., 114
STANFORD

STANFORD continued
  James H., 185
  William, 85, 92
STANHOPE
  Charles W., 120
  G. F., 434
STANISLAUS
  Lewis, 446, 456
STANLEY
  ———, 106, 131
  Alvin J., 116
  C. E., 247, 287, 288
  Edward, 123
  G. A., 289
  George A., 289
  Geo. B., 279, 289
  Geo. W., 321
  Joseph, 304
  John, 135
  Wm. H., 314, 324
STANNARD
  John, 168
  R. W., 207
  W. D., 434
  Walter, 516
STANTON
  ———, 124
  Byron (Dr.), 205
  Edwin M., facing 476
  Louis, 201
STAPLES
  Ephriam G., 145
STAR
  Norman (Rev.), 433
STARIN
  Henry M., 182
STARK
  B. C., 321
  E. D., 321
  James, 144
  Henry,
STARKLEY
  Thos. A. (Rev.), 245
STARKS
  Warren R., 180
STARKWEATHER
  G. E., 290
  James, 505
  Sam, 322, 323, 324, 326
  Samuel, 212, 310
  Samuel (Jr.), 126, 321
  Samuel D. (Jr.), 211
  Thomas L., 155
  W. J., 383
STARLING
  ——— (Dr.), 203
  Wm. E., 290, 291
STARR
  Cassius C., 169
  Charles C., 148, 150
  Ephraim, 37
  Talcott, 415
STARRETT
  W. P., 252
STATE
  A. H. (Rev.), 261
STATTLEMEIER
  Lewis, 126
STAUFFER
  John, 102
STEAD

STEAD continued
  Joseph, 293
STEADMAN
  ———, 185
  John J. (Rev.), 250
  W. G., 325
STEARNS
  A. G. R., 486
  Alva, 484, 486, 487, 490
  Asher, 153
  Buell, 484, 489, 491
  C. W., 477, 479
  Cassius, 153
  Charles, 178, 500
  D. E., 480
  D. M. (Rev.), 534
  Daniel M., 135
  David E., 476
  David Johnson, 484, 485, 486, 487, 490, 491
  E., 490
  Elijah, 484, 491
  Elijah (Jr.), 486
  Eliphalet, 491
  Elliott, 486, 487, 490, 491
  F. M., 477, 481
  G. F. (Rev.), 278
  Gardner, 491
  Geo. L. (Rev.), 507
  H. N. (Rev.), 250, 432
  Henry E., 153
  Lawson, 180
  Oscar D., 153
  Sidney, 486
  V., 490, 491
  Vespasian, 212, 486, 490, 491
  W. L., 119, 480, 481
  William L., 162
  Wilson (Rev.), 251
STEBBINS
  Amos, 446, 456
  Edward E., 90
  Minot, 160
  Nelson, 113
STEDMAN
  ——— (Mrs.), 61, 62
  Albert, 92
  B. (Mrs.), 279
  Buckley, 324
  E. C., 292, 293
  Frank B., 152
  W. G., 324
STEELE
  C. (Rev.), 433
  H. B., 127, 151
  Henry, 153
  Horace, 190
  J. C., 494
  James (Rev.), 490
  John W., 321
  William, 497, 498
STEENE
  Henry (Rev.), 254
STEGKAMPER
  Henry, 105
STEGMAN
  Henry R., 152
STEGMEYER
  John, 93
STEHR

STEHR continued
  Henry, 137
STEIBLE
  Gottlieb, 149
STEIN
  David G., 90
  Jacob, 181
  Lewis, 126
STEINBACK
  Parthenia, 374
STEINBAUER
  Fred. W., 93
STEINBERGER
  Geo., 91
STEINER
  ———, 136
  ——— (Rev.), 273
STELLAR
  Christian D., 144
STELLER
  F., 479
STEMPEL
  Philip (Rev.), 500, 507
STENMEAR
  Theodore (Rev.), 272
STEPHAN
  Dan'l, 290, 321, 322, 324, 419, 499
STEPHEN
  John, 260, 261
STEPHENS
  Charles L., 171
  Edward J., 98
  Frank, 162
  Frederick, 157
  J. E., 152
  William H., 152
STEPHENSON
  ——— (Rev.), 410
  Hugh, 412, 413
  J. S., 321
  T. B., 259
STERLE
  Oscar W., 92
STERLING
  ———, 131
  Elisha T., 322, 323
  F. A., 297
  James F., 90, 131
  James T., 128
  John M., 189
  John M. (Jr.), 302
  Lord, 321
  Mary Jeannette, 330
STERN
  Charles, 89
  John, 93
  Seligman (Rabbi), 275
STERNS
  Luther, 60
  STERRITT
  Theodore, 126
STERRUS
  John, 145
STETSON
  Benjamin, 505
  Charles, 323
  W. S., 321
  Wyllis S., 126
STEUER
  Jacob, 532

Index of Names continued

STEVENS
  A., 495
  A. C., 450, 460
  Alexander B., 185
  Alfred, 153, 519
  Asa, 519
  C. B. (Rev.), 415, 500
  C. C., 205
  Catherine H., facing 440
  Charles C., 165
  D. M. (Rev.), 410
  Delmar, 182
  Edward C., 120
  Ephraim, 100
  George, 151
  Geo. W., 123
  Greenbury, 149
  Henry M., 135
  Henry R., 119, 120
  Henry S., 304, 324, 325
  Hiram, 123
  Hiram B., 145
  John, 143
  Nelson R., 120
  Roswell, 180
  Solomon (Rev.), facing 440
  Susan, 519
  William, 117
  William N., 152
STEVENSON
  Thomas, 142
STEWARD
  Henry, 178
STEWART
  Alexander, 98, 146
  Andrew, 446, 456
  Chauncey A., 511, 512
  David, 461
  Edward, 169
  Eunice, 514
  G. H., 513
  George E., 152
  Hugh, 180
  John B., 212, 511, 512
  John N., 152
  L., 461
  Michael, 456
  Plimpton, 114
  Royal, 321
  Sam'l, 483
  Samuel H., 511, 513
  T. H., 511
  William, 151, 180
STIBLE
  Charles A., 168
STICKNEY
  C., 424
  Carter, 419
  Carver, 419, 421
  Hamilton, 289
STIEGELWEIER
  John H., 137
STIGWANISH
  (Seneca), 50, 53
STILES
  Amos, 529
  Asa, 529, 530, 531
  Hiram, 529
  Job P., 38, 40, 41, 44, 46, 223, 225, 228, 229
  Royal P., 151

STILES continued
  Tabitha, 223
  Tabitha Cumi, 38, 40, 41, 43
  Wilbur, 529
STILLER
  Christian, 186
STILLMAN
  Charles, 118
  Charles F., 135
  John D., 459
  William H., 152
STILLSON
  Franklin, 143
STILSON
  S. H., 270
  Sherwood H., 132
STILLWELL
  Joshua O., 165
STINE
  Elmer, 169
  William, 169
STIRLING
  Sarah W. (Miss), 387
STIVER
  John A., 169
STOCKER
  Bartlett, 507
  Daniel, 413
STOCKING
  C. H. (Rev.), 251
STOCKLEY
  G. W., 257
STOCKING
  George, 429, 434
  Joseb, 37
  Joseph, 437, 439, 440
  Joseph (Jr.), 153
  Justus, 440
STOCKINGER
  Henry, 119
STOCKHAM
  Addison, 180
  George M., 180
  Morris J., 162
  W. W., 513
STOCKWELL
  Brutus E., 153
  Jerome N. B., 135
  Reuben W., 132
STODDARD
  A. A., 259
  John, 37
  Richard, 37, 39, 40, 41, 223
STODDART
  Ira, 125
STODTLE
  John, 186
STOFFER
  Daniel P., 166
STOHLMAN
  August H., 137
  J. H., 406
STOKES
  B., 294
  Frederick, 126
  George, 159
  Henry, 183
  Thomas, 132, 193
STOLL
  Joseph, 104
STOLLER

STOLLER continued
  Abram, 273
  Louisa, 273
STONE
  A. B., 300, 308, 310
  A. H., 270, 287, 326
  Adrian C., 142
  Amasa, 255, 384
  Amasa (Jr.), 206, 299, 300, 309
  Andrew J., 115
  Andros B., 385
  Asa, 283
  C. M., 321, 325, 326
  Carlos M., 153, 525
  Chas., 495
  Curtis, 523, 526
  Ebenezer, 523, 526
  Frank D., 112
  George A., 525
  George H., 296
  Harmon, 526, 527
  Hiram, 290
  Kipp, 198
  Lewis H., 180
  M. P., 296
  Marvin E., 523, 524, 526, 527
  Mary F., 383
  Montraville, 527
  Randolph (Rev.), 71
  Randolph (Rev.), 239, 255
  Randolph, 420
  S. M., 288, 321
  S. S., 207
  T. C., 412
  V. C., 481
  Walter F., 523, 525
  Wm. (Rev.), 71
STONEMAN
  ____, 172
  John, 493
  William, 207, 494, 495
STONER
  John, 446, 456, 459
  Randolph (Rev.), 448
  William, 144
STONEY
  Samuel, 253
STOPPEL
  Anton, 105
  Charles, 110
STORER
  ____, 423
  B. F., 424
  Benjamin F., 209
  Frank B., 159
  Geo., 420, 422
  J. H., 422, 424
  James, 178, 179, 277
  Joseph, 253
  Leroy S., 164
  Samuel, 419
  Sarah A., 202
  William H., 184
STOREY
  J., 266
  J. T., 505
  John F., 505
STORM
  Ransom, 178

Cuyahoga County, Ohio

STORM continued
  Solon C., 185
STORRS
  Horatio, 121
  Willis P., 127
STOUGH
  Frank, 150
  Lafayette, 150
  Silas E., 177
STOVER
  David C., 100
STOW
  Joshua, 37, 39, 40
  Thomas A., 152
STOWE
  ———, 436, 437
  Joseph M., 91
  Josiah, 436
  Howard W., 178
  William, 169
STOWELL
  William, 132
STRACHLE
  Henry, 93, 156
STRAIGHT
  L., 470
  Leonard, 470
STRANAHAN
  Frank F., 200
  J. J., 200
  Jas., 505
  William B., 166
STRASS
  E. H., 290
STRATTON
  Daniel, 143
  Isaac, 90, 92
STRAUS
  John R., 126
STRAUSS
  F., 275, 296
  Frank, 321
  R., 293
  Reuben, 295
STRAW
  James (Rev.), 256
STRAWM
  William B., 168
STREATOR
  Nicholas, 160
  Simon, 251
  W. S. (Dr.), 263, 269, 283, 310
  W. S., 206, 212 F. P., 214
  W. S. (Mrs.), 279
  Worthy S., 206
  Worthy S. (Dr.), 386
STREET
  Titus, 37
  D. G. (Dr.), 407
STREIBLER
  Martin, 134
STREIBY
  F. H., 297
STREICH
  C. (Rev.), 276
STREITER
  Henry, 291
STREVER
  Chas., 326
STRICKLAND

STRICKLAND continued
  Aaron T., 323
  Horace W., 127
  L. P., 123
STRIEBINGER
  Jacob, 325, 326
STRIETER
  John (Rev.), 466
STRIKER
  Cornelius, 113
  George G., 116
STRIND
  Thomas, 179
STRINE
  Joseph, 185
STRINGHAM
  S. C. (Rev.), 254
STROCH
  ———, 273
STROCK
  Abram, 113
STRONG
  Alexander, 324
  Asahel, 270
  Augustus H., 259
  Benda, 521
  Chas. H., 258
  Charles H., 325, 326
  Caleb, 520
  Chipman, 521
  D. M., 526, 527
  Edward, 133
  Elijah M., 179
  Emery, 521, 523, 524, 526
  Findley, 462
  Finlay, 321, 462
  Franklin, 521
  George, 153, 158
  Homer, 322, 323, 419
  Horace, 169
  J., 459
  James, 321, 322, 455, 459
  James M., 456
  Jamin (Dr.), 204, 205
  Jas. H., 491
  John, 252, 521
  John H., 211, 214, 455
  John Stoughton, 520, 521, 522, 523, 526
  L., 464
  Lavinia, 521
  Lorenzo, 127, 526, 527
  Lorenzo A., 152
  Lyman W., 521, 522, 526, 527
  Merrick, 526
  Nettie L., 205
  Polly, 523
  S. M., 297
  Sidney, 525
  Stoughton, 522
  Thomas, 180
  W., 289
  W. H., 527
  Walter, 454, 455
  Warner C., 521, 524, 526, 527
  Wm., 321, 324
STROP
  Erastus H., 178
STROUD

STROUD continued
  Alonzo B., 156
  Chas., 499
  Jacob A., 499
  Taylor E., 126
STROWBRIDGE
  R. H., 446, 456
  S., 420
STRYKER
  Alfred D., 115
  Eugene I., 142
STUART
  ———, 167
  James, 132
  John, 114
STUBBS
  John, 132
  Thomas (Rev.), 250, 251, 432
  Thos. (Rev.), 251
STUBER
  John, 247
STUCKER
  Jacob K., 185
STUDER
  Joseph, 126
  Thomas, 112
STUDLEY
  H. C., 279
STULL
  Joseph, 95
STUMM
  W. T., 194
STUMPF
  Conrad, 478
STURBAUM
  Henry, 186
STURGES
  C. M. (Rev.), 247
  Joseph, 324, 325
  Styles E., 182
STURGESS
  G. B., 480
STURGIS
  E. B., 174
  George B. (Rev.), 479
STURGISS
  David W., 145
STURM
  B., 276
STURTEVANT
  Carlos M., 152
  E. T., 450
  Wheeler Def., 166
  Wilbur M., 133
STUYESAN
  Henry, 187
STYRE
  Charles E., 143
STUYVESON
  Henry, 166
  Redman, 166
SUCH
  William, 113
SUGENTHAL
  Alfred, 185
SUITOR
  Jacob, 145
SULLIVAN
  F. (Rev.), 266
  Francis, 267

Index of Names continued

SULLIVAN continued
 Daniel, 113
 Floyd R., 152
 John (Rev.), 251
 John, 133
 , Peter, 135
SUMMERS
 George, 462
 Levi, 462
 Wesley, 187
SUMNER
 Ebenezer, 134
 Edward, 126
 Edwin E., 156
 William, 124
SUNDERLAND
 L. A., 434
 Samuel, 185, 434
SUPLEE
 Euclid M., 169
SURNS
 William, 120
SUTER
 Johann, 101
SUTTON
 Charles E., 120
 Jacob, 144
 Samuel, 271
 W., 478
 William, 146
 William K., 133
 Wm., 478
SVOBODA
 Ferdinand, 326
SWAN
 Alanson, 505
 Heber, 165
SWARTOUT
 John R., 120
SWARTWOOD
 Barney, 253
SWARTZ
 Jonathan, 168
 John, 462
 Peter E., 461
SWAYNE
 Edward A., 89
SWEENEY
 _____, 423
SWEET
 B. G., 324
 Samuel, 89
 Thomas, 91
SWEENEY
 Edward, 142
 Henry, 150
 James, 141
 John, 60, 142, 158
 J. S., 201
 J. T., 201
SWEET
 Benjamin, 133
 Daniel, 178
SWEETMAN
 S. K. (Rev.), 262
SWEETZER
 Christian, 164
 SWEISEL
 John, 424
SWIGART
 Jas. R., 321

SWITZ
 Frederick J., 115
SYKES
 _____ (Rev.), 489
 Lewis, 431
 William, 186
SYKORA
 Frank P., 321
 J. W., 304
 Jos. W., 321
SYMES
 Alfred, 119
SYNOD
 Marcus, 114

T.

TACKET
 Ignatius H. (Rev.), 250
TAFT
 Amasa G., 120
 E. A. (Rev.), 260
 Edwin N., 180
 Sherman B., 135
 William H., 180
TAGARDINE
 Jacob, 505
 Joseph, 505
 Mark, 507
TAGG
 J. H., 253, 254, 410
 John H. (Rev.), 534
TAGGART
 Charles H., 180
TAGGERT
 Richmond (Rev.), 259
TAINTOR
 J. F., 323
 Jessie F., 256, 299
TAITE
 Robert, 159
TALBERT
 Andrew, 271
TALBOT
 Alfred, 450
 Lyman J., 255, 258
TALCOTT
 D. O., 291
TALFORD
 D. W. (Rev.), 245
TALL
 W. E. (Rev.), 247, 249
TAMBLING
 George S., 293
TAMBLUE
 Charles, 152
TANEY
 L. C., 491
TANKA
 John Fredrick (Rev.), 272
TANNER
 Abraham, 100
 Holley, 454, 459
 Holly, 454
TAPPAN
 Abram, 52
 Benjamin, 60
TAPPEN
 Abraham, 55
TARBELL
 L., 405, 407

TARBELL continued
 S. M. (Dr.), 407
TARBOX
 George, 442
TARRY
 C. W. (Rev.), 269
TATUM
 David, 277
 Hanna, 277
 Lawrence W., 192
TAUBER
 Christ., 500
TAUBMAN
 Thomas, 533
TAYLER
 _____, 67
 W. O., 408
TAYLOR
 _____, 190, 194
 Adam C., 305
 Alfred, 164
 Andrew J., 120, 150
 Andrew W., 149
 Benj. F., 119
 C. L. (Dr.), 279
 Charles, 533
 Chas., 245
 Comfort B., 153
 D. C., 301, 323
 Daniel, 266
 Daniel R., 126
 Dennis, 440
 E. D. (Rev.), 432
 E. R., 270
 Edward, 255
 Edwin, 151, 530, 531
 Egbert, 503
 Eliphalet 1., 100
 Elisha, 257, 298, 436
 Elisha (Mrs.), 279
 Everett E., 149
 G. W., 293
 George, 152
 Hart, 530
 Harvey, 309
 Henry, 270, 437, 439
 J. B., 272
 Isaac, 143, 323
 J. Wm., 259
 James (Rev.), 420
 Jasher, 437
 John, 60
 John B., 149
 John D., 505, 506
 John F., 310
 John H., 186
 John W., 173
 Jonathan, 439, 451
 Justus, 427
 Lafayette, 126
 Marvin O., 153
 N. W., 308
 N. W. (Mrs.), 280
 Oliver, 513
 Oscar, 28
 Perry C., 156, 157
 Philo, 212, 435, 437, 438,
  439, 501, 502, 503, 504
 R. M. N., 447
 Royal H, 519
 Samuel, 276

-99-

TAYLOR continued
  Samuel A., 148
  Silas, 436
  Sophia, 335, 451
  Theodosia, 255
  Torbert P., 154
  Uriah, 323
  Ursula M. (Mrs.), 268
  V. A., 407, 409
  V. D. (Rev.), 500
  Vincent A., 153
  Virgil C., 127
  Wm., 258, 530
  Wm. II., 321
  William H., 151
  W. O. (Mrs.), 404
  Z. P., 315
TEACHOUT
  A., 513
  Albert, 263
  Albert P., 413
  Bradford, 178
  Catharine, 510
  Charles, 513
  Clarissa, 513
  James, 513
  John, 513
  Joseph, 512
  Lydia, 513
  William, 512, 513
TEARE
  Eliza J., 534
  John C., 530, 533
  Robert, 125
TECUMSEH
  56, 63, 503
TEED
  ____, 531
TEEL
  Melancton, 146
TELLE
  Otto (Rev.), 272, 273
TELLO
  Manly, 200
TEERLE
  Walter II., 95
TEGARDINE
  Henry, 183
TENNIS
  John S., 112, 152
TENTLER
  William, 505
TERRELL
  C. E., 423
  Chas. E., 419
TERRY
  ____, 101
  Ellen F., 81
  Gilbert, 162
  Henry, 155
TETGO
  Ernst, 105
TETHNA
  ____ (Rev.), 494
TETZER
  Herman, 85, 93
THATCHER
  James G., 150
  P. (Jr.), 285, 289
  Peter, 211, 287, 288, 289, 387

THAYENDENEGEA
  (Joseph Brant), 38
THAYER
  Asahel, 114
  Boadicea, 506
  Diantha, 507
  E. F., 309
  Edward H., 321
  Francis A., 164, 187
  James L., 170
  Jesse, 133
  John D., 164, 166
  L. C., 321
  Lyman C., 164, 170
  Proctor, 325
  Proctor (Dr.), 204, 279
  Proctor (Mrs.), 279
THAYLER
  L. D., 324
THEIME
  A., 195
THEUER
  G. (Rev.), 273, 274
  J. G. (Rev.), 273, 274
THIELE
  Henry, 148
THIEMER
  Augustus, 134
THIES
  H., 275
THODE
  Frederick, 101
THOMA
  John, 144
THOMAS
  ____, 84, 108, 109, 110, 111, 131, 147, 153, 175, 176, 182, 185
  A. D., 157
  Alexander, 178
  Austin, 151
  Charles, 495
  D. C. (Rev.), 261
  Daniel W., 154
  E., 324, 325
  E. B., 310
  E. C. (Dr.), 280
  Ebenezer B., 152
  Elias, 271
  Ezra, 254, 259
  George, 292
  Fayette L., 159
  Francis M., 133
  Frank E., 151
  George (Rev.), 433, 434
  George W., 150
  John, 271, 283
  Isabella, 409
  James, 119, 144
  James R., 103
  Jefferson, 169, 323
  John, 169
  John L., 415
  John S., 418
  Kenrade, 166
  Levi, 450, 455, 456
  Lydia, 534
  Monroe D., 159
  Richard, 270, 271
  Roswell G., 169

THOMAS continued
  S., 261
  Seneca (Rev.), 534
  Thomas, 52, 60, 270, 271
  William, 134, 419, 511
  Wm. H., 149, 169
  William L., 167, 168
  W. S., 152
THOME
  J. A. (Rev.), 269
  J. A., 314
THOMPSON
  Alden, 490
  Alfred C., 122
  Amos, 490
  Andrew R., 150
  Benj. F., 132
  Clare, 182
  Daniel E., 150
  E. H., 321
  E. P., 505
  Edward, 149
  Edward P., 162
  Elias (Rev.), 526
  F. E., 205
  Frederick, 98
  Geo. C., 123
  George J. A., 111
  Geo. W., 491
  Harry, 98
  Henry, 166
  Hiram, 142
  Hiram H., 155
  Howard F., 117
  J. W., 261
  James, 98, 407
  John, 152
  Jonathan, 490
  Leroy, 147
  Lewis W., 120
  Martin, 159
  Olden, 487
  R. F., 208
  R. M., 248, 249
  R. Freeman, 152
  Richard N., 151
  Robert, 185
  Robert F., 120
  Robert W., 147
  Thomas, 146, 292, 324, 478
  Thomas J., 177
  W., 289
  Watson E., 462
  William, 135, 165
  William B., 146
  William K., 158
  William N., 90
  Wm., 261, 289
THOMSEN
  Archibald II., 173
THOMSON
  John F., 153
  Robert, 153
THORMAN
  Simon, 325
THORN
  ____ (Capt.), 35, 39
  George, 135
THORNE
  A. A. (Mrs.), 283
  David, 155

Index of Names continued

THORNE continued
 James A., 526
 John, 418
THORP
 _____, 443
 Aaron, 460
 Bazaleel, 60, 529, 530
 Benjamin, 445, 446, 454, 456, 529, 530, 531
 Cornelius, 445, 446, 456
 Dayton, 529, 533
 Ferris, 493
 G., 494
 Garrett, 443, 453, 454, 456
 Grenville, 120
 H. H., 326
 Hannah, 533
 J. M., 288
 J. P., 530
 Joseph, 534
 Lucian R., 125
 Peter, 456
 T. P. (Rev.), 264, 266
 Thares, 494
 Warren, 529, 530, 533
THORPE
 Dudley, 427
 Ira D., 152
 S. L., 200
 T. P. (Rev.), 200
THROUP
 David H., 177
THURSTON
 Alfred J., 156
 Edward H., 149
 George C., 99
 William H., 89
TIBBETS
 Geo. B., 322, 323
TIBBETTS
 George W., 134, 151
TIBBITT
 Thomas, 291, 293
TIBBITTS
 G. B., 262
 Abram, 494, 495
 Charles, 152, 156
 Geo. S., 209
 Hervey B., 127
TICE
 Chauncey, 324
 George R., 126
TIERNAN
 John, 118
TIFFANY
 Isaac A., 152, 158
 Joel, 204
TIFFIN
 _____, 211
 Edward, 54, 55, 211
TILDEN
 Daniel R., 212
TILL
 William A., 99
TILLOTSON
 _____ (Rev.), 489
 W. W., 170
TILLY
 Alanson, 491
TIMLIN
 Wm. T., 249

TIMM
 Frederick, 138
TIMMENS
 Joseph, 181
TIMMINS
 J. R., 253
 John, 253
 Thomas, 411
TINDALL
 Gideon F., 289
TINGLEY
 Jeremiah (Rev.), 202
TINKER
 Edgar C., 153
 Edward C., 126
 G. C., 410
 J. A., 208
 Joseph, 43
 Wilfred H., 153
TINSDALE
 Geo. A., 247
TISDALE
 Hiram, 162
TITUS
 George, 150
 James, 404, 405
 Ora, 150
 Stephen, 483
TOBEY
 C. H., 439
TOD
 Christopher, 85
 David, 62, 82, 161, 376
 Elizabeth O., 373
 George, 62, 211
 John, 206, 297
TODD
 John, 296
 Joshua P., 155
TOEBBE
 August M. (Rev.), 268
TOENSING
 Frederick H., 137
TOLHURST
 F. (Rev.), 262, 410
TOLLZEIN
 Charles, 154
TOLMAN
 Michael, 138
TOMLINSON
 Andrew, 250
 Nathan W., 187
TOMPKINS
 Daniel A., 178
 J., 420
 Jabez S., 155
 James, 113
 John, 511, 513
 Moses, 112
 Thomas, 123
 Thos. (Rev.), 254
 William, 513
 Win., 260
TOMS
 Jeremiah, 499
 Nehemiah, 498
TONE
 H., 286
TONSING
 J. H., 465
TONTI

TONTI continued
 Henry de, 21
TOOZE
 William, 114
TOPPING
 Alex., 483
TORREY
 Ellis D., 185
TOURO
 Judah, 275
TOUSLEY
 James, 214
 William F., 169
 Wm. (Bishop), 263
 Wm. V., 321
TOWER
 Edgar M., 145
TOWL
 Moses, 498
 Theodore M., 424, 499
 Thomas M., 499
TOWNE
 Ephraim, 492
 Ephraim M., 89
TOWNER
 Charles D., 160
 Clark, 461, 462
 D. D., 461, 462
 David D., 156, 462
 J. W., 325
 Jas. M., 321
 S. U., 439
 Smith, 461
 William, 152
TOWNS
 W. C., 424
 William C., 208
TOWNSEND
 Amos, 174, 296, 304
 Charles P., 156
 Frank, 152
 Hiram, 389
 Oscar, 261, 389
TOWLER
 Thomas (Rev.), 415
TOWSEND
 Amos, 206, facing p. 210, 211, 214, 325, 388
 H. M., 326
 Hosea, 321, 323
TOWSER
 Frederick, 146
TOWSEY
 Frederick, 134
TOWSLEY
 Eliphalet, 511, 512
 James, 422, 511, 512, 513
 William, 511, 513, 514
 Wm., 414, 421, 422
TOWSON
 E. H., 293
 T. J., 285
TRACE
 James Cole (Rev.), 246
TRACEY
 John, 94
 Uriah, 37
TRACIE
 Theodore C. W., 185
TRACY
 _____, 473

Cuyahoga County, Ohio

TRACY continued
    (Rev.), 533
  Myron (Rev.), 525
  Thomas, 180
TRAENIS
  Jacob, 126
TRASK
    , 525
  Boswell (Dr.), 525, 527
TRAST
  J. H., 441
TRAUTMAN
  H. (Rev.), 276
TRAVIS
  Isaac, 117
TRAXEL
  John, 102, 138
TREAT
  A. A., 246
  Delos, 113
  Horace C., 119
  J. H., 295
  Lyman, 113
  Richard, 481
  Samuel W., 177, 179, 321
  William, 142, 419, 456, 459
  Wm., 419, 424, 450, 458, 460
TREEN
  Robert S., 182
TREEP
  Christian, 156
  Samuel, 155
TRENDALI.
  Robert, 531
TRIBFILNER
  Joseph, 168
TRIMBALL
  Wm., 310
TRIMM
  M. D., 169
TRIMPLE
  William, 406
TRINKNER
  William, 292
TRISKET
  Louisa, 506
TRIST
  Wm., 456
TROOP
  Oscar, 178
TROPPLETT
  William, 157
TROTTER
  Mortimer L., 164
  Willard A., 164
TROW
  Elijah, 142
TROWBRIDGE
  Daniel, 111
  Henry, 134
  Melvin M., 166
  Seymour, 419, 422, 519
  Stephen D., 166
  Wesley, 133, 422
TROY
  Dennis, 177
TRUAX
  William L., 120
TRUBEL
    (Rev.), 273

TRUBY
  Abraham, 139
TRUE
  Charles, 183
TRUESDALE
  Verdine, 186
TRUESDELL
  William R., 531
TRUFFLER
  James, 135
TRUMAN
  M. J., 422
TRUMBULL
  Jonathan, 46
  Julius C., 181
TRUMP
  Andrew, 112
TRUSCOTT
  Wm. H., 325
TRYON
  Lucius, 122
TUBBS
  Elisha, 412
TUCKER
  Albert, 99
  Charles H., 152
  Daniel, 120
  Joseph P., 134
  Levi (Rev.), 410
  Levi, 259
  Louise M. (Mrs.), 433
TUCKERMAN
    , 497
TUDOR
  J. R., 405, 407, 410
  John R., 143
TUFTS
  George W., 152
TUPPER
  C. E., 525
  Gideon, 483
  Gustavus K., 127
  Stillman, 513
TURCOTT
  Levi, 159
TURNBULL
  H., 294
TURNER
  Abraham, 404
  Caleb, 125, 152, 170
  Charles, 407
  Charles M., 152
    (Dr.), 435, 437
  Delos W., 135
  E. A. (Rev.), 410
  Esquire, 466
  George, 144
  Geo. W., 290
  I. N., 420, 422, 424
  J. M., 407
  James, 150
  John, 439
  John (Dr.), 437, 502
  John B., 168
  Josiah (Rev.), 450
    (Lt.), 62
  Levi, 114
  Lewis, 158
  S. W., 323
  T. G., 194
  William C., 154

TURNER continued
  Wm. C. (Rev.), 256
TURNEY
  Joseph, 150, 213, 290, 301, 326, 483
  Jos., 483
  Michael, 123
TURRELL
  W., 293
TUSHINGHAM
  William, 173
TUTTLE
    , 189
  Austin, 156
  Benj., 477
  Benjamin, 473, 523, 527
  Benjamin (Mrs.), 522
  Charles H., 151
  Chester G., 522, 526
  Ezra, 523
  Ezra (Jr.), 522
  Frederick, 153
  G. N., 321
  H. A., 270
  Jonathan B., 149
  Luther M., 164
  O. J., 499
  Susan (Mrs.), 472
TWILLING
  Fredrick, 265
TWITCHELL
  David, 126
  J. E., 270
  L. D., 290
  Lorenzo W., 158
TYLER
    , 86
  A., 486
  B. F., 322, 323
  B. S., 513
  Daniel S., 455, 492, 529
  David S., 59
  E. B., 86
  Festus G., 147
  La Grange, 154
  Royal, 511
  Samuel, 152, 410
TYROLER
  Sigo, 85, 92

U.

UDELL
  D. A., 293
UHL
  C. A., 297
  Chas. A., 209
UHLER
  Herman, 126
UHLSENHEIMER
  John N., 117
ULLMAN
  Isaac, 99
  M., 281
ULRICH
  Conrad, 152
ULTER
  John B., 157
UMLAUFT
  Emil, 138
UMSTAETER

Index of Names continued

UMSTAETER continued
  Chas., 499
  Theo., 209
UNDERHILL
  Bloomer D., 153
  C. L., 441
  Charles L., 153
  Charles S., 491
  Daniel R., 112
  James W., 150
  John O., 150
  Samuel (Dr.), 189
  Samuel, 322
UNDERWOOD
  , 431
  John H., 277
  L., 495
  Robert, 169
  Wm. A., 294
UNGERER
  Frederick, 104
UNKRICH
  J., 292
  Philip, 490
UPDEGRAFF
  R. F., 326
UPDYKE
  J. B., 152
UPHAM
  A., 434
  E. B., 426, 434
  George D., 133
  Phineas, 429
  W. T., 425, 431
UPRIGHT
  Geo. T., 95
UPSON
  Asa, 530, 533, 534
  Chloe, 533
  Horace, 155
  Norton L., 164
  W. H., 303
  William, 456, 459
UPTON
  Percival, 325
URBAN
  Jacob P., 152
URBEN
  John, 135
URMETZ
  Joseph, 464, 466
URSON
  Harvey, 113
URSULA
  (Mother Sup.), 280
USHER
  Charles, 486
  Elias P., 487, 490, 491
  Hezekiah, 486, 487
  Luke, 178
  Moses, 461
  Natrous, 486
  Sallie, 506
  Watrous, 211, 477, 487, 490
USHOWER
  Banias, 489
UTLEY
  Alfred, 426

V.

VAIL
  G. I., 308
  Isaac C., 322, 324, 325
VAILLANT
  Edward, 152, 159
VALELLY
  Henry, 123
VALENTINE
  Cyrus B., 178
  John, 157
VALKENBURGH
  Edwin, 134
VALLANDIGHAM
  , 82
VALLEAU
  George, 92
VALLENDAR
  Anton, 105
VALLIANT
  George H., 296
VAN
  Absalom, 455
  Joel, 125
VAN ANTWERP
  Almiron, 165
VAN AVERY
  Oscar, 143
VAN BUREN
  , 428
  Augustus, 321
  Martin, 194, 504
VANCE
  , 170
VAN CLEVE
  , 107
VANDERMARK
  Alexander, 145
VANDERVERT
  John, 182
VAN DERWYST
  A., 473
VAN DORN
  Cleveland, 142, 144
VANDREUIL
  Marquis de, 24
VAN DRUVER
  D., 152
VAN DUZAN
  , 60
VAN FOSSEN
  James, 85
  Robert D., 160
VAN HOLZ
  Anton, 105
VAN HORN
  Adelaide, 506
  Adnah, 506
VAN HOSEN
  Edward C., 305
VAN LUVEN
  John H., 184
VAN NESS
  Henry R., 85
VANNESS
  Phineas J., 120
VAN NOATE
  B., 415
  Wm., 462
  William, 462
VAN NOSTRAND
  Ezekiel B., 120

VAN ORMAN
  R. C., 91
  William, 165, 187
VAN ORNUM
  A. L., 422
  Ira, 177
VAN PELT
  Alexander H., 208
VAN RENSSELAR
  , 59
VAN RENSSALAER
  G. W., 321
VAN SICKLE
  Asa M., 99, 213
VAN SCOTER
  Jeremiah, 502
VANSISE
  C., 480
VAN TASSEL
  A. T., 290, 325, 326, 505
  George, 113
VANTINE
  Daniel C., 322, 323
  W. H., 258
VAN TYNE
  F. R., 479, 480
VAN VLECK
  (Rev.), 465
VAN WAGNEN
  Orlando C., 173
VAN WIE
  Peter G., 151
VARNEY
  Abel, 412
  Allison, 114
  Asa, 513
  Isaac, 412
  Royal W., 103
  Samuel, 412, 414
  Samuel T., 499
  Sidney J., 126
  Wm., 412
VARIAN
  Alexander (Rev.), 246, 249
  Alexander, 84
VARNY
  M. P., 513
VAUGHAN
  Geo. R., 314
VAUGHN
  , 172, 472, 512
  C. R., 491
  Cary A., 127
  E., 477
  Ephraim, 471, 472, 473, 477, 521
  George E., 89
  Hiram A., 123
  J., 477
  John C., 194
  Jonathan, 471, 473
  Richard, 471, 472, 473, 477
  Silas B., 165
  T. (Rev.), 250
  William, 472
  William H., 118
VAUPEL
  Charles P., 152
VAUPELL
  Henry, 160
VEDDER

Cuyahoga County, Ohio

VEDDER continued
  Edward, 186
VEHER
  James M., 164
VENNING
  Josiah, 276
VENOAH
  Charles, 112
VERGENNES
  _____, 29
VERNON
  _____(Rev.), 519
  James, 433
VERSEMAN
  Claus, 138
VETGER
  Sebastian, 186
VETTER
  John G., 325, 326
VIALL
  Charles H., 185
VICKERS
  Thomas, 152, 295
VIERS
  Basil, 132
  Dorsey, 132
  Edwin, 169
  James E., 169
  James S., 149
  Nehemiah, 169
VIETS
  John, 276
VIGNOS
  August, 137, 139
VILAS
  Geo. II., 286
VINCENT
  Almeda, 427
  Augustus R., 433
  Henry G., 178
  Henry L., 178
  J. H., 214, 434
  J. II. (Dr.), 427, 428
  John A., 322, 323
  John J., 165
  Justus H. (Dr.), 427
VIRGIL
  Albert E., 112
  Henry J., 152, 154, 166
VOELKER
  John T., 93
  Peter, 104
VOGELY
  Henry, 164
VOGES
  Theo., 325, 326
  William, 93
VOGHT
  George, 122
VOGT
  Fred, 292
  J. J., 325
VOGTLY
  Joseph, 186
VOGTS
  Otto, 295
VOICE
  George W., 157
VOLKER
  John, 93
VOMOSS

VOMOSS continued
  Jacob, 133
VOND
  Nelson, 144
VON LANGENDORFF
  Emil, 119
VOORHEES
  Abraham, 456
VORCE
  Chas. M., 127, 152, 321
VOSBURGH
  Cornelia, 383
VOSE
  Daniel, 154
VOSLER
  Jacob, 143
VOSSELMANN
  Philip G., 137
VOSTLER
  Christopher, 150
VOTAW
  E. H. (Rev.), 506
  E. H., 420, 479
VOTTELER
  Henry J., 104
VOUGHT
  John E., 134
VRADENBURG
  Charles, 158

W.

WABEL
  Chas., 274
WACK
  Edwin R., 150
WACKER
  Henry, 137
WAGER
  Andrew, 133
  Leonard, 89
WADDELL
  Charles (Rev.), 522
  Chas., 420
WADDLE
  George, 180
WADDOCK
  Thomas, 117
WADE
  _____, 167
  B. F. (Rev.), 410
  B. F., 163
  David, 530
  Edward, 204, 211
  Frank, 151
  Ira, 144
  J. H., 206, 280, 300, 301, 303, 306
  James, 147
  James N., 169
  Jeptha H., 206, 390
  John B., 126
  Joseph, 180
  Oscar, 127
  Robert, 123
WADHAMS
  Alonzo, 410
WADSWORTH
  D. I. (Dr.), 205
  Elijah, 49, 50, 53, 59, 60
  F. A., 292

WADSWORTH continued
  G. H., 292
  George W., 160
  S. Y., 480
  Theodore I., 151
  William H., 152
WAGAR
  A. M., 505, 506, 507
  Adah I., 509
  Adam, 505
  Adam M., 503
  Alta E., 509
  Caroline D., 509
  Charles Willard, 509
  F., 506
  George E., 509
  I. D., 506, 507
  Israel D., 503, 508, 509
  Jesse A., 509
  John M., 509
  Keturah, 503
  Laura M., 509
  Lucy, 509
  Mars, 503, 506, 507, 508, 509
  Matilda, 507
  Peter, 509
WAGGONER
  Frederick, 146
WAGNER
  Adam, 273
  August, 119
  Charles G., 152
  Conrad, 159
  Frederic, 148
  George, 135
  Henry, 114, 120, 150, 158
  Herman, 294
  J., 290
  J. N., 292
  Jacob, 148
  John, 160
  John C., 274, 285
  Matthias, 139, 265
  Nicholas, 114
  Thomas E., 180
  Vernon, 150
  Wm:, 286, 500
WAGONER
  Christian, 126
  John, 120
WAICHENAND
  Henry, 139
WAIT
  Benjamin, 412
  Benjamin (Mrs.), 415
  Charles, 413
  Chester, 412, 414
  Eltean, 468
  Enos A., 183
  Ethan, 494
  Henry, 526
  J. C., 419, 424
  James, 126, 526
  John, 412, 413, 415
  John T., 114
  Rachel, 490
  Walter, 411, 413
  Zelpha, 415
WAITE
  _____, 192

Index of Names continued

WAITE continued
  Erastus R., 185
  Fulton, 178
  Horace, 434
  James, 522
  Orrin L., 185
  W. H., 296
WAKEFIELD
  J. H., 405
  John, 112
WAKEMAN
  D., 470
  Diamond, 470
  Melvin G., 169
  William S., 169
WALBERRY
  Geo. H., 120
WALCH
  ———— (Rev.), 264
WALCOTT
  Samuel (Rev.), 270
WALDECK
  John L., 154
  P., 201
WALDEN
  J. H. (Rev.), 259
WALDO
  Eber M., 492, 494
  Edwin, 186
  James H., 100, 155
WALDRON
  Berry S., 166
  Charles, 427
WALKDEN
  H., 489
  Robert, 530, 531
WALKER
  ————, 500
  A. (Rev.), 534
  A. J., 165
  E. F., 439
  G., 273
  G. W. (Rev.), 432
  Henry (Rev.), 440
  Hobart M., 152
  J. B. (Rev.), 254
  James, 100, 301, 481, 482, 483
  James (Mrs.), 481
  Julius, 150
  Laura (Mrs.), facing 422
  Lusetta, 533
  Marshall, 90
  W., 273
  W.H.S., 124
  W. W., 409
WALL
  Charles E., 91
  John F., 98
  Thomas, 152
  William R., 152
WALLACE
  ————, 477
  B., 478
  C. C., 323
  Charles, 168
  Charles E., 134
  Charlotte, 521
  Chester, 482
  Fred T., 321, 324
  Geo., 235, 237, 310, 322, 503

WALLACE continued
  H. B., 424
  Harriet, 237
  Henry B., 143
  Ira, 482
  Ira W., 120
  James, 203, 478
  James (Jr.), 321
  Jefferson, 482, 529
  Nehemiah, 482
  O. M., 422
  Peter, 135
  R., 478
  Robt., 143, 286, 477, 478
  S., 420
  Samuel, 413
  Thomas, 146
  Timothy, 438
  William, 99
WALLER
  Christopher, 123
WALLEY
  Charles, 85, 92
WALLING
  James, 499
WALMSER
  Conrad, 160
WALRATH
  Wallace, 123
WALSH
  James, 144
  John, 461
WALTER
  Andrew, 118
  August, 186
  Charles, 186
  J., 463
  Martin, 420
  Thomas, 139
  Wm., 461
WALTERMYER
  Joseph, 173
WALTERS
  Benj. C., 322
  David H., 152
  Elizabeth, 269
  Emily, 433
  George, 178
  J. R., 450
  Jacob, 461
  John, 147, 433
  John R., 445, 450
  R. F., 208
  R. R., 433
  R. W., 432, 434
  Rueben R., 433
  Reuben W., 81
  W. E., 434
  Wm. E., 433
WALTHAM
  Thomas, 145
WALTHER
  Henry, 152
WALTON
  J. C., 405
  Jefferson, 150
  Jesse, 132
  Thomas, 297
WALTZ
  Christian, 185
  J. B., 462

WALY
  Paul, 186
WALWORTH
  Judge, 235, 364
  ———— (Mrs.), 59
  A., 470
  A. W., 71, 232, 233, 237, 310
  Annie (Miss), 280, 283
  Asahel W., 322, 323, 326
  John, 52, 54, 56, 208, 212, 213, 233, 235, 236, 326
  R. Hyde,
  Silas, 237, 322
  W. F., 295, 326
  Wallace, 143
WAMELINK
  ————, 264
WANDEL
  George, 93
WANGELIN
  G., 499
WANGER
  Christian, 102, 138
  John, 102, 138
WARALLO
  William S. (Rev.), 534
WARD
  A. S., 439
  Alexander, 293
  Anson B., 111
  Artemus, 81, 193
  Arthur, 133
  Burk E., 134
  Edmund, 166
  Hiram B., 132
  Horatio N., 322, 323
  Jacob, 472
  James, 273
  Joseph, 490
  Martin S., 162
  Nicholas H., 162
  P. W., 321
  Samuel, 100, 291
  Samuel S., 499
  W. A., 294
  William, 152
WARDEN
  George, 152
WARDER
  Benjamin, 52
WARE
  Dallas M., 169
  L. H., 422
  Liberty, 321
  Moses (Rev.), 506
  Moses, 500
  Thomas F., 183
  William R., 183
WARES
  Moses (Rev.), 259
WARING
  S. H., 127
  W. B., 450
  William B., 162
WARMINGTON
  George, 301
  William, 152
WARNECKE
  August, 441
WARNEKEY

-105-

WARNEKEY continued
 Charles F., 95
WARNER
 ———— (Rev.), 493
 Aaron, 404
 Adna, 478
 B. C. (Rev.), 410, 534
 Cassius M., 133
 Chas., 505
 Darius, 404, 481
 Edward S., 126
 Ellen H., 203
 Geo., 326
 Irwin N., 433
 Jacob, 462
 John, 481
 John F., 297, 323
 L. D., 478
 Levi B., 478
 Lorenzo, 286
 Lydia, 481
 Norman, 481
 Philip, 120
 Spencer, 481, 483
 Stephen C., 181
 T. M., 326
 Theodore M., 127
 W. J., 246
 Wm. J., 323
 W. S., 405, 407, 408
 Warren, 516
 Wm. C., 499
WARNSLEY
 Benjamin, 166
WARR
 John W., 127
WARRALLO
 S. (Rev.), 410
WARREN
 ————, 226, 511
 ———— (Mrs.), 528, 529
 Clark, 324
 Daniel, 211, 321, 528, 529, 530
 George, 114, 151
 H. L., 295
 Hiram V., 88, 529
 J. R., 271
 James M., 529
 John, 116, 506
 John G., 116
 Julia C., 529
 Moses, 37, 29, 40, 41, 44
 Moses (Jr.), 529, 530
 Moses N., 529, 530, 531, 533
 Othello, 529
 P., 431
 Paulina, 529
 R. M. (Rev.), 250
 T. C. (Rev.), 251
 Wm. H. (Rev.), 271
 William (Rev.), 507
 William, 529
 William H., 529, 530, 531, 533, 534
 William M., 534
WARRINER
 William D., 169
WARRING
 John B., 297

WARSWICK,
 W. W., 258
WARTMAN
 Abraham, 150
WARWICK
 David, 525
 Robert, Earl of, 30, 31
WASHBURN
 Alvah H. (Rev.), 246
 H., 434
 John G., 187
 Peleg, 43
 Timothy, 404
WASHINGTON
 Augustine, 23
 George, 22, 23, 24, 36, 39
 Lawrence, 23
 William A., 454
WASS
 George, 177
 Wallace, 118
WATDOMERER
 D., 274
WATERMAN
 Eleazer, 238, 321, 322, 504
 Henry, 120
 William, 213
 William G., 120
WATERS
 Alonzo C., 180
 Austin H., 126
 Chandler, 180
 David, 460
 G., 157
 G. F., 479
WATHEY
 John, 292
WATKINS
 ————, facing 422, 464
 Alonzo, 413, 416
 Asa B., 132
 Charles, 144
 G., 450
 Geo., 251
 George, 126, 151
 Ichabod, 519
 James, 132, 462
 John, 160, 185, 511, 512, 513
 Kersina, 511
 Lewis J., 90
 Lewis M., 143
 S. S. (Rev.), 513
 Seneca, 462
 T. H., 322
 Wm. (Rev.), 270
WATMOUGH
 P. G., 194
 Pendleton G., 206, 326
WATROUS
 Albert, 164, 166
 E. G., 478
 Enoch G., 472, 473, 478
 Fanny, 506
 Gideon, 506
 Ichabod, 516
WATSON
 C. L. (Rev.), 269
 Clark M., 321
 D. R., 442, 480
 D. S. (Rev.), 250

WATSON continued
 David R., 178
 George, 99
 George N., 480
 J., 478
 James, 125, 266
 James G., 134
 James M., 176
 John, 214, 478, 479, 527
 John C., 158
 Joseph, 492
 Lewis, 137
 Nancy, 479
 W. N., 162, 480
WATTERSON
 H., 290
 John T., 326
 Julius C., 85
 M. G., 321
 Moses G., 152, 213
 Robert F., 85
 William, 529, 533
WATZ
 J. (Rev.), 273
WAUSSEN
 Clyde, 113
WAY
 John, 409
 John H., 149
WAYNE
 Anthony, 36
WEATHERBY
 J. L., 323
WEATHERLY
 Joseph L., 297
WEAVER
 Caleb, 132
 J. H., 254
 M. J. (Miss), 280
 Robt. S., 289
WEBB
 Archibald, 507
 Edward A., 102, 103
 George A., 113
 H. J., 291
 Harvey T., 252
 Joseph P., 88
 John, 507
 Merwin, 102
WEBBER
 Alfred T., 127
 August, 148
WEBER
 ———— (Rev.), 507
 Christian, 102
 Christoph, 104
 Franz, 93
 Frederick W., 138
 G. C. E. (Dr.), 204, 279
 G. C. E. (Mrs.), 279
 Gustav C. E., 151, 296
 Isaac, 158
 Jacob, 118
 John A., 324
 Otto, 138
 Peter, 137
 Philip B. (Rev.), 252
 William, 85, 93
WEBSTER
 Arthur, 142
 Charles, 186

Index of Names continued

WEBSTER continued
  Davis, 133
  George II., 120
  II., 470
  J. C., 519
  J. H., 321
  James (Rev.), 519
  James, 519, 520
  S. B. (Pastor), 458
  S. B., 458
  William W., 145
WECKERLING
  George, 290, 325
WEDDELL
  _____, 510
  Conrad, 148
  H. P., 298
  P. M., 68, 298
WEDDILL
  Peter M., 239, 255, 322
WEED
  A. H., 291
  Albert H., 322
  F. J. (Dr.), 204, 279
  F. J., 326
  Frank, 152
  Theodore C., 181
WEEKS
  _____ (Rev.), 489
  Charles L., 211
  George H., 135
  Joseph, 157
  Martin S., 183
WEGE
  Conrad, 155
WEH
  John T., 321
WEHAGEN
  Hermann, 102, 138
WEHNES
  John, 101
WEICK
  Charles, 157
WEIDEMAN
  I. J., 290
  J. C., 288, 292
  James M., 149
  John J., 325
WEIDEMANN
  H. W., 292
  J. J., 292
WEIDENKOPF
  Frederick, 152
  Gotfied, 138
  Gotfried, 102
  Nicholas, 152
WEIDMAN
  George, 135
  I. C., 291
  I. I., 291
WEIDOFF
  Henry, 186
WEIER
  John, 148
WEIGEL
  Christopher, 325
  Josiah, 132
WEIGOLD
  John F., 101
WEIHRMANN
  J. H., 441

WEIKER
  William, 111
WEIL
  J., 294
  Meyer, 296
WEILAND
  John, 93
WEINER
  A., 281, 296, 298
  Michael M., 153
WEINHARDT
  J. J., 292
WEIS
  Joseph, 155
WEISENBORN
  Lewis H., 137
WEISGERBER
  Justin, 117
WEISLOGEL
  Jacob, 138
WEISMAN
  Robert, 153
WEISS
  Conrad, 137
  Edward, 137
  J. J. (Rev.), 276
  Kasper, 101
WEISSENBACH
  George, 93
WEITH
  Jocab, 274
WEITLING
  Frank, 294
WEITZEL
  William, 114
WEIZMAN
  Frederick, 321
WELCH
  _____, 411
  H. S., 323, 459
  Ben. S., 445
  Benj. S., 446, 450, 456
  Benjamin S., 459
  Harvey S., 185
  Henry A., 127
  Hiram, 420
  Jacob, 85
  James, 133
  John, 133, 446, 447, 450, 456, 459
  O. F., 324
  Orlando B., 157
  Stephen, 181
WELD
  J. H., 321
  J. W., 513
WELDON
  Oliver, 490
WELFARE
  _____, 201
  WELLER
  John, 147
  Sophin, 493
WELLES
  Woolsey, 318, 321
WELLHOUSE
  Wm., 325
WELLING
  Henry, 140
WELLMAN
  Eli, 472

WELLMAN continued
  H., 68
  Harvey, 322
  Owen, 472
  Wheeler, 472, 477
WELLS
  A. J., 288, 406, 410
  Adaline, 533
  Charles, 114
  Charles K., 159
  Curtis, 404, 405
  D., 406
  Delia, 516
  E., 465
  Eli T., 134
  Epaphroditus, 464, 505
  Frank, 209
  John R., 164
  Mary S. (Miss), 365
  _____ (Mrs.), 516
  Oliver, 516, 519
  Porter, 134
  Russell J., 150
  W. W., 409
  Walter F., 127
WELLYARD
  Philip, 157
WELSH
  J. W., 290
  John, 212
  O. F., 324
  Patrick, 145
WELSHUR
  Jesse, 169
WELTI
  J. (Rev.), 277
WELTON
  C. H., 433
  Geo. W., 127
  Herschell, 151
WEMPLE
  _____, 445
  _____ (Mrs.), 444
  Andrew, 450
  Myndert, 445, 446
  Myndert (Mrs.), 444
WENBAU
  Henry S., 99
WENCH
  John, 180
WENDOLIN
  Nickenhauer, 104
WENDT
  Theodore, 104
WENHAM
  A. A., 290, 291
WENNER
  Jacob, 93, 158
  John, 186
WENTMORE
  John, 494
WENTRICH
  Peter,
WENTZ
  Henry, 465
WENZINK
  Ann, 306
WERBUCH
  William, 186
WERKMEISTER
  _____, 132

WERTH
  John, 277
WERTHEIMER
  J., 275
WERZ
  Francis I., 89
WESCHE
  Charles, 119
WESCOTT
  Lyman D., 183
WESELOH
  H. (Rev.), 273
WESLEY
  Chas. W., 288, 289
  John, 295
  John, facing 472
WEST
  Ephraim, 464
  Henry O., 179
  J. W., 505
  John, 446, 456, 505
  John W., 505
  Rebecca R., 432
  S. S., 287
  Slater, 179
  T. N., 427
  Thomas, 432
  Thomas N., 432
  Walter, 179
  Wm., 460
WESTERHALT
  F. (Rev.), 265
WESTERMAN
  Jacob, 179
WESTERN
  Freeman W., 135
  Sidney, 157
WESTERVELT
  _____ (Rev.), 479
  _____, 489
WESTFALL
  John, 461
WESTLAKE
  George, 206, 296
WESTMARK
  J., 294
WESTON
  Asa, 449, 456, 459
  George, 456
  William, 492
WETHERBEE
  Albert J., 135
  Richard, 526
WETHERBY
  Henry, 530
WETHERLY
  J. L., 301
WETZEL
  Frederick, 186
  Jacob, 499
  John, 95
WETZELL
  R., 294
WEVERKA
  Anton, 295
WEYLIE
  Porter M., 120
WHALEN
  James, 134
WHALEY
  Harmon J., 152

WHALEY continued
  Lucien D., 134
  Myron H., 90
WHALON
  James N. (Rev.), 251
WHEATON
  G. S., 296, 321
WHEELAN
  John, 116
WHEELER
  _____, 170, 176, 185
  A., 47
  Abijah, 322
  Allen, 126
  C. Y., 199
  Charles Y., 123, 151
  Edward, 159
  Edward F., 148
  Edwin F., 405
  Harry, 100
  John (Dr.), 205
  John (Rev.), 202
  John, 204, 478, 499
  John A., 323, 324
  John W., 152
  Jonathan D., 180
  Lucius, 99
  Oliver, 532
  Samuel S., 180
  Sanford, 152
  Seth S., 321
  Seymour O., 148
  William, 169
  William J., 168
  William T., 157
  Xenophon, 125
  Zenas, 112
WHEELING
  S., 469
WHEELOCK
  B. J., 406, 408, 410
  James W., 154, 155
  M. C. (Miss), 367
  W. H., 409
  W. T., 409, 410
  William H., 135
WHELAN
  P., 305
WHELPLEY
  George, 168
  Thomas, 322
WHERRITT
  Charles, 84
WHIGHAM
  Thomas J., 99
WHIPPLE
  Carlysle, 148
  D. R., 213
  Daniel I., 120
  H. G., 190
  Henry E., 433
WHITACRE
  W. (Rev.), 433, 494
WHITAKER
  A. M., 405, 406, 410
  L. P., 407
WHITBECK
  Horatio N., 122, 123
WHITCOMB
  D. R., 263
WHITE

WHITE continued
  _____, 55, 431
  Albert, 122
  Andrew, 285, 323, 419
  Ann, 282
  Asa, 411
  Bushnell, 209, 211, 212, 277, 323, 324
  C. S., 460
  Chas., 295
  Charles, 126, 404, 456
  Charles A., 119
  Clinton R., 151
  D., 434
  E. E., 313
  Edward I., 125
  Edward N., 119
  Eli, 294
  Ford W., 90, 125
  H. C., 263, 287, 321
  Harry, 428
  Henry W., 309, 310
  J. Crocker (Rev.), 246
  James, 89
  James C. (Rev.), 270
  John, 122, 127, 179, 186, 404, 492
  John G., 492, 494
  John S., 131, 316
  John W., 103
  Joseph, 153
  Julius, 414
  Lambert, 324
  Mary, 305
  Matthew, 114
  Minerva M., 305
  Moses, 238, 259, 305, 310
  N. D., 323
  Nathan D., 152
  O. W. (Rev.), 490, 506, 526
  R. G. (Rev.), 433
  R. O., 263
  Ransom, 122
  Roderick, 434
  Rollin C., 309, 310
  S., 460
  Samuel, 152
  Solomon, 404, 482
  Stephen, 456, 460
  T. H., 326
  T. T., 460
  Theron, 492, 494
  Thos. H., 277, 309, 310
  Thomas, 431, 434
  Thomas A., 166
  Wildman, 321, 322, 382
  Wileman, 483
  Wm. G., 404
  William, 60, 339
WHITEAD
  Charles, 125
WHITEHEAD
  David, 254
  David S., 126, 151
  Frederick, 324
  George W., 152
  Thomas, 126, 152, 199
  William, 179
WHITELAW
  Geo., 324
  John, 324, 325

Index of Names continued

WHITELAW continued
  John F., 298
WHITELEY
  John (Rev.), 251
WHITELOW
  John F., 245
WHITEMAN
  R. W., 422, 424
WHITEMARCH
  W. T. (Rev.), 245, 247
WHITING
  _____, 506
  Charles A., 180
  Cornelia (Miss), 345
  John, 151
WHITLAM
  J. O., 493
WHITLAW
  John, 494, 495
  William,
WHITLOCK
  John, 495
WHITMAN
  Andrew F., 148
  B. F., 270, 272
  Freeman, 446, 450
  H. L., 285, 305
  Henry L., 419
  J. S., 479
WHITNEY
  _____ (Mrs.), 498
  Anna, 525
  Belsey, 521
  Flavel, 521, 526, 527
  Frank, 125
  G. R., 478
  G. W., 279
  George A., 123
  George R., 446, 456, 478
  George W., 477
  Geo. W. (Mrs.), 282, 283
  Guilford, 520, 521, 525, 526
  Henry M., 527
  Hollis, 521, 525
  James W., 178
  John F., 525
  Jubal, 521, 527
  Lorenzo D., 180
  Lyman, 323
  Myron A., 527
  Stephen, 133
  Vina, 521
WHITSEY
  George, 440
  George R., 456
WHITTAKER
  John B., 169
  John H., 147
  Louis P., 151
  Stephen, 298
WHITTESEY
  _____, 223, 232, 240
WHITTIMORE
  Augustus W., 152
WHITTINGTON
  Wm. (Rev.), 274
WHITTLESEY
  _____, 17, 24, 27, 32, 40, 52, 57, 192
  Albert, 114

WHITTLESEY continued
  Charles, 95, 189, 191, 207
  Elisha, 57, 60, 240, 501
  Frederick, 211, 212, 214
  Henry S., 213, 257, 299, 308
  Robert D., 179
WHITWORTH
  John, 160
WIBUR
  Charles J., 152
WIBYMERN
  Herman, 165
WICHMANN
  _____, 264
WICK
  Alfred, 298
  Dudley B., 152
  Henry, 407
  Lemuel, 298
  Wm. (Rev.), 448
  William, 112
WICKER
  Adam, 105
WICKES
  Marcus, 291
WICKET
  _____ (Rev.), 494
WICKHAM
  Delos O., 127
  James T., 168
  Owen B., 152
WICKS
  Alexander, 121
  William, 165
  William A., 173
WIEGAND
  John, 93
WIEGERT
  Henry, 294
WIER
  Joseph S., 152
WIESMAN
  August, 152
  John C., 152
WIGGINS
  B. S., 290
  B. L., 483
  Charles B., 154
  D. L., 483
  N. B., 483
  Noble B., 115
  S. B., 260
WIGHT
  Lyman, 529
WIGHTMAN
  D. L., 530, 533
  David L., 213
  Deborah L., 461
  John, 461, 483
  John J., 152
  Louis D., 152
WIGMAN
  John B., 324
  John H., 151
  John R., 323
WILBER
  Charles E., 127
  W. W., 434
WILBOR
  Matthew, 158
  William, 158

WILBUR
  Benj. F., 114
  Charles, 306
  U. B., 290
  James B., 324
  James F., 289
WILCOX
  _____, 199
  A. R., 152
  Abigail, 415
  Atonson (Rev.), 263
  Ambrose, 412
  Arthur T., 153
  B. O., 194
  Charles, 412
  Daniel, 186
  E. K., 290, 321
  Ebba, 412, 413
  Ebenezer, 426
  Edwin, 412, 512, 513
  Eugene A., 154
  F. N., 321
  Freeborn, 412
  George, 178
  J., 460
  J. M., 513
  John, 454, 455, 458, 459, 460
  John (Jr.), 460
  John M., 213
  Josiah, 412
  Louis C., 165
  Lucy, 415
  Mary, 423
  Mary, facing 416
  Miller, 412
  Orrin, 412, 415
  S. M., 513
  Sherwood, 155
  Travella A., 168
  Whitney, 412
  Wm. A., 159, 321
  William W., 145
WILCOXON
  J. F., 321
WILD
  James W., 512
  Peter, 466
WILDE
  Robert K., 143
WILDER
  A. G. (Rev.), 261
  Abel M., 134
  Elder, 458
  D. J., 115, 483
  Theodore, 293
  William W., 120
WILER
  John, 106
WILES
  Henry, 180
  John H., 180
WILEY
  _____, 106, 108
  John W., 68
  Thomas J., 100
WILFORD
  Joseph, 149
  Thomas, 150
WILHELM
  Daniel, 164

-109-

WILHELMY
  M. A., 423
WILLIAMS
  Henry, 483
WILKER
  Victor, 203
WILKERSON
  Jacob, 310
WILKESON
  George, 145
WILKINS
  Major, 26, 27, 28
  Andrew, 254
  H., 252
  Horace (Mrs.), 283
  John, 139
WILKINSON
  Ebenezer, 522, 526
  George, 127, 151
  Jacob, 235
  John A., 85
  Robert, 512, 513
  S. L., 434
  Simon, 513
WILKSHIRE
  Wm., 287, 288
WILLARD
  Alfred, 439
  Charles, 158
  Charles A., 98
  E. S., 324, 325
  John F., 405
  John L., 404
  R. L. (Dr.), 204, 285
  S. R. (Rev.), 409, 410
WILLES
  Z., 192
WILLETT
  Charles, 186
  Thompson, 494
WILLEY
  E. F., 259
  George (Dr.), 204
  George, 211, 313
  John W., 211, 213, 214, 311, 318, 323
  Lewis R., 120
  Seth A., 133
  Thomas, 143
WILLIAM
  King, 22
WILLIAMS
  _____, 53, 425, 428, 431
  A. F., 470
  A. H., 122
  A. J., 434
  A. P., 152
  Adam C., 428
  Alfred, 434
  Andrew J., 428
  Benajah, 428, 431
  C. G., 288
  C. H., 152
  Caleb, 182
  Chas. D., 204, 324
  Clark, 153
  Cyrus, 112, 322, 323
  Daniel E., 462
  David J., 186
  E. (Rev.), 409
  E. E., 304

WILLIAMS continued
  Ebenezer, 262
  Edward, 157
  Edward A., 116
  Eli, 446, 456
  Elisha, 186
  Ellery G., 322, 323
  Francis, 88
  Francis S., 428
  Frank, 115
  Frederick C., 529, 530
  Geo. H., 121
  Geo. W., 91
  George, 185
  George D., 208
  George W., 158
  Henry, 102, 144, 146, 295
  Henry C., 125
  Ira D., 127
  J. E., 289
  J. W., 431, 434
  James, 100, 125, 145
  Jasper E., 152
  John, 28, 35, 133, 419, 502, 505
  John S., 147
  John T., 186
  John W., 428, 434
  Jonathan, 323
  Joseph, 37, 60, 420
  Josiah E., 249, 289
  L. D., 494
  Lehr, 93
  Lorenzo D., 428
  M. (Rev.), 534
  M., 493
  M. E., 195
  Michael (Rev.), 410
  Michael, 152
  Matilda, 420
  Matthew, 287
  R. N., 270
  Richard H., 185
  Roger, 127, 168
  Thomas, 132, 153
  Thomas J., 152, 182
  Victor R., 185
  W. F., 491
  W. J. (Rev.), 261
  W. W., 46, 47, 48, 52, 290
  Wheeler W., 228, 231
  William, 90, 123, 135
  William E., 162
  William P., 116
  Wm. T., 491
  Wm. W., 321, 428
WILLIAMSON
  _____ (Mrs.),
  James, 115
  John, 152
  Matthew, 60, 235, 237
  S., 290
  S. (Mrs.), 279, 283
  S. E., 321
  Samuel, 29, 33, 57, 211, 212, 213, 214, 321, 322, 323, 324, 392
  Samuel E., 235, 237, 255, 283, 310, 311, 317, 319
WILLIS

WILLIS continued
  _____ (Mrs.), 250
  Fanny (Mrs.), 409
  Geo. H., 287
  Luther, 404, 405, 406, 407
  Ziba, 404, 407
WILLISTON
  _____, 109
  John H., 302, 325
  Timothy (Rev.), 526
WILLMAN
  H., 237
  S. T., 310
WILLOWS
  Thomas, 291
WILLS
  John, 322, 323, 324
WILLSEY
  Joseph H., 123
WILLSON
  _____, 468, 469
  Eliza Henderson, 470
  Esther, 470
  Frederick, 466, 470
  George, 470
  George A., 470
  Hiram V., 320, 393
  Hiram W., 211
  James A., 126
  James P., 178, 470
  L. A., 286, 287, 288, 321
  Myron H., 470
  W. F. (Rev.), 251
  Wm., 424
  William, 484
WILMOTT
  Elisha, 516
WILSDON
  Richard L., 89
WILSON
  _____, 34, 199, 441, 464
  Albert A., 145
  Alexander D. S., 168
  Alexander M., 135
  Alfred, 145
  Alonzo D., 146
  Andrew, 529, 530
  Benjamin, 467
  Charles H., 183
  Clark I., 91
  Cyril (Rev.), 410, 493, 534
  David, 95
  E. M., 321
  Ephraim, 323
  Frank, 168, 184, 209
  Frederick, 156, 468
  Geo. A., 85
  Geo. R., 95
  George, 150, 173
  George W., 152
  H. V., 152
  Hiram V., 244, 271
  J., 290
  James, 95, 135, 160
  James A., 119, 184
  James P., 321
  James R., 167
  John, 294, 439, 441
  Joseph, 119
  Matthew, 283
  N., 470

Cuyahoga County, Ohio

-110-

Index of Names continued

WILSON continued
  Nelson, 470
  Orlando W., 133
  P. K., 467
  Peter, 177
  S. N., 153
, Thos. P., 270, 286
  W. F. (Rev.), 410
  W. T. (Rev.), 432
  William, 142, 152
  William F., 493, 534
  Wm., 419
WIMAR
  Charles, 139
WIMPLE
  Myndert, 456, 459
WINCHELL
  George H., 180
WINCHESTER
  Elhanan, 187
  George, 181
  Sylvester W., 112
WINDELSPECHT
  Jacob, 137
WINDERS
  David, 406
WINDLESPECT
  _____, 465
  Joseph, 464
WINDSOR
  Andrew J., 162
  S. (Rev.), 245
WINES
  C. Maurice (Rev.), 247
WINFIELD
  George, 126
WING
  Adelbert L., 142
  E. H., 527
  George W., 142
  Hannah, 409
  J. G., 463, 465
  Nelson H., 100
  O. R. (Miss), 280
  Stephen P., 142
  Sterling, 149
  W. A., 241, 242
WINGER
  John, 186
  Martin, 253
WINNEPLECK
  Samuel, 186
WINNER
  Andrew, 127
WINSLOW
  _____, 346, 450
  A. P., 205, 213, 324
  Charles, 213, 322, 323, 324, 419
  Daniel, 153
  G., 442
  Jonathan, 118
  N. C., 297, 299
  R. H., 296
  R. K., 297, 317
  Richard, 394
  Rufus King, 394
WINSOR
  Henry, 430
WINSTON
  Abram, 238

WINTER
  Augustine, 126
  W. D. (Rev.), 263
WINTERS
  C., 295
  Harrison, 169
WINTERSTEIN
  Allen, 178
WIRE
  _____ (Mr.), 440
  William A., 152
WIRSCH
  Henry, 126
WIRTH
  A. P., 422
  Frederick, 424
  Frederick W., 177, 419
WIRTHAVER
  James, 295
WIRTS
  John B., 91
WISCHMEYER
  H., 439
  Henry, 439, 442
WISE
  C. N., 506
  H. A., 405
  Henry K., 99
  John K., 98
WISEMAN
  John J., 111, 126
  Theodore B., 156
  Morgan, 150
WISSON
  Jacob, 123
WITAKER
  Chas., 255
WITHAM
  Charles, 135
  George, 135
WITHCOMBE
  James, 248
WITHERELL
  E. C., 204
  George, 322, 323
WITHERS
  Albert E., 90
WITHERSTY
  John, 173
WITHICOMB
  Chas. R., 321
WITHINGTON
  A. L., 246, 301
WITHZEL
  J., 274
WITT
  Mary, 352
  S., 206
  Stillman, 206, 300
  Stillman (Mrs.), 279, 283
WITTER
  _____ (Doctor), 492
  Abraham, 516
  Henry C., 154
  J., 494
WITTERN
  Charles, 117
WITTLINGER
  John J., 125
WITTRICH
  Paul, 104, 105

WITZRUDORFF
  Charles, 186
WIZEMAN
  Frederick, 158
  John J., 152
WOKATY
  Matthias, 138
WOLCOTT
  Alfred, 411
  Almon, 411
  Charles, 411, 413
  E. P., 434
  Edward O., 152
  Henry P., 152
  Horace, 187
  John, 185, 254
  Samuel, 411
WOLF
  _____ (General), 502
  _____, 464
  A., 441
  Alfred, 153, 441
  Alonzo, 177
  Amos, 486
  Andrew, 185
  Christian, 486
  Frederick, 140
  I., 275
  Jacob, 157
  John, 438, 462
  Julius, 93
  Michael, 145
  Peter, 165
  Truman, 486, 487, 490
WOLFE
  _____, 24
  Daniel, 123
  F. S. (Rev.), 253
WOLFENSTEIN
  S. (Dr.), 281
WOLFKAMM
  H., 276
WOLFKAMMER
  John, 118
WOLGAMOT
  Henry, 155
WOLLENEREBER
· L. W., 285
WOOD
  _____, 28, 62, 87, 109, 141, 181, 502, 504, 524
  Alfred, 95
  Benj., 461, 462, 465
  Benjamin, 48, 52, 113, 464
  Charles A., 90
  D. L., 208
  Daniel P., 91
  David L., 189, 322, 323, 324
  Ephraim, 120
  Geo. A., 90
  George H., 165
  George L., 147
  Harry, 461, 463
  Henry, 461, 462
  J. S., 290, 424
  John, 48, 293
  John O., 534
  Lewis, 166
  Mary Ann, 490
  Reuben, 210, 211, 214, 238,

Cuyahoga County, Ohio

WOOD continued
  Reuben continued, 318,
    322, 395
  Samuel, 460
  Silas, 460
  Starr B., 91
  Truman S., 505
  W. R., 477
  William, 289, 490
  Wm. A., 324
WOODWARD
  M. A., 321
WOODARD
  W., 420
  Wm., 424
WOODBURN
  George F., 166
WOODBURY
  Ella, 506
WOODEN
  Warren, 148
WOODLEY
  R., 290
  Richard, 483
  Robt., 250
WOODMANSEE
  S., 460
  William (Rev.), 432
WOODRUFF
  A. B., 126
  G., 423
  Gordon, 164, 166
  John, 529, 530
  Nathaniel, 446, 456
  Simon (Rev.), 255, 525
WOODS
  _____, 146
  D. B., 205
  Elisha C., 111, 173
  H., 253
  Hiram, 409
  James H. (Rev.), 409
  Jerome O., 168
  Joseph P., 150
  William, 112
WOODWARD
  Asa, 492
  C. A., 285, 287, 288, 289
  Ebenezer G., 526
  Edgar J., 160, 152
  George, 297
  Henry A., 127
  Joel, 252
  John, 168, 425
  L. A., 192
  Robert, 135
  W., 193
  Wallace J., 98, 100
WOODWORTH
  Cassius M., 165
  Darius (Rev.), 433
  F., 292
  G. W., 460
  Luther, 446, 456
  Luther E., 150
  Theron, 446, 450
WOOLDRIDGE
  John, 152, 295
WOOLEY
  Albert A., 90
  G., 294

WOOLEY continued
  Joseph, 534
WOOLSEY
  Albert A., 180
  John M., 214, 279, 299
  S. H., 478
WOOLSON
  Charles J., 299
WOOLVERTON
  _____, 437
WOOSTER
  Erhart, 419
WORCESTER
  E. G., 481
  Noah (Dr.), 203
  Norton T., 114
WORDEN
  _____, 28
  Clayton E., 85
  Joseph, 114
WORLEY
  Daniel, 311, 322, 323, 326
  Eliza, 250
  James T., 483
  John A., 274
WORMLEY
  _____, 215
WORMSER
  A. (Rev.), 277
WORSWICK
  _____, 310
  James R., 324
WORTH
  R. Heber, 103
WORTHELE
  Carl, 160
WORTHINGTON
  Benjamin, 153
  G., 308
  Geo., 257, 271, 300
  Geo. (Mrs.), 284
WORTMAN
  James, 100
WORTS
  Richard (Jr.), 111
WORTHY
  Thomas, 135
WRATTEN
  Geo., 249
WRAY
  Samuel, 162
WRIGHT
  _____, 408
  Abraham, 505
  Albert, 153
  Alexander, 133
  Arthur, 152
  C., 406
  Caswell, 405
  D. B., 441
  D. C. (Rev.), 250, 251, 432
  Darwin E., 258, 286, 289
  David, 460
  Dean C., 80
  E. N. (Rev.), 433
  Edwin L., 90
  Francis, 186
  Frederick, 27, 28, 61, 505
  Frank, 287
  Geo. A., 285, 287, 288, 289
  George W., 157

WRIGHT continued
  Henry, 158
  Hugh, 292
  Jabez, 212, 213, 214
  James H., 166
  John J., 159
  Jonathan, 145
  L., 461
  Martin L., 152
  Matthew, 292
  Moses (Rev.), 261
  N. E., 480
  Peter S., 159
  Philip, 505
  Robert, 122
  Rufus, 502, 504, 505
  Stephen, 271
  Sydney E., 120
  Thaddeus, 446, 456
  W., 294
  W. W., 271
  Wm. S., 252
  Wm. W., 413
  William, 125, 456
  William J., 154
WRIGHTMAN
  John, 60, 262
WRINGER
  Hester (Mrs.), 253
WUCHERER
  Charles, 122
WURSTER
  John, 118
WURTINGHAUSER
  Henry, 118
WURTZ
  William, 165
WYATT
  Major, 46, 47
  _____, 228
  Abram, 462
  Darius, 412
  E., 423
  Eliphalet, 412, 413, 422
  Ezra, 412, 414
  Ezra T., 169
  James, 412, 514
  James E., 91
  Joel W., 168
  John E., 169
  L. F., 414, 416
  Lorenzo, 412, 413
  Nathaniel, 412, 461, 462
WYCKOFF
  Chauncey F., 165
  Wilson, 434
WYETH
  Jonathan, 143
WYKES
  Richard, 142
WYLES
  John, 37
WYLIN
  David, 479
  Isabella, 479
WYMAN
  George, 211
  William H., 127, 152
WYNEKEN
  Friederich (Rev.), 273
WYNKOOP

Index of Names continued

WYNKOOP continued
  Albert, 157
WYNNE
  Richard, 289
WYTHE
  W. W. (Rev.), 251

Y.

YAHRAUS
  John, 295
YAMANS
  William, 179
YAPP
  William, 289
YARHAM
  Walter, 120
  William J., 123
YARHOUS
  John, 152
YATES
  George W., 312
  Porter, 147, 148
YEAREL
  R., 274
YINGLING
  (Rev.), 251
YOKUM
  Elmore (Rev.), 420
YORK
  B. H., 297, 298
  Samuel, 183
YOST
  David, 142, 461
YOUMAN
  J. S. (Rev.), 251
YOUNG
  A., 450
  Ansel, facing page 422, 238, 322, 446, 450, 494, 529, 530, 531, 532
  Archibald M., 133
  Benj. F., 147
  C. L., 414
  Chauncey L., 412, 413, 414
  David, 146
  Edward E., 127, 148, 149
  Elijah, 417, 419
  Elijah F., 153
  George, 152, 186
  Geo. W., 125
  Gershom, 419
  Gustave, 321
  Harry A., 169
  Harry N., 167
  Henry, 137
  J. C. (Rev.), 273, 276
  J. L., 250
  James, 409
  John, 47, 144, 155, 456
  M. N., 413
  P. F., 326
  Peter, 461
  Peter F., 136, 137

YOUNG continued
  Robert, 459
  Samuel, 294
  Samuel H., 150
  Warren, 419, 421
YOUNGBLOOD
  Philip, 116
  William, 237
YOUNGLOVE
  _____, 431
  M. C., 299, 308, 323
YOUNGS
  _____, 489

Z.

ZAHN
  George, 153
  John, 138
ZAMPIEL
  (Rev. Father), 501
ZARECZNYI
  Victor (Rev.), 479
ZARENCZY
  (Father), 514
ZDRUBEK
  F. B., 191
ZEALEY
  Adam, 114
ZEHNER
  Daniel W., 156, 158
  E., 291
ZEHRING
  Augustus, 321
ZEIGLER
  Adam, 146
ZEIDLER
  Emil, 137
ZEISBERGER
  David, 33, 34, 35
ZELENKA
  Joseph, 98
ZELLER
  Fred (Rev.), 273
  John A., 185
ZENGENLY
  Andrew, 186
ZENGER
  Phillip, 136
ZENNER
  John T., 157
ZEPF
  Carl Gustav (Rev.), 276
ZEPP
  George, 165
ZERLY
  John H., 145
ZIMMER
  George, 507
  William, 159
ZIMMERMAN
  Charles, 85, 92
  Frederick, 85
  Henry, 273

ZIMMERMAN continued
  John, 160
  W. H., 153
ZINSER
  G. (Rev.), 273
ZIPP
  George, 93
  Jacob, 105
  Philip, 105
ZIRNIER
  Gustavus A., 90
ZISKY
  Gottfied, 139
ZITTSMANN
  Anthonisius, 93
ZITELMANN
  Friederick, 105
ZOLLER
  Peter, 148
ZOPHER
  Randall, 117
ZUBER
  Joseph, 126
ZUCKER
  Peter, 321
ZUNGBEEL
  (Father), 466
ZWICKER
  Ernest A., 90
ZWINGLE
  Capistran (Rev.), 267

www.ingramcontent.com/pod-product-compliance
Lightning Source LLC
Chambersburg PA
CBHW021839230426
43669CB00008B/1021